本丛书是

国家社会科学基金"十三五"规划教育学重大招标课题"中国特色社会主义教育理论体系研究"（课题批准号：VAA190001）之成果

上海市社会科学界联合会中国教育学学术话语体系与创新研究基地成果

"生命·实践"教育学研究丛书
总目

1. 理论基石：叶澜教育思想的概念生成研究　　伍红林　侯怀银◎著

2. 回到元点：叶澜教育思想的形上之维　　　　孙元涛　刘良华◎著

3. 理实转化：叶澜"教育理论—实践观"研究　　　　　　李政涛◎著

4. 现代转向：叶澜学校变革思想研究　　　　　　　　　卜玉华◎著

5. 生命自觉：叶澜教育价值思想研究　　　　　　　　　张向众◎著

6. 天地人事：叶澜终身教育思想研究　　　　　　　　　李家成◎著

7. 成己成人：叶澜教师观解读　　　　　　　　　　　　　王　枬◎著

8. 诗性智慧：叶澜教育研究的审美意蕴探究　　张　永　庞庆举◎著

9. 生成之路：叶澜与"生命·实践"教育学派创建　　　　袁德润◎著

丛书责编　韩华球　刘立德

本卷责编　曾红梅

"十四五"国家重点图书出版规划项目

"生命·实践"教育学研究丛书

王　枬　李政涛 ◎ 主编

生成之路：
叶澜与『生命·实践』教育学派创建

袁德润 ◎ 著

中国教育出版传媒集团

人民教育出版社

·北京·

图书在版编目（CIP）数据

生成之路：叶澜与"生命·实践"教育学派创建／袁德润著. —北京：人民教育出版社，2022.4
（2023.7重印）

（"生命·实践"教育学研究丛书／王枬，李政涛主编）

ISBN 978-7-107-36367-2

Ⅰ.①生… Ⅱ.①袁… Ⅲ.①叶澜－教育思想－研究 Ⅳ.①G40-092.7

中国版本图书馆CIP数据核字（2022）第039353号

生成之路：叶澜与"生命·实践"教育学派创建

出版发行	人民教育出版社
	（北京市海淀区中关村南大街17号院1号楼　邮编：100081）
网　　址	http://www.pep.com.cn
经　　销	全国新华书店
印　　刷	山东临沂新华印刷物流集团有限责任公司
版　　次	2022年4月第1版
印　　次	2023年7月第2次印刷
开　　本	787毫米×1 092毫米　1/16
印　　张	16
字　　数	245千字
印　　数	2 001～4 000册
定　　价	60.00元

版权所有·未经许可不得采用任何方式擅自复制或使用本产品任何部分·违者必究
如发现内容质量问题、印装质量问题，请与本社联系。电话：400-810-5788

总 序
学派建设：在深究与阐述中共进

为他人研究我的教育思想的丛书写序，这是我有生以来第一次，可以肯定也就这么一次了。何以如此？是自我膨胀到无以复加的地步了？非也。我可以肯定地回答，头脑尚清醒。说到底，只因这里的"他人"是特殊的"他人"，是我的学生，更重要的是，他们是"生命·实践"教育学派团队的核心成员。我这样做，是出于现阶段本学派建设的需要：完成代际转换。

也许是因为忙碌，不知不觉间，我已跨入晚年这一生命的最后阶段。若问什么是还让我操心和放不下的，那就是"生命·实践"教育学派的持续发展。作为首创者，我有不可推卸的责任，就是使他们——既是学派建设的参与者，又是今后学派建设后续的中坚力量，有更长足的学术成长与发展。我认为，学派建设需要他们对我的教育思想有作为学派成员意义上的、更为深入的了解和研究。于是我生出此意：趁我现在尚清醒，开始推动"'生命·实践'教育学研究丛书"的写作。大家对此欣然赞同。自2018年3月桂林会议始，至今年3月已整整三年了。大家先是各自按自己的研究基础和兴趣做选择、提出专题，然后再共同讨论。从确定丛书的书目，到一本本提纲的讨论，线上线下，一次、二次……直到大家思路基本一致，每个人才开始写作。丛书共9卷，由王枬、李政涛任主编。因我是全过程的参与者，大家给了我一个相对轻松的任务：写丛书总序。

　　对年轻人过多的操心和不放心，也许是老年人的通病。我在学派建设上尤其如此。进入2021年5月，我连续几天通读了每一部发给人民教育出版社的书稿，知道自己过虑了。从提交的书稿看，作者都尽心尽力地做着，不仅大量阅读了我的论文、专著、讲话稿，而且大量阅读了相关主题的国内外论著，在阐发中拓展和深化了对学派关键性问题的认识。无论是对概念、元研究、教育价值、学校改革大主题的研究，还是从理论与实践的转化、教师发展、终身教育、审美等多维度切入的研究，包括相当详细的学派创生史的撰述，都让我为他们的视界和深思、学术上的成熟和个性呈现而惊喜。我实在是"多虑"了。其实，何止"多虑"，我在不少方面已不如他们了。他们已经发我之未发，述我之未述，清我之未清，理我之未理了。

　　我为有这样一支来自曾是我的学生的学派创建的合作者和新生代的力量而倍增信心。多年来，我读他们的时候为多，这套丛书是他们合在一起读我。学派建设初期，这样的队伍结构不可避免，但随着我的淡出，他们将站在学派建设的舞台中央。这次是他们第一次集中的群体亮相。其中，可以读出的不仅是他们在学术和思想、功底和才华上各有千秋，还可以读出一起成长的浓浓的师生情和创建学派的共同追求。

　　情，是要一起做成任何事不可或缺的黏合剂，但也许正是"情"，会妨碍、局限和遮蔽他们对我思想的不足及问题的深度揭示与批判。但无奈，我只能先让非我的"局中人"来写。书稿完成以后的公开出版，正是为了让更多的"非局中人"来审视我和他们，对促进我们的学派建设提出批评和帮助，也期望能为中国教育学的建设、为更多学派的诞生提供资源或借鉴。

借此序，我讲出自己的心愿和期望；借此序，我表达对团队的深深感激；借此序，我深谢人民教育出版社，这一素以稳健持重享有盛誉的教育出版社，助"生命·实践"教育学派这个尚还幼稚的学术生命体一臂之力。尤谢各位责编的鼎力相助。

2021年5月9日于上海

本卷前言

这是一本以"生命·实践"教育学派的生成与建设历程为主要内容的专著。本书以时间为序,分阶段记述"生命·实践"教育学派创建过程中的关键事件;以关键事件为载体和节点,梳理理论研究与实践变革在学派创生意义上的发生、发展理路。

本书以"个人"为主线书写学派创建史,即以叶澜学术经历为视角,把叶澜的研究实践及研究成果作为梳理"生命·实践"教育学派创建过程的主要依据和叙述线索。作为学派的倡导者、主持者和持续引领者,叶澜在学派建设中是核心和灵魂人物,她的学术生涯完整地呈现了"生命·实践"教育学派从无到有、由生到长的生成、成长、发展过程,全方位反映了"生命·实践"教育学派创建过程中理论发展的脉络、理论创新与实践变革的承续、团队建设的目标与策略,以及主动创建中国教育学派的初衷与追求。在一定程度上可以说,"生命·实践"教育学派创建的历程就是叶澜个人学术思想和理论逐渐构建、研究路径和风格逐渐形成的过程,也是她个人的独立研究逐渐发展为团队合作创建的共同奋斗过程[①],公众主要通过理解她的思想和学说来了解"生命·实践"教育学派的思想。以学派发展的关键人物为线索梳理一个学派的创建史,可以更清晰地呈现脉络,给学派成员之外的读者一个相对简单、清晰的了解和理解学派发展历程的线索。

在书写方式上,本书聚焦学派不同的发展阶段,从背景、核心

[①] 叶澜.回归突破:"生命·实践"教育学论纲[M].上海:华东师范大学出版社,2015:4.

事件及其在学派发展中的贡献与价值三个方面展开,把学派建设的不同阶段置于具体的社会背景与学术环境中,并在不同阶段核心事件的关联中呈现学派的生长过程。在核心事件的叙述中,强调时间的序列性,记述学派随时间流动的变迁;在学派生成的过程分析上,以学派核心理论的"生长史"为主线,围绕"生命·实践"教育学派对教育基本问题、教育研究方法论、教育实践变革思想的认识展开;对学派生成过程的分析框架,以学派的基本要素为依据,并呈现"生命·实践"教育学派在创建过程中的独特性。

本书的读者对象包括三个群体:第一,对"新基础教育"研究、"生命·实践"教育学、"生命·实践"教育学派感兴趣、有意愿了解的读者。他们可能知道一些观点,比如"让课堂焕发出生命活力"等,但不一定了解这些观点是在什么情况下针对什么问题、为了什么目的提出来的。有的读者对大量的概念、同一概念的不同提法感到困惑,因此,本书努力把概念发展的简要线索呈现出来,并把概念或观念变化的原因尽可能梳理清楚。第二,正在进行或者有意进行学派建设的同道。本书尽可能完整、客观地呈现叶澜在创建"生命·实践"教育学派过程中的行动与思考,呈现这条由中国学者用一个个坚实的脚印踏出的中国教育学科建设、教育实践变革和教育学派建设的大道,以便作为参照、对比、反思的资料,若能有所启发则善莫大焉。第三,学术研究的新手。笔者希望通过描述一个潜心学术的学者对读书、生活、学术及其关系的理解和处理方式,给学术新手呈现一个以学术为志向的人的生命样态,期待能带给这个读者群中一部分人对自己未来学术形象描画的新的参照系。

全书主体部分包括六章:第一章至第五章按照"生命·实践"

教育学派创建的五个阶段①，叙述每一个阶段学派建设的核心事件以及该阶段在学派发展中的贡献，呈现叶澜学术研究从出发点到目前学派建设的整个历程；第六章聚焦"生命·实践"教育学派创建过程中的"成人"问题，包括在学派创建过程中对实践与理论研究队伍在"成人"问题上的思考、实践和策略，相当于一个学派"成人"思想和实践的专题。虽然第六章与前五章在时间上重合，但之所以专章论述，是因为一方面，"成事成人"是"新基础教育"研究、"生命·实践"教育学的终极追求，没有人的发展，事业的发展就缺少了内动力，另一方面，与历史上自然形成的学派相比，"生命·实践"教育学派具有主动建构的特征，注重学派成员的培养是学派建设中的重要议题，且其研究队伍培养的实践经验可圈可点。另外，前五章主要从"事"的角度呈现"生命·实践"教育学派的创建历史，虽然也涉及队伍建设，但主要以结果的方式表达，第六章则主要从策略、措施的角度陈述学派在"成人"意义上的努力。补上"成人"这一半，学派创建的历史才完整，学派创建的独特性才得以凸显。与其他章内容以时间为序的陈述方式不同，第六章的陈述方式重在专题。

  作为参与者，为自己身处其中的事件作史的一大优势在于创造这一段历史的群体尚在左右，笔者本人也有鲜活的在场体验。与研究共同体之外的人相比，经历过学派创生过程，耳闻目睹学派发展过程中出现的问题及对问题的解决方式，可以让笔者对历史的写作更有温度；与研究共同体成员的互动，增加了笔者对事件理解的丰富性和多侧面性；长期浸润于"生命·实践"教育学理论，也在一定程度上保证了笔者对作为史料的理论作品的误解可能会更少一些。其缺点也很明显：首先，笔者日日浸润于其间，对很多观点和

---

① 叶澜.回归突破："生命·实践"教育学论纲［M］.上海：华东师范大学出版社，2015：4-34.

传统自认为是不言自明的,因而可能会失之过于简略。对此,笔者将牢记于心,尽力尝试以旁观者的眼光来书写。其次,在素有"一日为师,终身为父"的中国文化传统中,"为尊者讳"可能是师生间常常会出现的情感与习惯。不过,笔者会谨遵"说真话,说自己相信的话"的师门传统,对事实负责,把不虚言、不伪饰作为著述的底线,实事求是,尽可能客观、真实地记述学派创生与发展的过程。

袁德润

2021年5月

(袁德润系杭州师范大学教育学院教授、华东师范大学"生命·实践"教育学研究院研究员)

目 录

绪言 / 1

第一章 细波微澜:学派创建的理论前缘(1980—1991年)/ 8
 一、序曲:屡遭"意外"的专业生活 / 9
 二、草蛇灰线:学派思想的理论基底 / 12
  (一)早期研究的关注焦点 / 13
  (二)理论基底的最初呈现 / 17
 三、理论初成:反思与重建 / 20
  (一)理论的反思与重建 / 22
  (二)学派发展的基础形成 / 27

第二章 扎根家园:打开实践变革的智慧源泉
   (1991—1999年)/ 39
 一、一滴水的世界:商品经济大潮中的学校 / 39
 二、从"基础教育与学生自我教育能力发展"研究到
  "新基础教育"研究 / 42
  (一)检验理论:"基础教育与学生自我教育能力发展"研究 / 42
  (二)回应时代:"新基础教育"研究 / 46
 三、学派发展:架构已成,初心渐生 / 61
  (一)从一个人到一个团队 / 61
  (二)理论与实践交互生成之路渐显 / 63
  (三)学科发展元研究,再厘学派发展坐标 / 67

第三章　根深叶茂：理论深化与实践拓展（1999—2004年）/ 69
一、一方家园：学术传统与个人学术特质 / 71
（一）华东师范大学教育学人的学术风骨 / 71
（二）叶澜的学术个性 / 75
二、理论研究：在实践、反思中交融 / 95
（一）学校实践变革理论随实践深化 / 96
（二）"个体"在实践研究中"具体化" / 99
（三）对理论与实践交互生成内在逻辑的认识走向清晰 / 102
三、实践变革：在拓展中深化 / 107
（一）拓展 / 107
（二）深化 / 109
四、学派发展：万事俱备待东风 / 113
（一）基因片段信息满载 / 114
（二）研究方法论实现转换 / 118
（三）学派的理论内结构初具 / 121
（四）稳定的研究共同体初成 / 125

第四章　新果枝头：学派创建的努力与追求（2004—2009年）/ 128
一、在中国言学派：传统的"追捧"与"忌讳" / 129
二、创建学派：一个教育学者的使命与追求 / 132
（一）去魅：学派及其创建 / 132
（二）中国教育学的"春秋时代" / 134
（三）"生命·实践"教育学派创建：成"中国教育学"之一家 / 137
（四）学派创建序曲 / 142
三、学派建设：理论和实践"双峰"成形 / 151
（一）实践成形：一批呈现新型特质的实验学校 / 152
（二）理论成形：学校变革理论成形与学派建设自觉 / 156

第五章　深耕精耘：学派建设群策群力（2009年至今）/ 168

一、集体创作："生命·实践"教育学论著系列 / 169
（一）三箭齐发：学派成果立体呈现 / 169
（二）二代聚力：扶上马再送一程 / 175

二、教育信条：提炼理论核心，打造学派名片 / 177
（一）"招徒"与"以身立学汇" / 177
（二）教育信条：学派理论再凝练 / 180

三、实践研究：在理论创生与自主合作中推进 / 183
（一）学科育人价值深度开发 / 183
（二）四季活动与校园节律：综合活动研究的自我超越 / 185

四、理论拓展与学界对话 / 188
（一）理论拓展："自然之维"与社会的教育责任 / 188
（二）学界对话 / 195

第六章　静水流深：谋学派发展的持续动力 / 200

一、凝神聚力谋"成人" / 201
（一）由师生到同"学"：成学术之事，成真学者 / 201
（二）融共生与内生：成实践变革自觉之人 / 210
（三）一个共同的、开放的、有自我和具有对话能力的学术空间 / 214

二、"生命·实践"教育学人的精神长相 / 217
（一）坚守教育学立场 / 217
（二）以身立学 / 218
（三）"成事成人"的研究传统 / 219
（四）理想的现实主义态度 / 220

结语：云起东方　滴水成源 / 223
参考文献 / 228

附录 "生命·实践"教育学派创建大事记 / 234
后记 / 239

绪 言

叶澜,当代中国知名教育家、教育学家,"新基础教育"研究[①]与"生命·实践"教育学创始人,华东师范大学终身教授。"生命·实践"教育学派由叶澜首创并持续主持、领导,学派以"生命·实践"为基因,聚焦教育理论、教育实践、教育研究方法论和教育学反思与重建等,历经孕育期(1983—1991年)、初创期(1991—1999年)、发展期(1999—2004年)和成形期(2004—2009年),目前正处于通化期(2009年至今)。[②]

2004年《教育研究》发表了《为"生命·实践教育学派"的创建而努力——叶澜教授访谈录》一文,标志着"生命·实践"教育学派创建的帷幕正式拉开,而为此进行的努力早已开始。2004年之后,为了使这一新生的学派快速成长,学派团队在已经形成的学派理论和实践变革基础上,秉承理论与实践交互创生的研究传统,进一步聚焦核心研究领域,理顺学派建设过程中研究的内在逻辑,围绕基础教育变革理论与实践这一核心问题域,把研究的视角拓展到学校与家庭、社区、社会系统关系等更广阔的领域,形成了整合、系统、结构化、深化的理论研究成果,在实践上由学校整体转型性

---

① "新基础教育"研究历经探索性阶段(1994—1999年)、发展性阶段(1999—2004年)、成型性阶段(2004—2009年,其中"成型"指学校整体转型,成为现代型学校)、扎根性阶段(2009—2012年)、生态式推进阶段(2012年至今)。对于不同阶段的"新基础教育"研究,也可分别表述为"新基础教育"探索性研究、"新基础教育"发展性研究、"新基础教育"成型性研究、"新基础教育"扎根性研究、"新基础教育"生态式推进研究。
② 叶澜.回归突破:"生命·实践"教育学论纲[M].上海:华东师范大学出版社,2015:4-34.

变革研究推进到生态区建设、区域共同体建设。

在正式进行历史叙事之前,需要简要交代叙述的内容结构、材料甄选原则以及叙事过程中有可能引起误解的话语方式。

第一,历史梳理的聚焦重心。首先,一个学派之所以可以称为学派,最为核心的构成是独特的理论体系,其内容随学科不同而不同;其次,这一独特理论体系、学术话语系统必须有流布和传承;最后,学派的存在要有围绕一个或多个核心人物的研究群体(在学派的发展史中常常用"代"来表达),群体成员之间的关系可以是紧密的,也可以是松散的,他们是学派思想的认同者、传承者和研究者,因此他们在话语系统、研究方法、研究的核心问题域、研究立场等方面具有共同基础。人们主要通过理解代表性人物的思想来理解和评价其所代表的学派,学派思想通过研究群体而传播、继承和持续发展。以这一基本认识为内容框架,本书在内容上聚焦于以下三个方面。

(1)"生命·实践"教育学派理论体系的发展及其独特的理论与实践交互共生的研究过程。作为一个教育学派,"生命·实践"教育学派的核心理论围绕"人的发展问题""教育与人的发展的关系问题""人、教育与社会文化的关系问题"而展开;作为一个中国的教育学派,"生命·实践"教育学派还关注教育学在中国独特的发展生境、中国文化与中国教育学发展的关系等问题。从叶澜的理论研究进程看,对人的发展的潜在性与现实性关系的认识,对人、社会、教育三者关系的认识,对学校教育如何促进人的发展、中国教育学科发展的反思与认识,对中国教育学学科立场的认识,对教育研究方法论的认识等,都是学派理论的关注重心,也是描述学派发展历程必然要施以浓墨的地方。同时,"生命·实践"教育学派最大的独特性在于其理论与实践在研究过程中的交互共生,实践既是学派发展的基石,也是学派发展的重要构成内容,理论与实践以相互交织的方式推动学派发展进程。

（2）学派理论的流布与传承。"生命·实践"教育学派是一个正在创建中的学派，自2004年提出学派创建至今也不过十七年，即使向前回溯到1986年发表学派奠基之作《论影响人发展的诸因素及其与发展主体的动态关系》，到现在也不过三十五年。学派思想流布在纵向上尚待时间检验，但在横向上已经产生了理论和实践上的实际影响。对于学派思想的传承和流布，本书将重点关注其在现时段上产生的影响和相关评价。

（3）学派核心研究团队的培养。学派思想的创生者和领导者叶澜是毋庸置疑的学派发展核心人物，其理论与实践研究轨迹和研究成果是学派史梳理的基础性资源；对于"生命·实践"教育学派来说，"创建"意味着对学术研究群体的有意识的培养和锻炼，这也是"生命·实践"教育学派不同于其他学派的独特之处，研究群体的培养也会在本书叙写中占有一席之地。

记录"生命·实践"教育学派创建过程中发生的重要事件，记录学派理论发展与实践形态变化的历史，是本书的主要任务：作为一个教育学派，其理论体系的发展和变迁必然是学派创建史的核心；作为一个以理论创造与实践变革交互共生的教育学派，以"新基础教育"为标志的学校整体转型性变革实践的发展历程是学派创建史的重要内容；学派理论发展与实践形态变化两类史实在时间线上的交叉以及互相影响也会成为本书的内容。对学派理论变化和实践变革历史的陈述，本书将以简要的方式呈现，在内容构成上与本套丛书其他著作一致，但在详细程度上与其他著作有所差异，以避免丛书内容的重复。

第二，材料甄选的基本原则。以叶澜发表的著作为主，辅以部分未公开发表的书面材料、会议记录、学习交流录音、采访资料、线上交流资料等，主要是一手资料，具体包括四类。

第一类为公开出版物，占所用资料的绝大部分，包括专著、期刊论文、媒体报道、学派推介性资料等，其中叶澜个人的专著与期刊论文占最大比例。"文集者，一人之史也"（章学诚），作品内容本身就是历史的内容，从作品中反映出来的思想的演变、理论的发展，是学派史描述的重要构成。

第二类是在有限范围内公开的资料，比如与学派建设相关的会议录音、参与"新基础教育"研究的学校的内部资料等。

第三类是以"微信群"为主要形式的线上交流资料。在学派建设过程中，学派成员先后组建了包括读书、主题研讨、专题研究等不同的"群"，作为日常研究与交流的平台，平台上的交流与线下的团队研究直接对接。

第四类是对话、访谈资料。笔者在写作过程中针对思想转换的关节处、概念变化的导因点、策略变化的关键点等，代读者向历史的主人公提问，用对话的方式阐释历史过往中曾经的事件和人在其中的心路历程，努力让朦胧而骨感的记忆在当事者重新回顾中走向清晰和丰满。

第三，需要说明的几个问题。

（1）学派名称的表达问题。对于本书使用的概念"'生命·实践'教育学派"，了解"新基础教育"研究和"生命·实践"教育学的读者不会有困惑，这是一个以"生命·实践"为基因、以"生命·实践"教育学理论体系为核心的学派，但不太熟悉这一背景的读者则有可能会把"'生命·实践'教育"作为"学派"的修饰词。按照汉语的表达规范，学派的名称应该表述为"'生命·实践'教育学学派"，但"'生命·实践'教育学派"已是约定俗成的概念，不仅在已经形成的理论成果中广泛使用，而且成为广大合作者、参与者、了解者的共识，所以在本书中仍然采用这个习惯的用法。

（2）学派发展阶段划分的时段问题。虽然学派发展阶段的划分以"年"为单位，但在具体的表达中，常常以"学期"为起点，且每一个时段的结束年与下一个时段的起始年有可能是重合的，原因在于学派理论发展与实践变革密切互动，实践变革研究的时段必然与学校的学年划分相关联，新阶段研究的起点一般从下半年（9月）开始，这样上半年和下半年就可能分属两个不同的阶段，故而出现了相邻阶段结束与起点在年份上的重合，相重合的年份在结束的意义上指前半年，在开始的意义上指后半年。同时，理论研究成果和实践研究在时间上会出现错位，因为理论研究成果起于实践研究中的观察、反思和构建，两者在内容上相容，但在时间上并非一一对应，再加上发表时间的延后性，会出现上一阶段的成果出现在下一阶段的情况，比如形成于"新基础教育"研究探索性阶段的有关造就新型教师的认识成果的一部分，因发表时间而归于下一阶段。阶段划分只是为了叙述方便，本书会尽力在成果呈现上保持时间上的界限，同时考虑认识成果的连续性和完整性，在观点陈述上有可能打破时间界限，但会在文中具体说明。

（3）个体与群体的关系问题。本书以叶澜为主要线索勾勒学派发展的剪影，但作为一个学派，无论是"创""建"还是"生成"，都是一群人的事情。以叶澜的学术生活和学术实践为核心陈述学派发展历程，是笔者写作时选取的视角，并非意味着学派创建是叶澜的个人所为。

（4）写作目的问题。这是一个学派建设尚在途中的历史。自2004年至今十七年，以人喻之，学派已经从黄口小儿长成青葱少年，回望走过的路，再看爬过的坡，盘点已成的收获，搜索仍存的盲点，目的在于通过回望与反思，看看预想的目标达成了多少，学派创建目前处于什么状态，建成了什么，生成了什么，错过了什么。为自己的学派写史，目的绝不在自证，也不在自辩，更不在自诩，而在于自明，在于自明来路的同时更好地筹划未来。同时，系统地描画学派走过的路和有过的思考,以及到目前为止取得的成果,使之呈现在同行及相关学者面前,以作为交流与互动的资源,获得同道的批评与建议,丰富学术思想交流,拓展学术发展视野,扩大学派发展空间,也是回望历史的重要目的。

没有观点的历史著作是不存在的。[①]这本有关学派创建历史的著作并非单纯地"记事",其中关于学派思想发展线索、学派理论和实践生成逻辑等内容,是笔者基于事实、文字作品的理解和解读的结果,因而,即使能够守牢"不虚言、不伪饰"的底线,也无法规避写作过程中的主观性,而且由于学养浅陋、史学底蕴不深,难免因理解偏失、概括疏漏而发生无意的"曲笔";聊以自慰的是,笔者所引用的资料,绝大多数目前仍在刊行之中,任何有兴趣的人都可以根据本书提供的线索循证,面对同样的客观对象(作品),读者可以做出自己的判断。

在写作过程中,笔者将努力做一个诚实的记录者,把能够确认的事实写下来;做一个时时处处以"谨慎"自警的解读者,以一个局内人的体验和理性,编织和阐释事件之间的关系、事件与个体思想和行事风格之间的关系;努力做一个探问者,探寻问题转换、变化发生的原因与情境,努力让事件之外的人能够在看到事态变化的同时,了解促成变化与转换的内部原因。然而,真正进入写作过程才发现,要读的文字实在太多,二十多年的实践资料实在太丰富,尽管尽了最大努力,但因个人能力及精力有限,在丰富、多元的资料之海中,难免挂一漏万,也难免误读误解。笔者唯一能保证的,是真诚。

梁启超先生说过,历史是"记述人类社会赓续活动之体相,

[①] 张传玺.学习《史料与史学》的一些体会(代序)[M]//翦伯赞.史料与史学.北京:北京出版社,2005:9.

校其总成绩,求得其因果关系,以为现代一般人活动之将资鉴者也"①。德国哲学家恩斯特·卡西尔说:"历史学并不是关于外部事实或事件的知识,而是自我认识的一种形式。"②若能在一定程度上实现学派建设的"自明"且足以使他者"资鉴",笔者将深以为荣;若能因此而收获"友声"与"有修养的批判",那更是学派发展的幸事了。

---

① 梁启超.中国历史研究法[M].上海:上海古籍出版社,2011:1.
② 卡西尔.人论[M].甘阳,译.上海:上海译文出版社,1985:242.

第一章　细波微澜：学派创建的理论前缘（1980—1991年）

> 当人不仅能认识客观世界，而且具有清晰的自我意识和自我控制的水平时，人能有目的地影响自己的发展。
>
> ——叶澜

2004年《教育研究》（第2期）发表《为"生命·实践教育学派"的创建而努力——叶澜教授访谈录》[①]标志着"生命·实践"教育学派创建的起点，2004年之前形成的与学派发展相关的理论成果和实践变革都可以算作学派建设的"史前史"。在《回归突破："生命·实践"教育学论纲》中，依据研究成果与学派理论框架的直接关系，叶澜把学派创建划分为五个阶段，其中1983—1991年被称为"生命·实践"教育学派的孕育期。笔者把时间前移三年，以1980年为学派创建孕育期的开端，因为自1980年开始的国外访学期间具有实质意义的认识冲击和方法论转换，对叶澜思想发展和理论形成具有重大意义。

[①] 这是一篇根据叶澜2003年在华东师范大学所做的终身教授报告整理而成的文章，从发表时引号标示的词语可以看出，当时对"生命·实践"作为学派建设"基因"的认识还不够清晰、系统。

一、序曲：屡遭"意外"的专业生活

叶澜1941年出生，成长于新中国崛起之时，父亲是一名小学美术教师，她"喜欢和父亲到学校去，为自己是教师的女儿感到骄傲。小时候，她就打定主意要当一名教师"①。求学时代流行苏联教育思想，她崇拜马卡连柯，特别喜欢苏联电影《乡村女教师》里的女教师瓦尔瓦拉，高中毕业晚会就化装成瓦尔瓦拉。②高中毕业时高考志愿表上六个志愿全部填写了师范院校，叶澜如愿以第一志愿入读华东师范大学教育系（2002年改称教育学系）。当时，她的理想和目标是做教育理论的实践者——像她父亲一样的教师。她所笃信的一个关于教育理论的朴素观念，就是教育理论之于教师相当于医学之于医生，要想成为好教师，必须在专业知识之外学习教育学。这是她最初的对教育理论与教育实践关系的认识，也为她日后的教育理论研究埋下了第一粒种子。毕业之后她以优异成绩留校，她的第一个"专业"理想遭遇"意外"。

按照当时教育系的规定，没有教学经验的大学新教师需要增加到中小学实践的经历，于是叶澜进入华东师范大学附属小学，做了两年的语文教师兼班主任。她的小学教师经历并不顺利，尤其是第一年，甚至可以说是"灾难"。面对活泼爱动、难以管束的小学生，她发现用自己在大学学到的知识无法解决当时面临的教学管理问题，于是不得不求助于有经验的教师。"每周基本上哭着回家"的痛楚和无助感，以及"觉得自己善于理论"却"不知如何当小学教师"的强烈冲突③，使她原有的对理论与实践关系的认识发生

---

① 许美德.思想肖像：中国知名教育家的故事[M].周勇，等译.北京：教育科学出版社，2008：239.
② 东方卫视大型电视专栏《走近他们》第221期《叶澜：追逐太阳》，2009年9月12日.
③ "这两年我感到痛苦，觉得自己善于理论，不知如何当小学教师。第一年很不成功，每周基本上哭着回家，学生太闹，我没有办法。这让我感到理论和实践不一样。"（许美德.思想肖像：中国知名教育家的故事[M].周勇，等译.北京：教育科学出版社，2008：241.）

了颠覆性改变，她所抱持的"学好教育学就能做好教师"的认识在现实中遭遇重创，这对于当时的叶澜来说无疑是非常沮丧的。

两年不成功的小学教师经历，烙下了她最初的基础教育"情结"，她对理论指导实践的能力也从最初的"想当然"变成"不以为然"。"意外"击中了她对理论与实践关系的认识，但好在这一段经历留给她的不只是沮丧，她没有就此否定理论在实践面前的价值，反倒在一定程度上激起她对理论与实践关系的持续思考和努力探索，成为她在20世纪90年代再次进入中小学开展研究的"根"。更为重要的是，对当小学教师"不容易"的亲身体会和共情，对教师职业的尊重和对理论力量及其局限的警醒，使她走上了"什么样的教育理论对实践有力量"的反思、学习与探索之路。自此之后，叶澜对教育理论与教育实践关系的追求和探索的脚步一直没有停下，直至走向学校实践的纵深处，走到理论建构的极高处，找到了理论上天和实践入地的转化之路。

1964年，叶澜结束两年的小学教师实践，重新回到华东师范大学，却发现现实生活离专业越来越远。"四清"运动中，她去了安徽参加农业劳动。1965年回到华东师范大学，第二年"文革"爆发，她的父亲因无法找到"证明人"的地下党工作经历而被打成"叛徒"，这对她的思想产生了冲击。1970年，她申请到苏北华东师范大学的"五七"干校，在那里生活了一年半，种菜、养猪，成为"农民"。1972年回到上海，学校正在批判凯洛夫教育学。1974年，叶澜主动申请加入第一批华东师范大学教师援藏队。进藏路上，汽车一路颠簸，叶澜因晕车而吐了一路，直至吐出苦胆水，却也因此而"治"好了她的晕车症。

在西藏，叶澜成为位于拉萨河畔的拉萨师范学校（现西藏大学）的全国首批援藏教师，任教教育学课程。两年中她感受过藏区高原雪山、天蓝云白的令人震惊的自然纯美，体验过佛教文化的独特性，经历过以古树大钟为铃声的边疆高校生活，但最难忘的是西藏地区基础教育办学条件的艰苦。在西藏的两年中，叶澜先后两次有近一个月的时间，随西藏自治区教育局干部到林芝、山南、列麦、那曲等农、林、牧地区，对当地普及教育状况开展调查，以起草一份供庆祝西藏自治区成立二十五周年用的有关普及教育的报告。调查中，她看到了虽然基本生存状况艰难但无怨无悔的藏族小学教师，看到过教师领读、学生跟读的课堂教学。她曾夜宿在一所山顶小学堆放草药的小房间里，在此见识了传说中的藏红花、冬虫夏草等奇妙的藏药。这些草药是全校师生翻山越岭采集的，以换取维持教育和生活所需。她说此生最独特的藏区调研，让她从另一个角度认识了中国普及教育的实践，认识了中国的广袤土地上贫困的师生与艰难的教育，她"对这些像小草一样默默无闻、顽强生存的生命不能忘怀，对这些不像教师却又是最不可缺少的藏族教师的尊敬再也不能抹去"。①叶澜心中普及教育的草根情结由此滋生。

1976年"文革"结束，叶澜从西藏回到上海。当她从西藏返回上海的时候，肤色、体态和样貌的改变使她8岁的儿子怀疑"你到底是不是我妈妈"。②在这一段漫长的岁月里，专业生活虽没有完全中断，但也几乎是处于完全的游离状态。"文革"期间她对继续从事教育学专业工作的期待降到最低，丢掉了所有的与教育学相关的书籍，只留下了一本《教育学》教材"作为念想"，因为那上面有她读书时做的笔记。尽管如此，她对读书的热爱不曾稍减，鲁迅、马克思的著作以及其他能够找到的书籍，都成为她的阅读对象。广泛的阅读在贫瘠、艰难的生活中给她提供丰富的思想营养，也使她之后回到教育学领域时的视野更加宏大和丰富。从1962年大学毕业留校到1983年暑假后独立承担本科生课程"教育概论"的教学，开始真正从事教育学的教学和研究工作，二十一年光阴匆匆而过。二十一年，是人自然生

---

① 叶澜.从"冬虫"到"夏草"——"生命·实践"教育学派生成过程的个人式回望[M]//叶澜.回望.桂林：广西师范大学出版社，2007：216-217.
② 徐敏.喜欢迎风走路的探索者——记华东师大叶澜教授和她的"新基础教育"[N].解放日报，2009-08-23（3）.

命长河中的一大段,几乎可以废掉一个人的学术生命,但叶澜可以在二十一年之后迅速进入自己的学术角色,并爆发出强大的学术生命力,远离专业却不曾远离阅读、对教育的体验和思考,无疑是她能够在经历动荡、艰苦且远离教育学专业生活如此长久之后迅速回归的重要原因。

二、草蛇灰线:学派思想的理论基底

叶澜说1986年发表于《中国社会科学》的《论影响人发展的诸因素及其与发展主体的动态关系》,让她"体验到什么叫学术研究",而1983年暑假后独立承担本科生课程"教育概论"的教学,是她从事教育学教学和研究工作的开始。① 任何一种思想的发展和成熟都不会无缘无故,它必然与研究者之前的生活、学习、发展经历密切相关。这些早期的经历作为伏线隐藏于个人的思想脉络之中。叶澜在1986年之前与学术生活相关的事件以及她对这些重要事件的思考与认识,是她教育学理论形成的基础性资源,也呈现出她的理论特质的萌芽。

1980—1982年,叶澜被华东师范大学公派到南斯拉夫克罗地亚共和国首都萨格勒布的萨格勒布大学哲学系教育专业进行为期两年的访学。1981年,她在《外国教育资料》第4—6期连续发表她在南斯拉夫访学期间的随笔,描述她在南斯拉夫参观学校时的见闻和随感,随后又在同一期刊1982年第1期发表本系列作品的第四篇。这是叶澜公开发表的最早的作品,虽然还算不上学术研究论文,但呈现出她的学术研究底色。这一时期发表的文章还包括探索青少年理想教育问题的《要探索思想政治教育的新路子》。

---

① 叶澜.反思 学习 重建——十五年学术探索的回顾[J].天津市教科院学报,2000(4):4-13.

（一）早期研究的关注焦点

在四篇随笔中，叶澜重点记录了访学期间遇到的三件"新鲜事"。第一件，大学生在教师讲授之前的课堂讨论，与课堂教学的题目不一致；既不是复习，也不是预习；"不是作为一种复习、总结、加深、扩大所学得知识的手段，而是作为一种培养独立研究问题能力的手段"，主讲学生侃侃而谈、毫不拘束。第二件，小学生自小学一年级开始即学习"自制图册"，图册的内容既与学校教学的内容相关，又与学生的课外阅读和学习相关，涉及地理、历史、文化、自然、物产等所有与个人和社会生活相关的各个方面。[1]第三件，南斯拉夫大学里教育专业学生的培养目标和专业出路问题。教育学专业的学生会成为中小学、幼儿园里的专业教育干部，这些教育干部形成一个独立的学校教育沟通与管理的支持系统，协调、指导、参与具体的学校发展。[2]

这些现象为什么能够引起叶澜的兴趣、打动叶澜的内心？这些"鲜明、美好的镜头"之所以会深深地留在叶澜的心中，除了与她的生活经历和已有认知的巨大反差之外，与她内心期待的契合不无关系，还有就是与她所处的工作环境中的问题相关。

先说认知反差问题。这三件事情都有与叶澜已有经验存在差异的地方。与以讲授为主的中国大学课堂教学不同，南斯拉夫大学对课堂讨论的重视程度大于对教授的课堂讲授，学生可以不听课堂授课，但必须参加实验、练习、作业、课堂讨论；而且，大学生专门的课堂讨论在中国的大学课堂上不是常态，即使偶尔有这样的讨论，也常常有教师的"深度"介入。这样的课堂讨论之所以给叶澜留下非常深刻的印象，一是它与国内习以为常的大中小

---

[1] 叶澜.漫步在异国的同一领域中——南斯拉夫教育见闻之一[J].外国教育资料，1981（4）：62-64.

[2] 叶澜.漫步在异国的同一领域中——南斯拉夫教育见闻之四[J].外国教育资料，1982（1）：63-66.

学课堂教学模式差异巨大,二是学生在课堂讨论中所表现出来的状态。与国内作为课堂教学组成部分的课堂讨论不同,南斯拉夫常见的课堂讨论不是嵌在教学过程中、针对教学内容的短时间的讨论,而是完整的、两节课的、完全由学生主导的讨论;与发表个人观点时"内敛而节制"的中国学生不同,南斯拉夫学生在讨论中"侃侃而谈",表现出学生主讲时对自己所表达内容的自信,也表现出学生已经形成的"表达自我"而非"猜测"教师心态的常规。可以推测,这样的课堂状态强烈地冲击了叶澜心目中对"教学"的认识,一定程度上打破了叶澜固有的对学生在课堂教学中可能呈现状态的认识,且学生们"老练"的表现呈现出他们参与学习、自主发展的成果。

在小学生"自制图册"问题上,叶澜强烈体会到南斯拉夫小学生主动的学习状态与中国小学生被动的学习状态的差异。当叶澜阅读南斯拉夫教育理论、看到"自制图册"时,她认为不过是"教师为教学需要而制作的图片",因此"觉得并不新鲜,也没在意",但当知道不仅教师"自制",学生也"自制",而且是从一年级起就开始"自制"时,叶澜感到意外,及至看到导师的女儿在小学阶段制作的包括地理、历史、自然、文化等内容的十一本图册时,她的吃惊溢于言表,强调动手能力到这种程度,实在是令人印象深刻。她说:"近年来,国内对培养能力的问题一直很有兴趣,这十一本图册给了我如何培养学生能力的启示。那就是:创造条件,创造学生喜欢的、合适的方式让学生参加那些与培养有关能力相应的实践活动,从中提高学生的能力。"[1]虽然当时她还没有形成对个体"活动"与"发展"之间关系的明确认识,但她对这种方法在培养学生能力上的价值认同是确定的。

在大学本科教育专业学生的培养和出路问题上的差异更为明显。南斯拉夫的教育专业毕业生在社会上颇受欢迎,且发挥了积极的专业指导功能,而国内教育系的本科毕业生却遇到了尴尬的出路问题:做学科教师则专业水平

---

[1] 叶澜.漫步在异国的同一领域中——南斯拉夫教育见闻之一[J].外国教育资料,1981(4):64.

欠缺，做管理工作则缺乏机会、资质和平台，以至于后来师范院校的教育专业本科生培养中断。叶澜一直认为教育系停招本科生是一件憾事。

再说与叶澜个人期待相契合的现象。第一，个体的自主发展问题。叶澜是一个自主能力非常强的人，总是自己拿主意、自己努力、自己负责任，她认为个体应该也可以为自己的发展负责。但是在中国的教育现实中，真正具有自主意识和能力的人并不多，学校教育在培养学生自主能力方面也没有提供机会和条件。在南斯拉夫观察到的学生发展状况，使她在现实中看到了理想的模样，可以想见她是兴奋的、认同的。她从认为"学生的课堂讨论没什么好听的"到"费解"，再到查阅"教育专业的专业课课程表""问学生、问老师"，最终形成对国外大学里学生实践能力、独立学习和研究问题能力培养方式的"不同于国内的课堂讨论"的认识和认同。在小学生"自制图册"问题上，她总结了"自制图册"的活动价值，包括：扩大学生的知识面，把课内的正规学习与课外的随机学习联系起来；符合小学生喜欢动手的特点，使他们在愉快体验中获得知识、培养兴趣；丰富充实学生的课余生活；学生收集资料，按内容归纳、整理、编辑材料的过程是一种很好的逻辑思维训练方式；等等。叶澜期待国内有兴趣的教师也可以尝试。除此之外，小学生广泛参与的形式多样、内容丰富的课外校外活动也给叶澜留下了深刻印象。

最后说叶澜心中待解的现实问题。一个是对大学生培养中理论与实践关系的关切。早在报考大学、选择学习教育专业的时候，她认定的理由是"要当教师就要学习教育学"，这可以看作叶澜对理论与实践关系认识的第一个阶段，即认为理论可以指导实践，实践需要理论指导。然而，教育学专业优秀的本科毕业生无法在小学的课堂上完成基本的教学任务，这使她第一次产生对理论与实践关系的认知冲突和现实关切，现实的经历让她发现教育理论未必都能够指导实践，理论学得好并不能保证一定能够做一个好老师。从南斯拉夫大学生的课堂实践中，她"悟出了一个道理：要想贯彻一个教育观点,除了必须在理论上分析讲透以外,还要在具体的实践中有措施。如果这个观点是一定要贯彻的,那么措施必须有力……在现代的大学里,加强实践、加强能力训练与加强基础理论一样是不能忽视的"①。可以说,观察到的实践在一定程度上解决了她当时思考的问题,即理论与实践如何在学习者身上实现转化的问题,此时所说的理论与实践的关系,在很大程度上仍然局限于"理论如何有效地应用于实践、产生实践效益",还没有触及理论与实践之间的双向互动关系。

她心中待解的第二个问题是教育学专业学生的培养问题。尽管叶澜在南斯拉夫访学期间,对学生自主能力的发展倾注了极大的关注,但不可否认,在这个阶段,她的兴趣中心仍然在师范院校的教师培养上,尤其是教育专业本科生的培养问题上。访学期间的四篇随笔中,专门有一篇介绍南斯拉夫克罗地亚共和国教师的培养及工作状况,涉及培养目标、内容、方式以及毕业生出路等在教育制度上的安排,也详细陈述了教育系毕业生的工作任务、工作内容、工作方式以及在实践中获得专业支持的方式。叶澜在"教育干部的专业化"问题上颇有感触,并期待我国在培养教育干部上做出努力和改善。

1984年发表于《华东师范大学学报(教育科学版)》第2期上的《要探索思想政治教育的新路子》是一篇解决教育实践问题的研究报告,叶澜探讨在20世纪80年代初全面恢复高考后学校教育出现的"智育第一""升学率至上"的现象,在调查研究的基础上提出如何在保证学生掌握基础知识、基本技能的前提下,改善学生的精神面貌,提高学生的道德水平。针对重点中学学生中明显存在着的"重业务轻政治"现象,叶澜认为这与社会环境变化有关,与学生所处发展阶段的经历和思想方法有关,也与思想政治教育方法单一、内容空洞、单调枯燥、脱离学生现实生活有关,并且她提出了解决问题的方案:从学生的兴趣和现实关注点入手,让思想政治教育和理想教育与学

---

① 叶澜.漫步在异国的同一领域中——南斯拉夫教育见闻之一[J].外国教育资料,1981(4):63.

生具体的生活经验和未来发展需要相结合,用青少年可以理解和体验的方式使思想政治教育和理想教育真正落实到青少年的行为中,在青少年的思想和认识中扎下根。比如,进行思想政治教育和理想教育"不能只通过讲道理的办法,即使讲道理,也要使这些道理能触动学生的心灵。针对学生希望自己能学好知识、从事自己热爱专业工作的愿望,职业教育可以成为对学生进行理想教育的起点,德、才兼备的优秀人物可以成为学生学习的榜样"[①]。在解决问题的思考中,体现出强烈的现实主义色彩,这一直延续成为叶澜的思想特色。

(二)理论基底的最初呈现

从这一时期叶澜发表的文字作品中,可以看到与她后期理论发展一脉相承的研究核心问题,构成她理论研究和实践变革的底色:第一,关注实践;第二,关注个体精神力量培养对个体发展的重要意义;第三,关注学校教育中教书与育人的关系。

第一,关注实践。在这一时期,叶澜所关注的实践包括三个方面:一是与理论相对应的实践,即理论与实践的关系。对这一问题的思考主要集中在教师培养中理论知识如何转化为学习者的实践行为和实践能力。对理论与实践的关系的认识由最初的"理论指导实践"到"理论未必能够指导实践",再到"如何学习理论才能够让理论转化成实践",而"什么样的教育理论能够指导教育实践"的问题虽没有真正触及,却已经埋下伏笔。二是与获取抽象知识相对应的具体的动手、动脑等实践行为,既包括大学生自学、独立思考、表现的行为和能力,也包括小学生动手、动脑参与学习的过程。三是教育研究的实践取向。这里重点讨论第三个问题。

对于教育学原理方向的研究者来说,思辨研究是看家的本事。在思辨研

---

① 叶澜.要探索思想政治教育的新路子[J].华东师范大学学报(教育科学版),1984(2):61.

究的基础上，把研究的触角深入到实践之中，在叶澜最初的具有学术意味的研究中就体现出来了。她在探索思想政治教育的新路子的研究中，有两个值得一提且与之后的研究一以贯之的特点。（1）关注时势变化，把教育的问题放在社会的大环境中思考，从对个体的研究中敏锐地感受到时代的变迁。她说："通过这项调查，我鲜明地感受到：老师说什么，学生就听什么，领导怎么说，学生就怎么理解的时代可能是一去不复返了。……在他们的身上，反映出一种求实、求知和追求民主、独立的时代精神。"[①]这样的时代变迁对教育提出的挑战是时代的挑战，时代发展对个体独立性呼唤的认识在此已烙下印迹。（2）关注现实生活中的问题呈现方式，把研究建立在真实而具体的问题上，主张解决问题首先需要扎实地进行调查研究，在实践调查的基础上判断和分析问题，寻找解决问题的方案。学生对思想政治教育不重视在20世纪80年代已成共识并屡受批判，但很多板子未必打到该打之处，故而板子打完也并没有收到该收之效。（3）关注实践中的积极因素，并以之为解决问题的现实基础。叶澜对忽视青少年思想政治教育的问题没有满足于批判，而是用调查、访谈、观察的方法进行实证研究。她并没有局限于发现问题、分析问题，她的研究中与众不同的地方，在于进一步分析研究对象内蕴的积极因素和发展需求。比如，在对调查对象的数据分析中，她做出了对研究对象的基本判断：他们"在业务上有志向，并且已培养起一定的求知欲和学习能力，但成为其学习动力的主要因素是个人的兴趣与需要。……他们对政治活动不很热心，甚至还抱有某种程度的反感。"[②]尽管如此，她仍然认为："这样的学生从总体上看来是好的……具有相当大的可教性……在他们的身上，反映出一种求实、求知和追求民主、独立的时代精神。这是可喜的。"[③]这些"可喜的"积极因素是解决问题的出发点，学生的发展需求为解决问题

---

①② 叶澜.要探索思想政治教育的新路子[J].华东师范大学学报（教育科学版），1984（2）：60-61.

③ 同①：61.

提供了基本方向。满足学生的发展需求,"多给学生一些自治,独立处理班级学习、生活、工作中出现问题的权力"①,并在此基础上提高学生的发展需求,让他们在管理班级、培养对集体的责任感、提高自治能力的同时,"把他们要求独立自主的心理趋势引导到正确的轨道,使它得到充分的发挥"②,这样的方案才可能是有效的。同样的思维路径在"新基础教育"研究中得到更为广泛和深入的应用,并发展出更为系统的研究策略和研究传统。从这一点来看,叶澜是彻头彻尾的"理想的现实主义者":追求教育与人的发展的美好的理想境界,承认现实的不完美并积极寻找不完美中的可完善之处,在布满泥泞的现实中寻找通向未来之路的立足之处。

第二,关注个体精神力量培养对个体发展的重要意义。在对中国初中、高中学生进行的调查研究中,她发现重点中学的成绩优秀学生在知识的学习和技能的掌握方面不但做得好,而且有信心、有兴趣,但她认为以个人兴趣、需要为动力的奋斗不可能持久,他们在漫长的人生路上,很可能会因风浪袭击而消沉,因成绩出色而陶醉,因方向不明而迷途,因目标过近而搁浅。在之后的研究中,她在勾勒时代发展的理想新人形象时,在认知和道德发展之外,强调了"精神力量"这一品质,把"自信、迎接挑战的冲动与勇气、承受挫折和战胜危机的顽强意志"作为转型时期理想新人应该具备的重要特质。③这一追求在"生命·实践"教育学对"育生命自觉"的追求上得到持续的强调和提升。

如何培养学生的精神力量?培养学生的独立能力,让学生在独立面对问题、独立思考与判断、自主参与学校生活、承担学习生活中的义务和责任的过程中形成强大的精神力量,这是学校教育义不容辞的责任。南斯拉夫大学

---

①② 叶澜. 要探索思想政治教育的新路子[J]. 华东师范大学学报(教育科学版),1984(2):62.

③ 叶澜. 时代精神与新教育理想的构建——关于我国基础教育改革的跨世纪思考[J]. 教育研究,1994(10):3-8.

生独立自主的学习习惯以及表现出来的自主能力和独立态度，小学生自小养成的动手、独立完成任务的能力之所以能够打动叶澜，与学生通过独立思考和独立工作能力呈现出来的强大的精神力量不无关系。正因如此，叶澜主持的第一个正式在学校里开展的教育改革探索性研究就是从培养学生的自主能力入手[①]，之后在"新基础教育"研究的过程中得到了扎扎实实的贯彻。

第三，关注学校教育中教书与育人的关系。作为一个曾经"觉得上课没劲儿"、带头"闹课堂"的学生，一个曾经"管不住学生""被学生气得掉泪"的小学教师，叶澜对学生充沛的精力、旺盛的需求和被动、静听、记诵、呆板的学校教学之间紧张关系的体会深刻而具体，其关注也因而是切己的、主动的。她从不认为在学校教育中知识学习不重要，但认为只重视知识学习对学生的积极、健康发展是不够的，所以访学期间看到的南斯拉夫学生参与学习的主动状态给了她意外的惊喜。正因如此，"新基础教育"研究一直坚持在课堂教学改革领域耕耘，探索教书育人和日常系列活动育人的学校生活变革；当全科教学、综合学科成为新时尚，分科教学受冷落的时候，叶澜仍然坚信没有分科教学的高质量进行，就不可能有高质量的课程整合。在这一时期，如何通过课堂教学实现教学与育人的统一，如何通过促进教师发展来促进教学与育人目标转化成现实，还没有进入实质性的研究；实质性的研究和突破，在进入一线学校进行变革实验之后才真切地发生。

三、理论初成：反思与重建

"生命·实践"教育学派理论初成的时段是1986—1991年。1986年叶澜在《中国社会科学》发表《论影响人发展的诸因素及其与发展主体的动态关系》一文，这是标志她"教育研究的思路和核心问题域形成"的"第一篇文

[①] 叶澜. 反思　学习　重建——十五年学术探索的回顾[J]. 天津市教科院学报，2000（4）：4-13.

章"。①1991年《教育概论》一书出版,标志着她"教育学原理性认识新系统初成"②,也标志着学派发展的理论基础初成。尽管在那个时候"学派"观念还远远没有进入叶澜的意识和视界,但反观来路,叶澜对中国教育学发展的反思与重建确实是真实意义上学派创建的起点,关于生命自觉和内含"生命·实践"基因的教育学原理式表达初现其中。

自1983年从事教育学的教学和研究工作开始,到1991年《教育概论》出版,叶澜初步完成了对中国教育学发展问题的反思和理论重建,其中涉及中国教育理论发展的核心问题、中国教育学发展的反思以及初涉实践研究的思考,其学派建设的幼芽孕育在教育学学科发展的反思之中。叶澜把这一时期称为"生命·实践"教育学派的孕育期,把这一时期在个人学术研究史和学派生成史中的意义描述为"学术自我的系统式转换",是后续研究赖以开展的基础:

> "生命·实践"教育学派的孕育期,是本人在新历史时期,通过大量重新阅读经典教育学著作、有关研究方法新理论和哲学、史学等相关著作,从改变自己的思维方式与参照系开始,对当时国内教育学已存在,且曾为自己接受、由一系列基本理论及其相关方法论构成的认识,做出系统的反思与批判,进而促使个人学术自我重建意识逐渐清醒、自觉,直至初步形成教育理论新认识体系的阶段。它可以从我1983年独立承担华东师范大学教育系本科生"教育概论"这门基础课程始计,以1991年本人第一本学术著作《教育概论》的正式出版,即本人教育学原理性认识新系统初成为结束标志。可以说,如若没有该时期个人学术自我的系统式转换,就不可能出现后续的一系列研究,"生命·实践"

---

① 叶澜.反思 学习 重建——十五年学术探索的回顾[J].天津市教科院学报,2000(4):4-13.
② 叶澜.回归突破:"生命·实践"教育学论纲[M].上海:华东师范大学出版社,2015:4.

教育学派也不会由我提出。①

(一) 理论的反思与重建

理论的反思与重建包括三个方面。第一，反思并重新认识了教育理论核心问题，主要包括人的发展问题、教育与社会的关系问题、教育与人的发展的关系问题等。在批判与反思的基础上形成了新的认识，这些认识成为叶澜思想发展的基础，也成为"生命·实践"教育学派发展的根基。第二，对教育学科发展问题的认识，开启了教育学科"元研究"的研究传统，并直接催生了叶澜对学派建设的最初冲动。第三，对教育研究方法和方法论的关注与研究，成为叶澜重建教育理论的强大的思想武器，其中对教育学"科学化"追求的批判和对教育学研究方法论的探索，为后期形成教育"事理研究"的性质认识奠定了基础。

1. 理论反思的主要方面

（1）人的发展问题：对"三因素论"的批判。教育学基本理论研究中关于人的发展问题的研究，除了人性论的认识之外，最为重要的就是对影响人发展的因素的认识，它与人性论的认识有关，也与具体时期心理学、哲学、社会学、人类学等的认识成果相关联。关于人的发展问题的反思，主要集中在对中国教育学理论认识中占主流地位的"三因素论"的反思和批判上。叶澜认为"三因素论"在对人的认识问题上存在三个方面的问题。一是把人的发展等同于一般生物的发展。重视人的发展的受动性，轻视人的发展的能动性，对人的发展的研究停留在生物学水平，实践在人的发展中的价值没有得到重视和体现。二是忽视人的发展的全面性与动态性。把影响人的发展的某一方面的因素（在"三因素论"中主要是智力因素）当作影响人的发展的所

---

① 叶澜. 回归突破："生命·实践"教育学论纲 [M]. 上海：华东师范大学出版社，2015：4.

有方面的因素，没有看到人的发展的全面性和发展不同方面的差异；没有看到人的发展的动态性和阶段差异性，把影响人的发展的某一阶段的因素看作是稳定不变的。三是忽视影响因素的整体性。只看到了每一种因素的影响而没有看到因素之间的不同组合、消长对于不同发展水平的个体未来发展的影响，也不关注个体在发展过程中对影响其发展的因素的反作用。

（2）教育基本理论中两大关系问题：强调社会价值，忽视个体价值。新中国成立以来，在国家层面上存在着教育价值取向的偏差，具体表现为在教育决策中强调教育的社会工具价值，忽视教育在培养个性、使个人的潜能得到尽可能发展方面的价值，要求教育发挥即时的、显性的功效，而忽视或者轻视教育的长期效益。造成教育价值取向偏差的原因在于政府的决策忽视教育自身的独特性，把教育看作社会政治、经济的附庸，从政治、经济的性质、任务中简单推衍出教育的性质和任务，忽视了教育对个体个性发展的促进价值，其实质是忽视教育的特殊性，忽视个体的价值，忽视个体的人格培养。①

（3）教育研究方法和方法论：方法论转换是教育学重建的基础。对教育研究方法论的反思与重建，并不是叶澜这一阶段思想发展的主要方面。她对教育研究方法论的思考主要反映在她的主题研究中，比如她认为，"三因素论"背后的形而上学方法论使人们把复杂、丰富、多变的个体发展与影响发展的因素间的相互关系大大简化和绝对化。在她看来，要解决教育研究中存在的现实问题，重要的不是在现有的研究结论之中做孰是孰非的判断，而是要深入分析其中的方法论问题；如果方法论存在错误，解决问题的办法就是整体改造而非修修补补。叶澜对影响人的发展因素的认识的重建，就是基于对"三因素论"方法论的批判。对方法论的重视和持续研究，构成了叶澜教育研究的基本特色。

---

① 叶澜.试论当代中国教育价值取向之偏差［J］.教育研究，1989(8)：28-32.

2. 理论重建的主要成果

（1）影响人的发展的因素：二层次三因素论。

第一，影响人的发展的主要因素包括两个层次：可能性因素和现实性因素。其中，可能性因素包括个体自身条件（先天和后天）和环境条件。人作为发展主体的活动是影响个体发展的现实性因素，是对个体的发展起决定作用的、独立的因素。两个层次三种因素构成了影响人的发展的主要因素。

第二，影响人的发展的两个层次三种因素之间的关系是复杂的、动态的。从个体发展的全过程来看，影响人发展的诸因素在不同阶段的作用方式和作用力度不同，不同因素在人的不同发展阶段形成不同的组合方式；从人的发展的不同方面来说，影响人的发展的诸因素所起的作用不平衡，这些因素在主体发展全过程中是变化的，它们对发展主体作用的大小不同；对于发展中的人来说，前一个阶段形成的发展结果成为影响他之后发展的影响因素。也就是说，各因素并非以同样的方式影响人的各个方面的发展，同时，各因素之间的相互关系也是变化的，而且这些变化又与发展主体本身的变化密切相关。①

第三，人的发展是动态的、整体的，人在一定程度上是自己发展的主人。人对自身发展的影响通过自己的实践活动实现，"个体的活动是个体发展的决定性因素，没有个体的活动就谈不上任何发展"②。人通过自身的实践活动使影响其发展的遗传与环境因素由可能转化为现实，从这个意义上说，人在一定条件下具有掌握自己命运的可能。

二层次三因素论描述了影响人发展的因素及其在个体发展全程中的动态关系，把人的能动性活动看作人的发展由可能性向现实性转化的关键，使作为发展主体的个人同时成为影响自身发展的关键性因素，从而把影响人的发

---

① 叶澜. 论影响人发展的诸因素及其与发展主体的动态关系 [J]. 中国社会科学，1986（3）：83-98.

② 同①：93.

展因素的研究从生物学水平提升到"人学"水平。唤醒并培养人的发展自觉成为教育的责任与使命,这一关注人的生命活动质量,关注人的主动发展的意识与能力,以及以此为基础形成的对教育应该为何和如何进行才能有利于人的发展的认识,至今仍然是叶澜及其领导的研究团队认识、判断、看待教育问题的基本立场和认识框架。

(2)教育、社会、人:以教育为转化机制,保证社会发展与人的发展互相促进。叶澜认为,理解教育两大功能之间关系的关键在于理解社会发展与人的发展之间的关系,并把教育在社会发展与人的发展中的转化机制纳入问题分析的过程。社会与个体既相互依存又相互独立,社会活动是两者实现发展的共同手段,但社会发展与个体发展存在相对独立性,社会发展与个体发展"相依"而不"相同","相异"但不"对立"。[①]认识社会发展与个体发展的关系,目的在于努力在现实条件下追求社会发展与个体发展最大限度的统一,使社会与个体能处于相互促进和积极转化的状态,以实现社会发展与个体发展的最终目的。[②]在叶澜看来,充分认识教育在培养人的独立思考能力、独立人格和对现实社会的批判分析能力等方面的价值,使个体的潜能在可能范围内得到发展,通过教育实现社会发展与人的发展之间的相互促进,是解决教育、社会、人三者紧张关系的关键,也是使中国教育走出困境、获得质的发展的基础。[③]教育需要通过培养具有时代特质的人来实现对社会发展的价值和功能。

叶澜在关于人的发展和教育基本理论中两大关系问题的认识方面,呈现出从微观到宏观的思维路线。微观的思考聚焦于个体发展本身,以个体的发展历程及其影响因素为研究对象;宏观的思考则把人的发展置于社会与国家的背景下,既关注人的发展的理想状态,又关注理想状态在一定程度上实现

[①] 叶澜.教育概论[M].北京:人民教育出版社,1991:307-309.

[②] 同[①]:309.

[③] 叶澜.试论当代中国教育价值取向之偏差[J].教育研究,1989(8):28-32.

的现实条件。如果说《论影响人发展的诸因素及其与发展主体的动态关系》从个体的角度探讨了人的发展问题的话，《试论当代中国教育价值取向之偏差》《教育两大功能关系之探究》则从国家的宏观层面提出了需要加强对人的发展价值进行研究的问题：前者提出了"人的独立性、独立人格和批判精神"在教育价值选择上被忽视的问题，后者则提供了关于如何矫正偏差的建议，提供了重新审视两者关系必须改变的视角，其中最为重要的是克服静态、绝对地看待两者关系的眼光，关注教育功能之间动态、复杂的关系，立足教育促进转化的机制，思考如何把两大功能的实现融入统一的实践活动中。

（3）研究方法实现转换，教育研究方法论成为研究对象。在形成公共知识的意义上，这一阶段叶澜有关方法论的研究成果不多，但她关于方法论的意识和思考体现在这一时期的研究成果中。正是方法论意识的形成和转化，促成了叶澜这一时期关于教育问题新思考、新观念的产生，这一点既体现在她对人的发展的影响因素的动态、发展性考察上，也体现在她对教育系统复杂、开放特征的认识上；更为重要的是，方法论成为叶澜"此后学术研究一直持续进行的重要方面"①，不但体现在对方法论的认识成果上，更体现在她此后进行的"新基础教育"研究和"生命·实践"教育学派理论的建设中。方法与方法论的研究开端于有意识的学习和运用，直至形成《教育研究方法论初探》（上海教育出版社1999年版），到目前正在撰写的《教育研究方法论再探》（暂名），方法论研究贯穿叶澜学术研究的始终，且一直处于行进和深化之中。

（4）开始对教育学科发展的反思之旅，勾勒出叶澜教育研究未来发展版图。对教育学科发展的反思是这一时期叶澜在教育基本理论核心问题研究之外花大力气研究的第二个方面，也是她此后学术研究持续进行的重要方面。②可以说，如果没有方法论的转换，叶澜对教育理论基本问题的认识不

---

①② 叶澜.回归突破："生命·实践"教育学论纲[M].上海：华东师范大学出版社，2015：8.

会取得突破性进展，而如果没有持续的对教育学科发展的反思性研究，她就不会有对中国教育学发展内在问题的深刻理解，重建中国教育学的使命感和责任感也就不会如此强烈。

这一阶段形成的关于教育学科反思的认识集中反映在《关于加强教育科学"自我意识"的思考》一文中。该文把教育科学对自身的研究和认识称为教育科学的"自我意识"，认为只有当一门科学能够对自身的发展有明晰而准确的自我意识时，它才能自觉地寻找自己继续发展的方向，增强发展的自控能力，减少发展过程中的盲目性，进入学科发展"自为"状态。教育科学自我意识的形成，有赖于教育科学研究者对教育科学发展历史的深刻反思和对教育科学发展现状的分析。她认为，对作为科学体系的教育科学形成历史的反思有助于发现教育科学发展的规律，这些规律体现在诸多的始终存在但随着历史发展不断变化的关系之中，比如教育科学与教育实践的关系，教育科学内部学派的形成、争鸣与教育科学发展的关系，教育科学与其他科学的关系，教育科学与社会政治、经济等方面的关系，本国的教育科学与外国的教育科学的关系，等等。[①]对教育科学现状的分析则包括对教育科学研究对象的范围与特点、教育科学内部不同学科之间的结构、教育研究的方法论与方法体系，以及教育科学在整个科学体系中的地位、教育科学与其他科学的关系等方面的分析。这些问题绝大多数成为叶澜未来研究的专题，其认识结果构成了叶澜教育理论的基本体系。

（二）学派发展的基础形成

教育基本理论、教育学元研究、教育研究方法论是叶澜教育理论研究中的三驾马车，也是"生命·实践"教育学派赖以产生的理论基础，其中教育学元研究和教育研究方法论是催生教育基本理论研究的内在动力，三者从一

[①] 叶澜.关于加强教育科学"自我意识"的思考[J].华东师范大学学报（教育科学版），1987（3）：23-30.

开始就在叶澜的理论研究中建立起相互支撑的关系。

1. 学派基因式概念"生命·实践"以"个体"与"活动"的方式提出

叶澜关于发展主体及其与自主实践关系的认识，主要反映在《论影响人发展的诸因素及其与发展主体的动态关系》和《教育概论》中。前者是叶澜"教育理论与方法论转换开始后的产物"，是她"自我学术重建破茧式的开始"；后者是叶澜"自我学术整体转型阶段性完成的标志"。[①]这两部作品的学术品质得到了学术界的高度评价。《论影响人发展的诸因素及其与发展主体的动态关系》是《中国社会科学》发表的为数不多的教育学研究成果，该论文发表当年，被中央教育科学研究所主编的《教育文摘》第12期、第18期先后两次摘登，并于1989年获得中国教育学会成立十周年首次评出的优秀论文一等奖。《教育概论》于1996年获得全国高校优秀教材一等奖，1997年获首届国家优秀教学成果二等奖。该著作集中表达了这一时期叶澜对人的发展问题的关注、批判和重建性认识，叶澜称之为她整个学术的根，"对于本人而言，其最重要的价值是在孕育出新的理论核心胚胎与中心问题的同时，也为自己今后的学术自我突破和发展，搭建了一个新的具有系统形态的平台"[②]。《论影响人发展的诸因素及其与发展主体的动态关系》和《教育概论》是"生命·实践"教育学派的经典。

在形成基因式概念的意义上，这一时期的理论在三个方面做出了贡献：第一，在传统的人学研究上突出对个体的研究；第二，在个体发展的影响因素中强调个体自身活动对自身发展的现实性意义；第三，"自我意识"的形成可以使个体对自己的生命发展过程产生有目的的影响。

（1）教育学对人的发展的研究应该聚焦于个体。在这个问题上，叶澜首

[①] 叶澜.回归突破："生命·实践"教育学论纲［M］.上海：华东师范大学出版社，2015：5-6.

[②] 同[①]：8.

先以人的个体能动性为依据把人的发展与动物的发展区别开来。其次，她强调个体是教育学关于人的发展研究的基本单位。她不止一次地强调这一点。《论影响人发展的诸因素及其与发展主体的动态关系》开篇第一句话就给"人的发展"下了定义：人的发展是指作为个体的人从出生到生命终止在生理和心理结构两方面有规律进行的量变和质变的过程。《教育概论》第四章指出："……'人'，确切地说，是指'受教育者个体'，而不是指教育过程的全部参与者，也不是指受教育者群体。"[1]在她的研究视野中，不管是"受教育者"还是发展中的"人"，都是指具体的、个体的人。

（2）在个体发展的影响因素中强调个体自身活动对自身发展的现实性意义。没有个体自身的活动，个体的发展是不可能的；个体不同的活动状态决定了不同的影响因素对个体发展的价值。人具有自主性和能动性，不仅可以控制、改造客观世界，而且能够控制、改造自身，因此，人的发展不仅受其先天因素的影响，更受其身心发展水平的影响。个体的生命实践成为决定个体发展的关键因素。

（3）"自我意识"的形成可以使个体对自己的生命发展过程产生有目的的影响。"与先天因素在人发展过程中影响大小的变化趋势相反，后天因素对人发展的影响随着人的发展水平的提高而逐渐增强。其中关键性的转折点是独立的自我意识和自我控制能力的形成，它使人对自身发展的影响提高到自觉的水平。"[2]学校教育的主要任务之一是组织好受教育者的活动，使其对个体发展的主导作用体现于培养受教育者的自我教育和自我控制能力以及识别、控制、利用环境的能力上。

生命是个体的，实践是个体的，个体的生命实践状态在一定程度上决定着个体生命的发展状态。个体的生命与实践密不可分：生命的存在是实践的

---

[1] 叶澜.教育概论[M].北京：人民教育出版社，1991：182.
[2] 叶澜.论影响人发展的诸因素及其与发展主体的动态关系[J].中国社会科学，1986（3）：91.

载体,实践是生命得以健康发展的动力。个体的发展根植于具体的生存环境和遗传因素之中,个体通过自身实践活动能动地选择和利用影响自身发展的因素,个体自我意识和自我控制能力的形成使个体的发展有可能成为一个自我掌握、自我决定的过程。对生命与实践的关系以及生命与实践关系中"自我意识"价值的认识,使"生命·实践"教育学派对教育"育生命自觉"的价值选择不再遥不可及。

关注人的生命活动质量,关注人的主动发展的意识与能力,并由此生成的对教育应该为何和如何进行才能有利于人的发展的认识,在叶澜后期的思想发展和实践研究中一以贯之,是她认识、判断和看待教育的一个基本立场,构成了叶澜学术生命发展的核心领域和关键新生点,是"生命·实践"教育学派建设的核心观念的原始形态。

2. 教育研究的基本框架形成

(1)教育学元研究的"自我意识"形成。在学科发展的历史反思中明晰中国教育学学科发展问题,探索中国教育发展的"上天""着地"之路[①],构成了叶澜教育学元研究的"自我意识"。研究的自我意识首先表现为对教育学学科发展问题研究的基本框架形成,包括中国教育学作为一个学科的发展历史,教育学与相关科学之间的关系,教育学学科群的内部结构及其关系,教育科学发展与社会政治、文化传统之间的关系,教育学发展的内在机制,教育学研究方法与方法论等。其次表现在对教育理论研究"上天"与教育实践研究"着地"的关系认识和研究追求:在理论研究上定位于追求重大的、深刻的、具有世界水平的突破,使教育理论研究的概念精确化、术语化,使

---

① 在教育研究中,叶澜认为应用研究要实现"操作化",其努力方向是要"着地",把自己的根深扎于中国教育实践这块肥沃的土壤之中,与追求"重大突破"的基础理论研究一起改变"教育科学上不着天、下不着地、飘浮于半空中的状态"。随着对理论与实践转化过程认识的不断加深,叶澜用"入地"代替了"着地",一字之差,反映的是认识理论与实践关系的两种状态。

整个理论体系显示出更强的解释能力和预测能力；在服务于教育实践的应用研究上，则使研究之根深扎于中国教育实践这块肥沃的土壤之中，建立具有中国特色的社会主义的应用教育学科体系。虽然对"上天""着地"的教育研究带有明显的追求"科学化"的痕迹，与叶澜后期主张的"事理"研究取向存在着差异，但她关于教育研究的路线、方向已经确定。

（2）教育研究成果及学派理论框架初步形成。在历史反思和对学科现实发展的分析中，探索如何使缺失的"人"重回教育学研究的中心，在人的发展与社会发展的关系中寻找使两者互相促进的路径，形成了叶澜对教育宏观研究以个体及其发展问题为核心的基础性认识；在重建人的发展的影响因素的努力中，人的主观能动性成为思考人的发展的独特性的基础，个体在自己的发展过程中成为具有决定价值的力量，教育因此而具有了以促进个体发展自觉意识和自我教育能力的使命；在教育内部主体结构关系上，形成复合主体理论，为理解教育系统的运行规律提供了新的视角，也为进入教育系统内部的实践研究提供了认识框架；把教育看作一个整体，一个复杂、开放的系统，描绘出了教育系统内部"立体结构的教育图式"[①]；在教育研究对象问题上，宏观、中观、微观的区分，搭建了思考不同层次教育问题的阶梯和桥梁，边界的相对清晰是最终形成综合性认识的条件。

（3）方法论意识和研究风格形成，为学派理论发展打造新工具。对方法论的认识首先表现在方法论对于研究成果的质量和价值的重要意义上。在叶澜看来，方法论是检核理论合理性的尺度，对理论的发展具有导向性作用。方法论适切则理论发展的方向正确，所不同的是理论认识的深度和精确度；方法论不适切则会造成认识成果的偏差。"如果方法论基本正确，缺陷在于对问题认识的深度和准确度，那么只要做些修改、补充就够了；如果方法论

---

① 叶澜.教育概论[M].北京：人民教育出版社，1991：2.

不正确，那就必须以方法论的改变为突破口，对原理论结构做整体改造。"①

叶澜对方法论在理论发展过程中重要性的认识基于她对方法与方法论的学习与研究，其学习资源一方面来自马克思主义理论，尤其是来自中国20世纪70—80年代的真理标准大讨论，另一方面来自20世纪80年代初的南斯拉夫访学。1986年，叶澜在以"冰火"为笔名发表的《南斯拉夫教育科研中的方法论问题》中说："教育科学研究中的方法论问题是近年来南斯拉夫教育理论界十分关注的问题。在1982年5月召开的南斯拉夫第五次教育家代表大会上，关于方法论的专题论文有二十篇，占论文总数的四分之一。"②她访学期间的导师，贝尔格莱德大学哲学学院教育系教授尼古拉·鲍特考涅克（Nikola M. Potkonjak）"是南斯拉夫教育科学方法论研究方面的权威之一，他的专著《教育学的理论——方法论问题》被誉为南斯拉夫教育学方法论研究的里程碑"③。南斯拉夫访学过程中所接触到的方法论问题，被叶澜称为最主要的挑战和冲击之一，这一经历使她"意识到了我们研究教育学，存在方法缺失和方法论贫乏的严重问题"，教育研究方法论也成为一个引起她极大关注的问题。④对方法论问题的思考，极大地提高了她的研究起点，其中的挑战也不言而喻。

相对于叶澜后期的方法论研究成果来说，《南斯拉夫教育科研中的方法论问题》更像是一篇介绍性的文章，且南斯拉夫的方法论研究在当时也未成熟，但她受到方法论研究及其观点的影响则是可以确定的事实。当时南斯拉夫在教育学研究方法论方面呈现出的对问题的清醒程度，对叶澜的影响无疑更大，这些问题在中国的教育学理论发展中同样存在，程度上更甚。这些问

---

① 叶澜. 论影响人发展的诸因素及其与发展主体的动态关系[J]. 中国社会科学，1986（3）：84.
②③ 冰火. 南斯拉夫教育科研中的方法论问题[J]. 外国教育资料，1986（1）：9.
④ 叶澜. 从"冬虫"到"夏草"——"生命·实践"教育学派生成过程的个人式回望[M]//叶澜. 方圆内论道：叶澜教育论文选. 北京：中国人民大学出版社，2019：7-8.

题表现为"大量运用新的术语,把方法论的突破简单化为术语的更新""对原有的教育理论体系只做形式上的改造""企图把教育科学完全建立在自然科学研究方法的基础上"等[①],这些问题直到今天依然不同程度地存在于中国教育学研究领域。叶澜访学时在方法论方面的收获与其说是认识成果方面的,不如说是方法论意识以及国外同行对教育学研究中相关问题的提问方式,诸如教育学的学科性质问题,教育学与其他学科的关系问题,教育学研究中的理论与实践关系问题,教育学研究对象的边界与独特性问题,教育学研究中人与社会、劳动的关系问题,等等,这些问题是南斯拉夫教育学研究者提出的但尚未得到解决、形成认识成果的问题,是国际教育学研究中都需要正视和回答的问题,也是拓展研究的视野和眼光的问题。

1986年发表的《南斯拉夫教育科研中的方法论问题》介绍的是1982年5月召开的南斯拉夫第五次教育家代表大会上对南斯拉夫教育学研究中方法论问题的批判和探讨,时隔4年之后整理发表这篇文章,一方面表明叶澜当时的研究兴趣中心,另一方面表明她当时对这个问题的重要性和内涵有了新的认识。之后发表的《论影响人发展的诸因素及其与发展主体的动态关系》是叶澜在研究方法论上实现转换后在教育理论专题研究中取得的突破性认识成果。

在这一时期发表的论文和出版的专著中,对研究对象独特性的强调,对研究对象的结构、层次、过程的动态性考察,分析性认识基础上整体、全面、系统、动态地看待事物发展的眼光等,已经得到纯熟运用和明确体现,呈现思辨的力量,形成了叶澜分析事物、研究问题的思维风格。"发表在《中国社会科学》上的论文《论影响人发展的诸因素及其与发展主体的动态关系》,是这一阶段本人教育理论与方法论转换开始后的产物,从文章标题中的'发展主体'和'动态关系'两个词组可察其一二。"[②]1991年出版的

---

① 冰火.南斯拉夫教育科研中的方法论问题[J].外国教育资料,1986(1):9.
② 叶澜.回归突破:"生命·实践"教育学论纲[M].上海:华东师范大学出版社,2015:6.

《教育概论》"在结构和观点上都大不同于当时国内流行的教育学著作,已呈现出本人的研究积累、思维方式和风格……将教育作为一个复杂的开放系统,用系统、动态的方法论,对教育基本理论体系做重新阐述"[①]。但此时,方法论本身还没有成为叶澜的研究对象,她还没有形成以方法论问题为思考对象的系统、清晰的认识,或者说方法论在此阶段是研究的工具,以方法论为研究对象并且形成研究成果,主要在下一个阶段。

(4)教育实践变革着力点的轮廓形成。如果以"新基础教育"研究为立足点回望,可以发现实践探索与这一阶段理论研究之间存在的关联。虽然尚未真正触及基础教育的实践变革,但理论研究中对学校实践变革着力点的轮廓已大致形成,尽管这个轮廓还处于模糊和直觉状态,是思辨研究的产物,且其实现路径的探索还远未展开。这个轮廓以教育研究层次的方式呈现。在分析人类历史中存在的多种社会与个体关系模式及人类对"教育与社会""教育与人"认识的历史演变的基础上,叶澜分析了教育两大功能在教育系统不同层次上的关系形态,描绘了在不同层次上实现教育与人的发展"最大限度统一"的现实条件与路径:宏观层次表现为原则,中观层次表现为条件,微观层次表现为行为特征。中观和微观层次的思考成为"新基础教育"研究的直接指引。她认为,在中观层次实现教育两大功能统一的关键在于学校领导的办学思想和教育思想、学校活动的结构设计以及学校各方面工作的管理原则。在微观层次,叶澜为教师描绘出可能呈现的现实形态:关心学生学习掌握知识、技能、技巧过程中一般能力的发展,重视学生独特个性的形成与才能的开发,调动学生的积极性,提高学生在教学活动中的主动参与程度和自主程度,培养学生对工作、事业、生活等的自信心和主体意识,形成积极有为的人生态度;把社会的要求转化为对人的多方面的发展要求,顾及个体继续发展所必须形成的身体基础和心理品质,通过精心设计的教育活动

---

① 叶澜.回归突破:"生命·实践"教育学论纲[M].上海:华东师范大学出版社,2015:7.

促进学生形成自我发展的理想；等等。①在中观和微观层次实现教育两大功能统一的理想，成为学校实践变革研究追求的目标，只是实践逻辑与思辨逻辑的顺序恰好相反。

尽管在理论研究上已经开始方法论转型，但叶澜这一时期的研究取向还带有明显的教育学科学化追求，一方面表现为在概念上用"教育科学"而不是"教育学"称呼教育研究形成的知识体系，另一方面表现为对教育应用理论"操作化"的追求，这一认识直接导致在"新基础教育"研究探索性阶段对实践变革模式的追求。这一追求在实践研究展开并取得一定成效之后，才成为反思的对象，对教育变革"模式化"的追求转向关注教师个体思维的改变和通过成事而实现成人目标。到"新基础教育"研究发展性阶段和成型性阶段，以成事促成人的变革目标越来越明确和笃定。

3. 研究之根向实践延伸

当理论研究初具眉目并被理论界关注后，叶澜产生了一种通过实践验证、丰富、完善理论的冲动。②这种冲动与她的理论研究得到相当程度的认可相关，也与她这一时期参与的与实践相关的学校变革经历相关。

1988—1989年，以叶澜为组长的"中朱学区教育"联合调查组对上海市普陀区中朱学区教育改革（1978—1988年）进行调查研究，探讨促成学区实现"整体的、综合的正向转化"的因素。这一历时近两年的调查研究给了叶澜从整体意义上理解和了解实践变革内在逻辑的机会，使她的理论研究之根真正地扎入学校实践变革的土壤。对中朱学区的调查研究在三个方面对叶澜后期介入实践变革研究具有意义。

第一，这是一个成功的学校实践变革案例，一个处于低谷的学区实现全

---

① 叶澜.教育概论[M].北京：人民教育出版社，1991：329-330.
② 叶澜.我与"新基础教育"——思想笔记式的十年研究回望[M]//丁钢.中国教育：研究与评论：第7辑.北京：教育科学出版社，2004：1-58.

面的、整体的改变，足以改变人们对实践变革可能性的认识；这个使大部分学生，尤其是原来比较落后的学生实现积极发展的"令人振奋的""了不起的"经验，是叶澜产生通过实践验证和丰富理论的"信心与冲动"的催化剂。

第二，对中朱学区十年变化内在原因的分析和概括，使一条现实的变革之路清晰地呈现在研究者面前。由叶澜执笔的研究总报告总结了中朱学区教育质量实现正向转化的三大关系：（1）系统终态变化与结构变化的关系，因结构变化而形成的纵向、横向沟通质量是重要的成功经验；（2）系统终态变化与人的要素变化的关系，"调动人的内在力量"是其经验中的特色；（3）系统终态变化与活动过程变化的关系，具体包括大环境与小环境的关系、把握整体与选择突破口的关系、规范与创新的关系。对学区整体变化与区域管理结构的变化、人的要素的变化以及变革策略选择之间关系的分析，使源于经验的"振奋"增强了理性的穿透力，也使信念和冲动具有现实的基础。①

第三，同道专家（尤其是自己尊敬的同道专家）的认同与支持，给刚刚萌芽的"冲动"增添了继续向前的动力，这种支持在一个新想法刚刚冒头的时候往往具有极大的动力价值。调查研究成果发布会上，华东师范大学和上海师范大学、上海社科院的一批专家对研究成果给出了积极评价，刘佛年教授对研究结论高度肯定，认为"研究的材料是真实的"，即使摆在国外的一些调研报告中"这一报告也毫不逊色，甚至还带有我们自己的特点，略胜一筹"。②对研究的肯定是对研究者能力的肯定。对一个理论研究者来说，这无疑是令人鼓舞的。

---

① "中朱学区教育"联合调查组（叶澜执笔）. 学区系统终态变化的整体反思——上海普陀区中朱学区近十年教育实践与经验的研究总报告[J]. 华东师范大学学报（教育科学版），1990（2）：1-10.

② 叶澜. 回归突破："生命·实践"教育学论纲[M]. 上海：华东师范大学出版社，2015：9.

这次与实践近距离的接触，使叶澜看到了实践变革的魅力和实践者的智慧。

> 中朱学区调查研究给我最大的启示是：实践智慧具有与理论智慧大不相同的品质及重要意义，我对有智慧的实践者产生了敬意。它还给我留下了如何带领学生，与实践一线的学区领导、校长联合开始调研，如何对他人已经创造出的改革经验做整体抽象的研究经验。让我认识到：教育实践通过扎实且有智慧的变革实践，完全可以从恶性循环逐渐转化为良性循环。①

中朱学区的调查研究让叶澜体验到了作为X光的教育理论在穿透进而理解教育实践方面的力量，教育理论与教育实践之间的关系以具体经验为载体相互靠近。这次涉入实践的调查研究，成为叶澜进入教育实践现场进行研究的引子。

总体而言，这一时期既是叶澜教育学研究的转型期，也是"生命·实践"教育学派思想的孕育期。在研究内容、研究方法与方法论以及教育学元研究等方面取得的研究成果，既是叶澜教育理论研究转型的标志，也孕育了"生命·实践"教育学的理论框架，为实践变革研究提供了基础理论支持。可以说，没有这一时期理论的系统性重建，就不可能有实践变革的方向和路径策划。尽管实践变革从一开始要摸着石头过河，但因为有了理论重建的"彼岸"的理想境界，立足此岸的实践探索才有了明确的方向和目标。叶澜在评价这一时期自己的理论研究对于学派发展的价值时说："孕育期所做、所成的一切，从学术上看尚显幼稚，但重要的是有了新的、有向的开始，学派的种子在我思想中，以整体的方式有了孕育。"② 孕育而成的种子以介入基

---

①② 叶澜. 回归突破："生命·实践"教育学论纲 [M]. 上海：华东师范大学出版社，2015：9.

础教育一线变革实践的"新基础教育"研究的形式蓄势、萌芽。

  自1982年起,我的专业定向集中在教育基本理论上,1987年后又增加了"教育研究方法论"这一方向,并开始了教育学科元研究。两个方向的选择,都与我有较强烈的理论兴趣和好思的习惯相关,它们形成的合力一方面是对现有教育理论的审视、批判和新假设的提出,另一方面是自身的知识结构、视野和思想方法的转换和重建。"新基础教育"研究是以自己在这两个专业方向上的探究与积累,以及由对教育的重新认识和认识教育的思想方法的转换作为底蕴的。它的最早缘起是理论,没有提出课题前10多年的理论积累和自己对教育问题的独立思考,我不可能做"新基础教育"研究。[①]

---

① 叶澜,李政涛,等."新基础教育"研究史[M].北京:教育科学出版社,2010:144-145.

第二章 扎根家园：打开实践变革的智慧源泉（1991—1999年）

> 社会变革不仅作为教育变革的外部环境存在，更是推动教育变革的力量，而且渗透、体现在学校内部，构成教育变革的内部因素，规定着教育变革和学校变革的走向。

——叶澜

1991年，《教育概论》的出版表明叶澜在原理意义上完成认识转型。同年，她开始进行学校实践变革研究。叶澜称1991—1999年为学派的"初创期"，其间学校实践变革成为学派发展的主旋律。

一、一滴水的世界：商品经济大潮中的学校

洄阳路小学，一所中朱学区中等水平的学校，"新基础教育"研究初起的地方。

创建于1958年的洄阳路小学，是上海市普陀区的一所普通小学，生源大多来自生活困难、父母文化程度不高、社会地位相对低下的家庭，学校的各种资源比较贫乏。20世

纪80年代初,由于学校和学生数量猛增,学校间差距拉大,当时的教育行政管理部门无力应对快速变化的新形势,上海市于1980年采取了"学区"管理制度,即把原来的区教育局所属学校分成更小的"学区",每个学区管理10所左右的学校。当时的洄阳路小学属于中朱学区,一个在校舍设备、学生来源、师资条件、教育质量、校风样貌方面"五差"的学区,学区的整体教学质量在上海市普陀区排在末位。[①]学区整体状况如此,在学区中处于中等水平的洄阳路小学的情况可想而知,即使在1991—1994年叶澜与学校合作进行课题研究期间,这种状况仍然没有太大改观,"混乱的路段,狭窄的校门,昏暗的走廊,拥挤的教室,忙碌而带着倦意的教师"[②]是这所学校给叶澜留下的印象。这所表面平静、普通的学校在20世纪70—80年代开始的商品经济大潮中也暗流涌动。

20世纪70年代后期,中共中央第十一届三中全会之后,改革开放的春风吹拂深冻的大地,万物复苏。1984年10月,《中共中央关于经济体制改革的决定》明确提出建立充满生机和活力的社会主义经济体制,促使企业自主经营、自负盈亏、自我改造、自我发展。学校谨慎而审慎地参与到这场在中国史无前例的大变革中。学校参与经济发展的主要渠道是校办工厂,以其收入作为改善学校办学条件、提高教师福利待遇的补充。学校是中心,校办工厂要为学校服务。

> 中朱学区原先在几所学校办起了校办工厂。由于供、产、销方面的问题较多,对校长的精力牵制过大,遂从1980年起,由学区集中超编人员,配以骨干,组建学区工厂,以便"解放校长","办好每一所学校";近几年来由于资金压力过大,学区工厂不胜负担,才重新鼓励有

---

① 朱乃楣,等.寻阳之路:从选择探索到扎根内生——上海市普陀区洄阳路小学转型变革史[M].福州:福建教育出版社,2014:2.
② 叶澜.贵在知难而上[J].上海教育,2012(4A):5.

条件的学校举办小型工厂……。中朱学区的校办工厂以为教学服务为宗旨。例如当学校与工厂发生争场地的矛盾时，在难以两全的情况下，果断地砍掉年利润近十万元的校办工厂，把场地让给学校。①

然而，时过不久，在社会生活中已经波澜壮阔的商品经济大潮不可阻挡地冲击校园。20世纪90年代初期，叶澜与洵阳路小学合作进行"基础教育与学生自我教育能力发展"研究，共有两个班参加，其中一位实验教师工作态度认真、积极，教学能力强，每天来得比校长早，走得比校长晚。校长对这位敬业又能干的年轻教师既喜欢又信任，在工作中委以重任。然而，有一天上课前，这位教师毫无征兆地辞职了，留下一班等待上课的学生。校长觉得天好像塌下来了，没想到这样好的教师也不想做教育了，不明白这个社会怎么了。后来，校长也被汹涌的大潮裹挟"入海"，被区教育局抽调去做房地产开发工作。②叶澜对时代问题与教育变革、教育理论重建的关系的思考，被商品经济大潮中这不期而至的"一滴水"唤醒：

> 当时在洵阳路小学做"基础教育与学生自我教育能力发展"研究，一天大家正在一起讨论的时候，校长突然跑进门来，门一关，拿着毛巾捂着脸就开始呜呜大哭。询问后校长告诉我，跟大家一起做实验研究的一位数学教师，给她留了一张条子就走了，上课也不来了，因为他被宾馆招聘了，他就决定离职。校长哭得非常伤心，她说："这个社会怎么了？为什么我们的教师一招就走，而且能够舍得把学生都丢下？"回来以后我就在想：为什么我们的国家遇到问题的时候，教育总是第一个受

---

① "中朱学区教育"联合调查组.走出低谷——上海市普陀区中朱学区大面积提高教育质量系列研究报告集[M].北京：教育科学出版社，1992：17.

② 朱乃楣，等.寻阳之路：从选择探索到扎根内生——上海市普陀区洵阳路小学转型变革史[M].福州：福建教育出版社，2014：10-11.

损害的?"文革"时候是政治冲击,现在是经济冲击,为什么教育这么容易被折腾?于是我就把中央文件全部拿出来一个一个地读。读完以后我突然明白了,就是中国社会到了一个很重要的转型时期,它最主要的特征就是开始关注主体,个人的主体活力的释放,就是对旧的藩篱的挣破。然后有新的东西要建构起来,需要有新人,需要有新的教育。读出这个道理之后,我就觉得我要做事了。①

二、从"基础教育与学生自我教育能力发展"研究到"新基础教育"研究

(一)检验理论:"基础教育与学生自我教育能力发展"研究

在被洵阳路小学校长之哭"唤醒"的时候,叶澜正在这所学校进行"基础教育与学生自我教育能力发展"研究,这所学校是该项研究唯一的合作学校。对于叶澜来说,这是一个虽然不大(经费资助5 000元)却非常重要的课题,课题组成员包括华东师范大学的教师卢寄萍、李晓文、陶保平和两位在读硕士生。该研究是"生命·实践"教育学派创建史上第一个深入中小学实践的变革研究。

这是一个有关教育改革的实验研究,叶澜要检验的理论假设主要包括:第一,人的生命活动是个体发展中促进潜在可能转化为发展现实的关键因素;第二,教育的重要任务是赋予人把握自己命运的意识与能力。对于叶澜来说,教育理论不仅需要以知识的方式呈现给学界,更需要在教育实践中检验和实现其价值。

研究以日常的学校生活为对象,通过改变学生的课堂教学、班队活动及班队内部的组织方式来提高学生自我发展的意识和能力。课题组非常明确的

---

① 东方卫视大型电视专栏《走近他们》第221期《叶澜:追逐太阳》,2009年9月12日。

一点是，不增加额外的任务和活动，通过改变学生参与教育教学与日常活动的方式增加他们在学校生活中的主动性，帮助学生在学习和把握外部世界的过程中，形成自我反思和自我发展的内部机制，使学生成为不仅能认识、把握外部世界，而且能认识和把握自己内部世界的真正能自立的人。进入一线教育现场，观察、分析、反思、寻找可能的问题解决方案并在实践变革中检验和概括，是这项研究自一开始就形成的基本策略和实践行进路线。

课题组初入学校时的一个案例可以具体地表达实践探索的基本方式。[①]1991学年开学第一周，课题组进课堂连续听了两天三年级实验班的语文课和数学课，发现两位有经验的中年教师讲课十分努力，但学生很少举手回答问题，有的学生不专心听讲，大多数学生的表情平静。学生真的缺乏参与课堂活动的欲望和能力吗？课题组想测试一下，如果让学生独立组织和开展活动，他们将会有怎样的表现。活动测试很简单：三年级的所有班级都参与测试，但班主任保证不干预和参与学生的活动。当时是开学第二周，距教师节还有两天。叶澜在早读课时把三个班的中队委员找到校长办公室，给他们布置了任务：当天下午第一节课，每个班举行一次中队活动，活动的主题、内容、形式由中队委员讨论决定。活动要保证做到两点：必须让每个同学都参与活动，不允许有旁观者；不能请班主任或其他教师帮助出主意、辅导。三年级的小学生，首次独立组织活动，准备时间极短，结果会如何呢？课题组成员心中无数，有期待，也有焦虑。

上课铃响，中队活动正式开始。学生三三两两表演节目，当参与表演的学生人数不到全班的一半时，活动时间已经过半。正当观察者担心学生能否做到"让每个同学都参与活动"时，主持人拿出了"绝招"："明天是教师节，现在让我们每个人都站起来和周老师说一句祝贺的话。"孩子们轮流站起来，说着自己想说的话，一个不落。学生们的机智和急智让观察者大为吃

---

① 叶澜. 我与"新基础教育"——思想笔记式的十年研究回望[M]//丁钢. 中国教育：研究与评论：第7辑. 北京：教育科学出版社，2004：1-58.

惊，他们在没有成人"指挥"的状态下迸发出的潜能让大家刮目相看。

这次尝试并没有给出完整的问题解决方案，但指明了未来实践变革的基本方向："还"给学生参与学校生活的机会和空间，让学生在自己的实践中开发潜力、实现发展。

课题组成员进行了长达三年的探索：每周一天，课题组成员进入实验班的课堂和活动现场，观察、尝试、研讨、重建，在小学语文教学和班级活动方面进行立足于日常、以培养学生自我发展能力为直接目标的实践探索。洵阳路小学一年级和三年级各一个班作为实验班参与研究，研究主要集中在班级建设和语文学科方面。班级建设通过设置"小岗位"培养学生的自我教育能力，这一促进学生自主管理能力发展的方式成为之后"新基础教育"研究延续并不断深化的传统；"小岗位"之外还有"小班主任"制度，"小班主任"需要主持班队活动、写班级日记并处理班级事务。语文学科的研究主要包括阅读、作文、童话和识字等方面的研究。[①]

"还"是三年探索的关键词。"把班级还给学生"是班级建设的目标，通过改造班级内的组织结构、班级活动的运作机制和班主任的管理模式，为每个学生创造参与班级管理的机会，让学生通过参与多种班级活动的设计、实践、反思、交流，培养他们自我教育的意识和能力。具体措施包括：第一，建立动态的班队角色分配制度，定期轮换，让绝大多数学生都有机会成为"能上能下"的班级管理者；第二，加大学生参与班队自主活动的广度与力度；第三，改进评估方式，形成新型的班内人际关系。

"把课堂还给学生"是课堂教学改革的目标。在不改变教材内容、不增加课时的前提下，通过改造课堂组织结构、改造教学中内容结构和教师教学行为结构，为学生创造参与课堂教学的机会。主要措施包括：第一，教学内容突出知识结构和学习活动的过程结构，在学生通过学习具体内容而掌握学

---

① 朱乃楣，等.寻阳之路：从选择探索到扎根内生——上海市普陀区洵阳路小学转型变革史［M］.福州：福建教育出版社，2014：5.

习方法之后，给学生提供机会，让他们将学会的方法应用到类似内容的学习上，这一教学策略在"新基础教育"研究中被概括为"教结构—用结构"；第二，增加学生主动活动时间，要求每个学生在课堂上主动活动的时间从三分之一逐渐提高到三分之二以上；第三，改变教师的教学行为结构，由以讲授和提问为主，转变为提出学习要求、了解学生的学习情况、针对学生提出的问题做出回答、组织学生讨论等；第四，改造课堂教学的组织结构，在课堂教学中强化学生的自主活动方式。实践研究的重点在于提高学生自主活动的效益。[①]

三年的实践探索，形成了叶澜领衔的实践研究的基本范式：第一，在自愿基础上组成理论研究人员的合作队伍；第二，实践研究之前必须有研究方案的总体设计，其中最为重要的是对研究目的、方法、策略的理性认识；第三，课题组与学校主要领导达成共识；第四，形成研究活动的常规制度；第五，参与实践变革研究的教师和领导团队要进行经常性的、多种形式的理论学习，以求得理论与实践相贯通；第六，研究团队对实践研究中形成的经验及时进行理论概括与提升。

研究的结果令人鼓舞。在不增加内容、不增加时间、不增加学生额外负担的前提下，学生的成绩有了提升，实验教师的能力有了提升，更为重要的是学生的自我教育和自我发展能力获得了理想的效果。

对于叶澜来说，"基础教育与学生自我教育能力发展"研究是"新基础教育"研究的前奏。叶澜曾说，如果没有该研究的实施和成功，她不可能也不敢提出"新基础教育"研究。"基础教育与学生自我教育能力发展"研究开启了"生命·实践"教育学派理论与实践交互共生的研究模式，对叶澜之后的研究具有奠基意义，表现在以下三个方面。

第一，变革实践中呈现出的学生行为及能力发展使叶澜真切地感受到学

---

① 叶澜.基础教育与学生自我教育能力发展（下）[M]//叶澜.方圆内论道：叶澜教育论文选.北京：中国人民大学出版社，2019：115-126.

生发展的巨大潜力，她不再相信"生源决定论"。在学校生活中，学生发展的潜力能否变成现实，与教师能否在各种活动中为学生提供主动发展的空间直接相关。

第二，实践研究使叶澜真切地感受到理论的力量，体会到在变革实践中，尤其是深入到教育的根本问题时理论的不可或缺性。这项研究也使她获得了有关理论如何向实践转化的经验，并对教育理论与教育实践的关系产生了新的认识与体验。

第三，走出了教育理论作用于实践的现实之路，为以后的学校实践变革研究确定了基本的原则：（1）在自愿基础上组成理论研究人员队伍，成员在专业上需要具有独当一面和互补的可能；（2）做出研究方案的总体设计，其中很重要的是实践点的选择和从哪些方面着手开展研究；（3）课题组以服务和促进学校发展为立足点，与学校主要领导形成共识并建立合作研究关系；（4）形成研究活动的常规制度，保证合作研究中的相关人员能经常接触、沟通；（5）进行理论概括与提升，在一定意义上生成新的理论假设，推进理论发展。

"基础教育与学生自我发展能力发展"研究开启了叶澜由"实践检验理论"到"理论与实践共生"的研究之路。

（二）回应时代："新基础教育"研究

1. 变革时代的新教育理想

"基础教育与学生自我教育能力发展"研究是"新基础教育"研究的先声，但后者并非前者的后续工作，尽管两者在核心问题上并无二致。如果说前者的主要目的在于检验叶澜自己形成的理论认识，后者则是为了回应世纪之交中国教育面临的严峻的时代挑战。叶澜回应时代挑战的最终目的，指向"对教育学基本原理和当代中国基础教育的学校改革，形成重建式的、富有原创性的答案"①。

困惑于在商品经济大潮中风雨飘摇的学校教育所受到的前所未有的冲击，叶澜下决心要看明白当时自己身处的社会变革的实质。她从认真地研读中央文件开始，结合对社会现实中纷纭复杂、光怪陆离的变化的感悟，走向了聆听、把握时代发展脉搏的研究之路。通过阅读大量的文件，她敏锐地捕捉到改革开放背景下社会发展加速、加快、加强的时代变奏，为一个激动人心时代的到来而由衷欢呼，为发现在这个伟大的时代里"我们完全有可能，也有必要来共同再塑一个21世纪的'爱弥儿'"②而激动。

首先，经济领域内的社会变革，在20世纪80年代初期开始强烈地冲击并持续地深刻影响社会文化、教育等领域的发展，影响着人们的社会意识和生存方式。时代变化的节奏加快，变化的幅度与强度增大，打破了原来平稳缓慢发展的格局，促使人们用发展的眼光、未来的眼光看待当前。

其次，发展加速、竞争激烈，使人类生存环境中的不确定性和可选择性增加，"选择"成为个体获得适宜生存空间的必备素养；时代不仅需要人的主体精神，也提供了人的主体精神发展所需要的现实土壤。新的时代需要具有主体精神的新人来创造，培养新人的任务历史地落到教育工作者身上。

具有主体精神的新人应该是什么样子呢？叶澜从认知能力、道德面貌和精神力量三个方面描绘她的新教育理想：在认知能力方面，要有善于捕捉、组织信息和判断信息价值的能力，要有善于认识自己的各种需求、能力、思维品质与策略、态度和行为等的反思能力，以及根据反思的结果进行自我调控的能力，要有立体、多元、动态、内省的新的思维方式；在道德面貌方面，要有独立做出价值观选择的能力，具有作为社会成员的责任感和义务感及履行职责的行为、尊重他人与尊重自己相统一的态度、自觉遵守社会公约

---

① 叶澜，李政涛，等."新基础教育"研究史［M］.北京：教育科学出版社，2010：152.
② 叶澜.时代精神与新教育理想的构建——关于我国基础教育改革的跨世纪思考［J］.教育研究，1994(10)：3.

的意识与行为;在精神力量方面,要有自信,有迎接挑战的冲动与勇气,有承受挫折和战胜危机的顽强意志,有超越和完善自我、改变和完善现实的人生态度。①

叶澜的新教育理想构成了"新基础教育"研究的理论起点,她希望从自己做起,在社会变革的大时代中做教育改革的弄潮儿,在改革的实践中实现教育观念、理论、实践的更新。不过,纵使对自己的思考和认识充满信心,对自己所处时代变局中的责任与使命当仁不让,叶澜仍然能够清晰地意识到研究背景的复杂与多变,对即将开展的"新基础教育"研究保持清醒:

> 我尚清醒地意识到在今日的中国,以我所处的社会地位和教育学的学科地位……这项研究可能根本引不起注意,更不可能影响整个中国基础教育发展的走向。我的目的只在于去探索一条中国基础教育改革的新路,去形成新的理论,和愿意一起参与这项研究的人去改变学校实践,并改变参与这一实践中的人——从校长、教师到学生的生存状态,并借此证明只要头脑清醒和切实行动,理想可以逐渐变为现实,每个人都能做一些有意义、有助于社会进步和自身发展的事。……我愿意将自己人生中的一段生命历程,化为时代大变革的交响曲中一个欢快跳动着的音符;我愿意这项研究的效果化在参与者的生命中并对他此后的人生产生积极的影响,成为他一生中不能忘怀的一章;我愿意让历史来鉴定,这究竟是一场梦,还是当代中国教育学和教育发展中的有意义的组成。正是有了这份从容,我和我的同伴们才能定心静气地坚持15年做自在的研究,发自己的声音,在自己认准的道上坚定、脚踏实地地行走。②

---

① 叶澜.时代精神与新教育理想的构建——关于我国基础教育改革的跨世纪思考[J].教育研究,1994(10):3-8.
② 叶澜,李政涛,等."新基础教育"研究史[M].北京:教育科学出版社,2010:158.

2. 走入"新基础教育"研究探索性实践

1994年,叶澜被任命为华东师范大学副校长。任职两年之后,为了能够全副精力从事研究,1997年她辞去了这一职务。

1994年5月,建校不久的上海外高桥保税区实验小学与叶澜团队达成合作研究意向。1994年9月,课题组发布《"面向21世纪新基础教育"探索性研究学校改革试验总方案》,"新基础教育"研究正式启动。上海外高桥保税区实验小学成为"新基础教育"研究的第一个实践基地。

1994—1999年,"新基础教育"研究处于探索性阶段。其特征可以概括为探索性、综合性、整体性和渗透性:研究策略是探索性的,研究任务是综合性的,研究单位体现出整体特征,研究方式是渗透性的。

(1)探索性的研究策略。"新基础教育"研究是一项针对现实、面向未来的基础教育实践变革研究,无前车可鉴,无成规可循,探索创新是唯一的选择。探索性阶段的"新基础教育"研究采用了以下策略。

第一,集中精力攻关,解决变革研究的核心问题,形成对问题的理性认识和经验积累。尽管"新基础教育"研究从一开始就定位于基础教育阶段的中小学,但在探索性阶段,"先小学,后中学"是研究设计中选择的重点突破策略。在研究的具体操作上,具体规定了课题组成员在小学的常规研究频率(每周一天)和具体任务(上午随堂听课、说课和评课,下午观察班级活动,与教师讨论下一阶段的研究任务,在尝试新的研究问题时与教师一起备课)、阶段性研讨要求,以及课题组成员、校长和教师的研究职责;初中以学校为单位开展自主研究,课题组每学期组织1~2次校际交流,课题组总负责人和有关指导教师定期到实验班参与研讨活动和学期、学年的交流、总结。

即使在小学,研究也并非全面开展,而是选择初始年段;在初始年段中再选择实验班,以班级为单位开展课堂教学改革研究和班级管理研究。至此,研究设计中的学校变革聚焦到实验学校的实验班,把研究的突破点定位于学科教学中的基础学科（语文、数学和思想品德）的课堂教学改革和学生的班级建设，凝神聚力打攻坚战。

第二，利用节点事件诊断、分析、改进，独立研究与群体合作研究相结合，发挥研究团队的整体合力。研究以小组形式展开，辅以阶段性大组研讨和交流。研究成果向整个研究团队展示，以征求意见，形成改革方案。

第三，有限地滚动推进。在探索性阶段，"新基础教育"研究的滚动推进主要限于参与研究的学校。研究的目的主要在于改变传统学校教育的学生被动的学校生活方式，主要任务是在已经形成的学校教育相关理论指导下探索、发现实践中的问题，分析其中的主要原因，并探究如何由现实状态走向理想状态。

（2）综合的研究任务。理论研究与实践研究的综合、成事与成人的综合、教学与活动的综合是"新基础教育"研究探索性阶段及之后的发展性阶段和成型性阶段的总体特征。综合性首先体现在理论研究与实践研究的双重任务上。理论研究包括中国社会发展的时代特征对教育的要求、21世纪基础教育观念更新与新任务、中小学教学改革深化、班级管理与教育活动改革深化、学校管理改革深化等，实践研究主要集中在课堂教学与班级建设上。

综合性还体现在成事与成人相结合的目标追求上。"新基础教育"研究从一开始就把改变师生的学校生活方式作为追求，通过对学校日常生活的深度介入和变革，实现教育理念、教育目标和培养模式三个方面的更新，其更深层的、更根本的目标在于"形成新人——新的能适应21世纪社会发展需要的学生和创造新教育的新型教师。全体实验人员在实验中既是创造者，又是学习者，既是教育者，又是研究者，既改变旧的教育模式，也改变自己"[①]。成人是研究的本体价值和最终目的，成事是实现成人的基本路径，成人只有在成事的过程中才能真正实现，这是"生命·实践"教育学一贯秉持

[①] 叶澜."面向21世纪新基础教育"探索性研究理论纲要［M］//叶澜."新基础教育"探索性研究报告集.上海：上海三联书店，1999：7.

的行动原则。成事成人的雏形在此已明确显现。

（3）整体的研究单位。在变革对象的意义上，研究单位是学校，在变革重点领域的意义上，研究单位是班级，两者都是独立的"系统整体"：在教育大系统中，学校是一个相对独立的小系统，在学校这个小系统中，班级又是一个相对完整和独立的子系统。

研究单位的整体性是叶澜教育研究方法论中非常关注的一个方面。任何研究都会涉及研究单位，差异在于对研究单位的限定，比如分析性研究在自然科学研究领域里占有重要地位，把整体分成部分，有利于对部分进行深入的剖解、分析进而形成深刻的认识，促进人类对自然现象的认识和把握。叶澜关注的研究单位是一个具有内部自我满足、自我调节和再生功能的系统，这与她对教育研究在性质上属"事理研究"的认识密切相关：教育研究既关注事由与事态、结构与过程、目标与结果等，也关注如何提高活动的合理性、效率、质量与水平等，既要说明是什么，又要解释为什么，还要讲出如何做。

按功能和运行方式组成的不同类型的内部子系统，诸如管理、保障、教学、教师发展、课程、少先队、班级、教研组、学科组、年级组等，都是学校系统的有机组成部分，是以学校为单位的研究需要关注的对象，但如果面面俱到地在每一个方面平均用力，会因着力点过多、力量分散、方向偏差而导致系统内耗。换句话说，以整体系统为研究单位的研究，并非要求一定在系统内所有的元素上平均用力，而要根据研究所处的时段、情境选择着力点，使着力点处于研究的"前景"中而系统的其他元素处于研究的"背景"中，在研究过程中并不把"前景"和"背景"分开来处理，而是在观照"背景"的前提下用力于"前景"。在探索性阶段，"新基础教育"研究把着力点和突破口放在"班级"，它具有组织形态上的完整性、功能运行上的独立性，也是把学校系统中所有元素联系起来的"纲"。

（4）渗透性的研究方式。渗透性首先表现为理论渗透于实践。叶澜认为，"因社会变革而产生的对学校整体性变革的需要，一般不可能由学校内生……学校变革实践的产生需要理论的推动和指导，但有关理论的最终形成和合理性、可行性的检验，都不可能脱离学校变革的实践"，因此，"理论适度先行，理论与实践紧密结合、双向构建"构成了探索性阶段的方法论原则。①在实践变革中，理论与实践紧密结合集中体现在参与研究的教师身上，他们学习新理论，构建新行为，在持续的反思中形成新的理论与新的行为的一致性。

其次表现为研究渗透到日常。先期形成的理论指导实践变革研究，但并不是用一套新的行为方式让教师模仿和学习，而是走入教师和学生的日常生活场景，立足于天天进行的课堂教学和学生的班级生活，因为"改革唯有深入到日常，唯有成为学校机体'生存''呼吸'的方式，而不是外加的什么'新花招'……才会取得真实而广泛意义上的成功"②。

3. 实践研究的主要成果

"新基础教育"研究探索性阶段的实践成果主要体现在课堂教学改革和班级建设两个方面。

（1）课堂教学改革方面的进展。课堂教学改革形成的经验集中于如何在课堂教学过程中给学生提供自主学习的时间、空间、机会、工具等，以培养学生主动、自主学习的能力。围绕这一目标，研究对教学内容结构、课堂过程结构、课堂教学中教师和学生这一"双主体"之间的关系等进行探索，并取得阶段性成果。

第一，为学生提供主动学习的条件，包括时间、空间。课堂1/3~2/3的

---

① 叶澜. 我与"新基础教育"——思想笔记式的十年研究回望［M］//丁钢. 中国教育：研究与评论：第7辑. 北京：教育科学出版社，2004：30-31.
② 叶澜."面向21世纪新基础教育"探索性研究结题总报告［M］//叶澜."新基础教育"探索性研究报告集. 上海：上海三联书店，1999：56.

时间为学生主动学习的时间,用于思考、操作、练习、讨论等;形成在课堂上学生个别学习、小组学习、讨论、情境表演等有助于学生主动参与课堂教学的6种基本教学组织形式。

第二,帮助学生掌握学习工具。"新基础教育"研究把工具定位于两个结构,即教学内容结构和教学方法结构,教学要在两者结合的意义上教会学生掌握结构。具体地说,以知识类型为单位,调整教材内容,使之呈现出结构状态,并把每一类型知识的教学过程分为"教结构"和"用结构"两个阶段。

第三,培养学生的质疑能力和教师的聆听能力。质疑是创造的基础。"新基础教育"研究鼓励学生提问,并注意提高学生提问的水平。同时,提倡教师关注、聆听学生,利用动态生成的资源为教学服务,提升教育智慧。

第四,实现书本世界与生活世界的联通。教学要与学生的现实生活和未来生活需求相关联,让学生感受到知识不仅在书本上,而且在生活中,学习不只是为了考试,也为了提高和完善自己。

第五,营造富有人文气息的课堂氛围。在课堂教学中,教师对学生的尊重、关爱、鼓励、帮助、支持、宽容等,学生之间的坦诚交往、相互帮助、相互欣赏等,学生对教师的接纳、热爱、信任、支持等,使活跃、向上、和谐、平等、欢快的课堂教学人文气息成为可能。这种课堂氛围可以激发课堂教学的多种功能,成为培育学生积极、健康的人生态度的"空气""阳光""水"。

"新基础教育"研究在课堂教学改革方面的探索取得了积极效果,学生的学业成绩有了提高,学习态度更积极,学习信心更强,思维的广度和深度有了较大的发展。

(2)班级建设方面的进展。"新基础教育"研究关注班级中两类活动的改革:系列班级活动和日常班级生活。前者是大部分学校都比较重视的,"新基础教育"研究注重在这类活动中培养学生自主策划、参与的能力;后者是学校容易忽视的,"新基础教育"研究对此进行了大量探索,形成了学生日常班级生活的新形式。

学生每天在校的班级生活主要由班级日常活动组成,班级生活中的日常事务以及处理这些日常事务的方式,对生活于其中的每个学生都有深入持久、潜移默化的影响。"把班级还给学生"就是要把创造班级新生活的主动权还给学生,让学生通过组织、参与班级日常生活管理,培养主动、积极、健康的生活态度,培养参与服务、管理和自我管理的意识与能力。

第一,增设班级岗位,还学生班级生活的主人地位。通过轮流上岗的方式,改革传统班级生活中学生"管理者"与"被管理者"的类别属性;通过目标与任务明确的岗位设定,培养学生的服务意识和管理能力;发挥班级生活的养成性价值,以不同类型、不同责任的岗位的流动满足不同水平、不同能力学生的发展需要。

第二,采取小干部轮换制,还学生管理班级事务的权利。小干部不再是班级生活中的特权阶层,更多的学生拥有了管理和锻炼的机会;竞争上岗增强了学生承受变化、挫折的能力和自信心,学校内的班级生活真正成为社会生活的缩影。

第三,丰富评价内容和形式,提高学生独立评价与自我评价的能力。各种各样的自评与他评,可以丰富学生的体验,有助于学生不断调整自己的评价标准,在不同视域的差异中寻找自我的发展空间。另外,评价提倡在发现他人优点的同时促进反思和自我完善,逐渐实现由他律到自律。

第四,形成群体个性。经过3~4年的探索,学生自我意识和自我管理能力发展显著,人际交往能力增强,学生之间团结友爱。

实践研究改变了学生参与课堂教学及班级生活的方式,基本实现了培养新人的目标,也让研究者看到了教师发展对于学生发展的重要性,发现了教师发展的可能性和实现路径。在实践研究中形成的"事先设计、创新实践、整体观察、及时反馈、补充修正、概括提炼、交流推广、学习研讨"的"综合性研究的方法",成为之后"生命·实践"教育学派理论与实践互动研究的基础。

4. 基于"新基础教育"研究探索性实践的理论成果

基于"新基础教育"研究探索性实践的理论成果体现在以下几个方面。

(1)社会转型背景下基础教育改革的新理想。叶澜于1994年发表的《时代精神与新教育理想的构建——关于我国基础教育改革的跨世纪思考》一文是"新基础教育"变革思想和实践研究的旗帜。文章发表后引起强烈反响。在该文中,叶澜以社会发展对人的生存和发展提出的新挑战为立足点,描绘了转型时期基础教育变革应该培养的理想新人形象。[①]

第一,世纪之交的社会正处于急剧变革的转型期。发展加速、竞争激烈的时代特征使人类的生存环境多变、多元、多彩、多险,平稳而单一的局面被打破,不确定性和可选择性同时增强。人的潜力和主体性的发挥,对社会的发展也显得日益重要;个体只有以积极主动的态度并且有能力参与周围世界的变革,才能自觉地、有意识地实现自身发展,为社会创造财富,为自己创造幸福。

第二,转型时期呼唤人的主体精神。在变化加速的时代,人的发展在时间维度上更重视未来;在个体生存的维度上,选择成为影响发展的重要因素。转型时期既对人的主体精神提出了要求,也为人的主体精神发展提供了沃土。要培养具有主体精神的人,教育在对象观上要确认生命的整体性和人的发展的能动性,并落实到对基础教育阶段的学生发展独特性的追求上,以对个体生命发展能动性的尊重和开发为支点,以促进人的自我教育能力的形成、增进人的生命的主体意识为教育的目的和功能。时代精神对教育发展的要求与教育现实中存在的忽视学生自主意识和能力的弊端针锋相对,学校教

---

① 叶澜.时代精神与新教育理想的构建——关于我国基础教育改革的跨世纪思考[J].教育研究,1994(10):3-8.

育需要应时而动，为培养具有时代精神的新人而转型。

第三，勾勒出基础教育在转型时期应该培养的新人形象。理想新人的个人特质表现在认知能力、道德面貌和精神力量三个维度，每个维度包含对内和对外两个方面。叶澜勾勒的转型时期理想新人形象体现出强烈的时代特征和个人学术特征。对人的内在力量、个体选择和个体行为在自身发展中价值与作用的理性认识，使她在新人形象的刻画上把个体主体精神的培育和发展置于核心地位。这是具有前瞻性的，在今天依然对人的发展的研究和实践具有引领价值。

（2）对学校文化使命的新认识。要培养理想新人，需要什么样的学校？走向21世纪的中国教育必须有超前的文化意识，这是叶澜对社会转型时期学校文化使命的判断和立场。何谓"超前"？超前意味着学校不但要承担传递人类已有文化的使命，而且要承担构建为未来社会培养新人的新型文化的使命。学校文化应体现指向未来和超越的本质，成为开发学生生命潜能的一种力量。[①]

第一，在社会急剧变化的时代，经济转型影响到社会生活的各个层面，社会文化复杂多元、良莠并存，文化重建成为当务之急。复杂的社会文化构成了学校文化生存的生态环境，参与到新文化的建设中是学校应该采取的文化策略。按社会发展的要求和时代精神构建超越现实的学校新文化，是中国社会转型时期学校教育特殊的文化使命。

第二，学校文化重建要体现在把文化看作开发学生潜能的一种力量。

第三，学校要采取整合的文化构建策略，在思维方法上突破原有的单一凝固的主流文化格局，在"多"与"一"的统一中形成"有核心的丰富的统一"，以有利于人类和个体生存发展为标准判断不同文化的存在价值并进行取舍、整合，使文化活化、动态化和面向未来，促进学校文化和社会文化

---

① 叶澜.世纪之交中国学校教育文化使命之思考[J].教育改革，1996（5）：1-7.

双重转化。

第四，学校文化建设首先要把科学、技术、人文教育内容的统一放到首位，在科学、技术教育中寻回价值、情感因素，在人文教育中体现理性的力量。其次，要打破割裂的思想方法，在民族传统文化与现代文化、外来文化的碰撞中融通创造，形成民族的、现代的新文化。最后，要在主流文化与非主流文化多元统一中，为学生创造丰富多彩的文化体验空间和选择空间，提高学生的文化品位和鉴别能力。

（3）学校教育观念系统更新。对基础教育的教育观念（价值观、学生观、教育活动观）、教师形象、课堂教学理论等的新认识，构成了"生命·实践"教育学派学校教育变革实践的理论基础。

第一，新教育观念系统："三观十性"[1]。新教育观念系统包括教育价值观、学生观和教育活动观三个层次，内含十个方面的性质认识，简称"三观十性"。教育价值观强调教育的未来性、生命性和社会性。教育的未来性，指基础教育应该为社会发展和人的终身学习与发展打好基础，立足未来，为了未来而确定今日之基础的含义。教育的生命性，强调生命发展阶段的特殊性与教育之间的关系，认为基础教育阶段的学生处于个体生命中学习最集中的时期，这是一个充满多方面需要和发展可能、充满生命活力和潜力的时期，是一个最需要优秀和出色的教师的时期，这一时期的教育影响远远超出该阶段而扩展到个体发展的终身。教育的社会性强调学校与社会的联通，包含两层意思：一是基础教育要使学生认识社会、热爱本民族优秀文化传统，为未来社会培养合格和出色的公民；二是基础教育与千家万户相关，要依靠社区和社会，对社会和全体公民负责。

学生观，即教育对象观。基础教育阶段的学生年龄虽小，但同样具有主观能动性，他们是参与教育活动的人，是学习活动不可替代的主体，是教育

---

[1] 叶澜.更新教育观念，创建面向21世纪的新基础教育[J].中国教育学刊，1998（2）：6-11.

活动中复合主体的重要构成。因此，承认与尊重学生的个别差异，促进每个学生的独特发展，是基础教育的本体性任务。对学生发展的主动性、潜在性和差异性的认识构成了新学生观的主要内容。

教育活动观聚焦于如何构建学校教育实践，强调双边共时、灵活结构、动态生成和综合渗透四个方面：双边共时，指教育活动在时态上对师生而言具有共时性特征，在教育活动中师生双方共同参与，活动中师生之间、学生与学生之间有相互作用；灵活结构，指教育活动的内容、方法和过程都具有结构性，富于弹性；动态生成，指教育活动有计划、有目的，但活动过程的复杂性及动态相互作用具有生成新的、超出原先计划和目的的可能；综合渗透，指教育活动由具有生命整体性的人进行，因而教育产生的影响是综合的，显性与隐性并存。

第二，以焕发生命活力为基础的新学校教育活动理论。让学校日常生活焕发生命活力是"新基础教育"研究的核心追求，也是"生命·实践"教育学得以生成、生长的肥沃土壤。把课堂还给学生，让课堂焕发生命活力；把班级还给学生，让班级充满生长气息；把创造还给教师，让教育充满智慧的挑战；把精神发展的主动权还给师生，让学校充满勃勃生机。这已经成为"新基础教育"研究所有参与者的信念与追求，不同程度地落实在学校的日常教育教学实践中。

在课堂教学中如何释放学生的生命活力？首先，从生命的高度用动态生成的观点看课堂教学，把课堂教学看作师生人生中一段重要的生命经历，看作他们生命的有意义的构成部分，把课堂教学目标定位于促进学生的全面发展。其次，研究影响课堂教学师生状态的众多因素，研究课堂教学中师生活动的丰富性，研究如何开发课堂教学的生命潜力。为此，教师在教学设计中除了关注知识，还要关注学生的个体差异，为每个学生提供主动积极活动的保证，为师生在教学过程中发挥创造性提供条件，促使课堂中产生多向、多种类型的信息交流；在教学过程中顾及学生的多方面成长，顾及生命活动的多面性和师生共同活动中多种组合和发展方式的可能性,为课堂教学中的生成保留足够空间,并在这个过程中发挥自己的创造才能。

"把个体精神生命发展的主动权还给学生"是教育的本真价值,也应该是转型时期教育转型的理想追求。"新基础教育"研究使叶澜的理性思考融入了实践的感受和支持,增强了她通过实践变革进一步达成目标的信心:焕发教师的生命活力是学生个体精神发展主动权得以实现的前提。要做到这一点,需要改变教师"传递者"的职业认同和行为期待,把"创造者"作为教师职业的新定位,让教师的工作在关注过去、面向已成知识的同时,面向学生生命发展的未来,与学生一起在教育活动中创造学生的精神生命。释放教师的生命创造活力与实现学生主动发展在学校教育中是互为因果的关系,"不改变教师对教师职业性质的认识,不实现教师的精神解放,不激活教师精神生命的活力,就不可能有真实意义的、直接面对学生的教育实践的转型,也不可能还学生精神生命发展的主动权"[①]。

以生成的视角看,叶澜对学校生活中焕发人的生命活力的认识,起于对学生学校生存状态的思考和改变需求,走向课堂教学中的实践探索,归于学校生活中"所有人"生命状态及其发展的关系思考。

第三,未来教师新形象的勾勒。没有具有新质的教师,有关新人培养的一切设想都只能是乌托邦。在叶澜看来,造就新型的未来教师需要改变对教师职业性质的认识,需要对教师专业素养结构重新界定。

教师是需要创造性劳动、具有特殊专业要求的职业,是一项对智慧和人格都具有挑战性的、在本质上以创造人的精神生命为使命的职业。创造性是教师专业工作的特性之一。

教师的专业素养包括多个层次、多个方面,其中最为重要的是教育理念、知识结构和专业能力。与时代精神相通的教育理念是支撑未来教师专业

---

① 叶澜. 把个体精神生命发展的主动权还给学生[M]//郝克明. 面向21世纪我的教育观·综合卷. 广州:广东教育出版社,1999:336.

行为的理性支点,在当代基础教育中"三观十性"即是未来教师应该形成的教育理念。在专业知识结构上,未来教师应该具备有关当代科学和人文两方面的基本知识、工具性学科的基本知识与技能、1~2门专门学科的知识与技能,以及教育学科的知识。在专业能力方面,未来教师应该具备理解他人和与他人交往的能力、按教育目的规划教育活动的能力,以及研究学生和教育实践的能力。

未来教师应具有教育智慧。具有教育智慧是未来教师专业素养达到成熟水平的标志。教育智慧是教育理念、业务知识和能力等方面素养的综合体现。教师的教育智慧表现为敏锐感受、准确判断生成和变动过程中可能出现的新情势和新问题的能力,把握教育时机、转化教育矛盾和冲突的机智,根据对象实际和面临的情境及时做出决策和选择、调节教育行为的魄力,以及使学生积极投入学校生活,热爱学习和创造,愿意与他人进行心灵对话的魅力。达到如此境界的教师的教育劳动,必然进入到科学和艺术结合的境界,工作充满创造的智慧和欣喜,在付出的同时,能感受到精神的满足和享受。中国教育的未来需要这样的教师来创造,而他们,将从日益深化的教育改革的实践中诞生。

叶澜进行"基础教育与学生自我教育能力发展"研究,主要是在普通人的一般发展的意义上研究人的自我能力发展问题,研究的初衷是检验理论的价值。随着研究进入具体的学校日常生活,研究者的理论创新冲动在具有强烈生机的实践创造中被激活,研究者在已经形成的理论基础上进行了有深度的理论探讨,以实践激发理论创造,开启理论与实践相互滋养的尝试。实践过程中的收获使叶澜的教育研究发生质的变化,真正走出书斋,走入充满生命活力的教育现场。"新基础教育"探索性研究既是"基础教育与学生自我教育能力发展"研究的延续,又在具体性和整体性上超越了前者:社会变革以鲜明的、前所未有的方式进入研究者的视野,成为叶澜领衔的基础教育实践变革研究的大背景,这一背景是独特的、中国的,"时代精神"与"新教育理想"的构建把社会、教育、人的关系从《教育概论》中的理性思考,转化成转型时期中国基础教育实践变革的蓝图,并逐渐在实践变革中转化成现实。从"新基础教育"探索性研究开始,社会、教育、人三者在叶澜的理论与实践研究中真正建立起了实质性的关联。

三、学派发展:架构已成,初心渐生

(一)从一个人到一个团队

自1990年开始,叶澜的理论研究和实践变革研究都开始了团队合作,她作为课题负责人在承担总体策划、推进及完成个人任务之外,还负责团队成员的分工、合作等。她组织、初建了理论研究人员与中小学教师在学校日常生活层次上直接合作的研究团队,跨出了研究主体由一向多转换的第一步。

合作研究团队成员分为理论研究者和实践研究者两部分。在"新基础教育"研究探索性阶段,研究团队主要由华东师范大学的研究人员与实验基地学校的有关领导、教师构成,其中华东师范大学的研究人员有从事教育基本理论研究、儿童发展心理学研究和比较教育研究的人员,还有从事中小学学科教学研究的人员。自始至终参与"新基础教育"研究三个阶段的有叶澜、卢寄萍、吴玉如、李晓文、吴亚萍,被称为"新基础教育"研究的"五朵金花"。研究团队是开放的,有新人加入,也有因不同原因退出的,但核心成员的整体结构一直保持着相当的稳定性。

到学校做实地介入式研究是"新基础教育"研究一开始就采用并持续至今的方式。华东师大课题组成员以合作者的身份到学校开展研究,进入课堂、班级,介入教育教学过程,在现场观察与研讨过程中帮助实践者改变学校生活形式,促进研究过程中的理论创造;实践研究者向理论研究者开放他们的日常教育教学生活,学习新的教育观念,在与理论研究者的互动过程中

改变教育教学方式,在新理论与新的实践形态整合的意义上实现发展。不同的研究者在理论研究、学生学校日常变革研究、学校整体变革研究三个层面各有侧重。

组建团队伊始,叶澜即向课题组成员提出了统一的要求,认同并遵守这些要求是课题组成员合作的基础。这些要求在起始阶段主要针对理论研究者,后来逐渐成为实践研究者认同并共同遵守的基本规范。

第一,自觉更新教育观念,主动投入研究活动,提出改进研究意见。

第二,团结协作,顽强探索,善于反思,敢于创新,不怕困难挫折,不计较个人名利,形成良好研究作风,把课题研究进行到底。

第三,尊重事实,实事求是,不弄虚作假。及时做好资料积累和分析工作,记录研究进程,定期写出研究报告,研究报告可及时争取公开发表。

第四,遵守研究道德和纪律。未经课题组负责人同意,不得擅自将研究资料翻印、赠送给他人或向他人、他校出售,整个实验过程应以促进学生身心健康发展为第一要义。[①]

"生命·实践"教育学派的核心团队自"新基础教育"研究探索性阶段开始形成,并确定了"以事业为先,不计较功利"的合作原则,在过程中孕育出了宁静、踏实、坚韧的研究文化。探索性阶段结束后,叶澜把它概括为"新基础教育"研究精神:知难而上,执着追求;滴水穿石,持之以恒;团队奋斗,共同创造;实践反思,自我更新。合作研究团队的形成与核心团队成员的基本稳定,是"生命·实践"教育学派创建中一个非常重要的基础,尽管在组建团队初期,学派建设的意识尚未萌芽。

---

① 叶澜."面向21世纪新基础教育"探索性研究学校改革试验总方案[M]//叶澜."新基础教育"探索性研究报告集.上海:上海三联书店,1999:5-6.

（二）理论与实践交互生成之路渐显

以1990年为界，叶澜的教育学研究可以分为两个阶段：在此之前，她的研究以理性思辨为主，在此之后，研究逐步走向了理论与实践互动创生。在她的学术生涯中，理论与实践的关系一直是研究的核心问题，如果说1990年之前的研究以理性思辨为特征的话，那么自1990年开始，"创造"成为她的研究中理论与实践关系的存在形态。"基础教育与学生自我教育能力发展"研究是叶澜迈出的具有开创意义的第一步，为了证明理论的力量，她要研究的是双重转化：理论转化为实践，原有的实践形态转化为新的实践形态。她当时坚信的是"理论的力量"，实践对理论的创生价值尚未进入她的研究设计当中，或者说尚没有成为她清醒的意识。进入实践之后，她的理论研究便有了浓浓的实践味道。这条理论与实践交互生成之路在时间线、理论成果形成方式、内容等方面呈现出明显的线索。

1. 时间线上的理论与实践

把叶澜1991—1999年进行的实践研究和形成的理论成果做一个简单的梳理，我们就会发现理论与实践发展的线索和基本脉络，理论成果与实践研究的关系有从"理论先行—实践检验"到"理论在实践中生成"的基本趋势。

对《关于我国教育实验科学性问题的思考》既是叶澜对我国教育实验在方法应用上存在问题的反思，也是对自己的实验研究所进行的方法适切性和方案合理性的思考。尽管文章发表于研究开始之后，但相关的思考必定在研究开始之前，从这个意义上，它是研究在方法上的先导。

1991—1993年几乎是叶澜成果发表的空白期，她将大量的时间花在洵阳路小学实验班的课堂上，花在思考、研讨、设计课堂教学和学生班级活动改革方案上。1994年，开启了新的研究阶段，她加快了理论研究成果形成的节奏。理论的积淀和深入实践过程中突发事件所带来的"唤醒"，共同促成她静下心来倾听时代的脉搏，构建转型时期的新教育理想（参见《时代精神与新教育理想的构建——关于我国基础教育改革的跨世纪思考》),并以新认识引领她所主导的教育实践研究的"转型"。

进入"新基础教育"探索性研究阶段,实践变革的任务依然繁重。据不完全统计,仅小学组指导教师在2所学校的4个班听课,四年总计不少于1 600节;除此之外,课题组还参与了校内、校际的研讨性、交流性、总结性和开放性活动。作为课题组总负责人,叶澜在组织、策划、协调、参加以上活动之外,四年中至少听了100节课。

介入式实践研究的经历、体验,极大地激发了叶澜理论创造的冲动,使她的理论研究融入了充满活力的新质。一天天的课堂观察体验,让她深深地为学生课堂生活的沉闷、无趣、无奈、被动、低效扼腕。强烈的感受和一系列包括指向自己的"质问",使她的理论认识产生了基于现实问题的飞跃,《让课堂焕发出生命活力——论中小学教学改革的深化》是由实践激发的理论创造的成果。这是一个开端,开启了一条理论与实践互动共生的学派创建之路。

叶澜在1994—1999年发表的文章大多是与实践研究高度相关的成果。理论研究成果直接指向基础教育阶段的学校,理论研究成果中蕴含着实践变革经验的内涵。这些成果既为"新基础教育"研究提供了理论指导,也为"生命·实践"教育学派的创建提供了重要的理论铺垫。

2. 理论与实践交互生成的实践逻辑

20世纪最后十年,叶澜在实践研究中走了三步,理论与实践交互生成的实践逻辑就在这三个"入地"工程中明晰地呈现出来。

第一个"入地"工程是"中朱学区大面积提高教育质量"调查研究,通过实践证明了理论的透析力、实践智慧的独特性以及理论研究者介入实践变革的现实可能性。

实践具有独特的智慧。一线工作中呈现出的实践智慧是在实践中总结出来的并支配实践者行动的理论,它们不同于书本上从概念、原理出发的理论。中朱学区的成功并非源于把已有理论应用于实践,而是实践或者说行动激起了对理论的探索。理论与实践的结合在多层面上有不同的形态,"这是我这次研究的最大的收获。……由此开始,我体验到实践可以滋养理论工作者……这次调查,使我坚定了下实践搞研究的决心"①。

理论具有透视实践的力量。理论能够透过实践,看到其中的智慧是什么以及智慧发生作用的方式,这一经验使叶澜以全新的视角看待理论与实践之间的关系,"她开始感到理论有点像'X射线',它可以使人们看到和理解实践"②。理论透视实践的力量内含改变实践的可能,"我不甘心理论达到理想就行了,理论的最后力量、真正的力量,主要表现在实践之中。当一种理论变成活生生的实践的时候,理论才体现了它的生命力、它的价值,而不只是停留在书面文字上的价值"③。

第二个"入地"工程是"基础教育与学生自我教育能力发展"研究。该研究的理论假设是叶澜关于教育与人的发展的关系的认识。研究验证了她的理论假设,坚定了她的信念,也加深了她对理论与实践关系的认识:实践不但是检验理论力量的试金石,而且是理论发展的不竭之源。

与上一个研究中理论所发挥的"透视"功能不同,在"基础教育与学生自我教育能力发展"研究中,理论发挥的是改变实践形态方面的"重建"功能。深入学校、深入班级的三年研究,让学生发展的极大潜力和抑制学生发展的教学现实问题之间的冲突更为清晰地呈现在研究者面前,"我感受到被遗忘的孩子们在课堂中的一种生命的体验"④,"中国的教育迫切需要从根本上发生变化"⑤。研究中另外一个重要的收获是对教育理论转化为教育实践过

---

①③④⑤ 叶澜.反思 学习 重建——十五年学术探索的回顾[J].天津市教科院学报,2000(4):10.

② 许美德.思想肖像:中国知名教育家的故事[M].周勇,等译.北京:教育科学出版社,2008:247.

程中的关键问题的认识:教师头脑中教育思想与他的教育行为的一致性问题,是教育理论转化为教育实践过程中的关键问题,教育理论要变为实践,需要实现由理论主体到实践主体的转换。这是教育实践变革中必须解决的关键问题。这一对教育变革关键点的认识,源于三年的实践研究,也成为第三步"入地"工程要解决的关键问题。

对理论"重建"功能的限度的认识,既是第二个"入地"工程对理论与实践关系认识的进一步深化,也是持续推进实践研究并形成理论与实践交互生成研究方式的基石:实践是综合的、具体的、动态的、情境中的,因而也是无法完全预先规定的,因此重建新型教育实践的研究只能是探索性的,而不会是完全设计好的。在实践过程中理解问题、理解问题背后的原因,在探索中改变并形成新经验,是理论研究者介入实践的有效方式。

从以理论为工具透视实践到以理论为指导改变实践,再到对理论在实践变革中限度的确认,形成破解理论限度的实践策略,理论与实践关系在研究者介入实践的过程中逐渐清晰、具体和贴近本质。

第三个"入地"工程是"新基础教育"探索性研究,它成就了"生命·实践"教育学派,成就了参与实践变革的所有人。"这项研究不是纯理论研究,但必须要有理论,且理论研究要适度先行。"①

"转化"是研究中理论与实践互动过程中的关键词,在两个层次上展开:观念形态的理论成果与实践形态的学校变革之间的转化;理论与实践在个体意义上的转化。在理论与实践的关系上,"新基础教育"探索性研究所体现的价值不仅在于新理论体系的建构,更体现在实践重建上;不仅在于"说出"新的东西,更在于"做出"新型学校的形态。理论研究和实践研究相互交织,相携前行,叶澜和她的团队开始走上在中国大地上"书写"教育研究的中国教育学发展之路,在改革现有学校教育的同时,探索创建新型学校的

---

① 叶澜."面向21世纪新基础教育"探索性研究结题总报告[M]//叶澜."新基础教育"探索性研究报告集.上海:上海三联书店,1999:16.

理论和实践。

理论和实践交互生成的研究之路,是"生命·实践"教育学派的理论成果和实践变革得以不断推进和完善的内部动力机制,是学派研究传统上的显著特色,其基本理念和运行方式形成于"新基础教育"探索性研究阶段,贯彻于学派发展的过程之中,给学派发展提供中国资源、中国问题和中国解决方案。

(三)学科发展元研究,再厘学派发展坐标

1991—1999年,叶澜对教育研究方法论的研究成果呈现于《关于我国教育实验科学性问题的思考》和《教育研究方法论初探》中,前者关注教育实验研究的科学性问题,后者集中探讨教育研究的方法论问题。叶澜注重来自不同学科的方法在教育研究中的规范应用,也时时警惕"唯方法论"所带来的不利影响。

《教育研究方法论初探》是叶澜主编的"'教育学科元研究'丛书"中的一本。这是我国第一套以教育学科自身为研究对象的学术性丛书,从西方教育学发展史、中国教育学发展史、教育理论哲学基础、教育学元问题、教育学与其他学科的关系等的反思性研究中,使教育学科的"自我意识"进一步清晰,在促进教育学科从"自在"到"自为"的发展之路上向前进了一步,对"生命·实践"教育学派理论与实践共生的研究之路的形成、对"生命·实践"教育学萌生与创建之路,具有不可或缺的价值。

系统、多学科、多层次的反思,使中国教育学学科发展的坐标进一步清晰,也在一定程度上预示了"生命·实践"教育学派发展的基本定位:以中国的教育实践为原点,以中国教育学历史发展和时代发展为轴,吸纳相关学科思想资源,形成具有中国特点和教育学独立学科特点的学科"自我"。中国的教育实践是中国教育学学科发展的原点,是思考中国教育学问题的起点,"使理论与实践研究在改革的过程中获得共生共荣"①成为叶澜眼中中国教育学发展的应然选择,构成了"生命·实践"教育学派的方法论基础。在构建中国教育学理论的过程中,立足中国教育的本土问题和文化资源,吸纳国外教育理论和相关学科思想的认识成果,在教育学发展的中外关系上坚守"拿来主义",在处理古今问题上汲取中国传统教育思想的营养,学派发展的方向进一步明晰。

"走自己的路"是理性思考的结果,也是学派建设能够破土萌芽的基础。正是对中国教育学百年发展历史中"中外关系症结"的反思,唤起了叶澜要走一条中国自己的学科发展之路的愿望,"哪怕我走得很差,做得很不像,但我愿意去做一做、试一试。我希望有更多的真正地把中国的教育和教育学发展作为自己生命的重要构成的年轻人一起来创造我们中国教育的新天地;让我们的教育学在世界的教育学之林中有自己的地位。我们应该走向世界,别老让世界走向我们"②。和一群志同道合的教育学研究者一起对中国的教育问题进行深入的专题研究、发展中国的教育原创理论、让中国的教育学有能力主动地走向世界,是"生命·实践"教育学派创建的初衷和恒心。

---

① 叶澜.在学校改革实践中造就新型教师——《面向21世纪新基础教育探索性研究》提供的启示与经验[J].中国教育学刊,2000(4):60.
② 叶澜.反思 学习 重建——十五年学术探索的回顾[J].天津市教科院学报,2000(4):8.

第三章　根深叶茂：理论深化与实践拓展（1999—2004年）

> 只有具有自我，开放才会带来发展和丰富，没有自我的开放和由此而得的丰富，其结果是杂乱的，是自我的迷失或完全的消解。
>
> ——叶澜

对教育学基本理论问题的回答，受不同时代教育本身存在状态的影响，也因不同研究者所选择的理论内核不同而呈现出差异，因此，理论建构上的差异既有时代性，又有个体性。时代性是个体教育理论建构的前提性因素，但时代性因素无法直接转化成教育理论，转化要通过研究者及其研究实践来实现，因此，在时代性确定的前提下，学者的个体差异对理论建构具有直接决定作用。[①] 正是这样一份基于历史分析和个体实践而形成的对教育学研究者与教育学理论发展之间关系的清醒，使叶澜对教育学派的主动创建有了责任和自信。

---

① 叶澜."生命·实践"教育学引论（下）——关于以"生命·实践"作为教育学当代重建基因式内核及其命脉的论述［M］// 叶澜.命脉.桂林：广西师范大学出版社，2009：1-2.

从叶澜与"生命·实践"教育学派理论发展的关系看，有两条决定其理论特质与研究特点的"根"：一条是她个体意义上的学术之根，滋养这条学术之根的有华东师范大学的学术传统，更有与她个人生命历程密切相关的学术个性；另外一条则是实践之"根"，以持续开展的"新基础教育"研究为代表。

1999—2004年是"新基础教育"研究的第二个阶段——发展性阶段，它与探索性阶段的最大不同在于研究在规模上有了大的突破：从学校走向区域，学校分布的地域走出上海，走向东部沿海以县级市、区为主的多个城市；在学校内部的实践变革研究进一步系统化和深化。促使"新基础教育"研究持续进行的深层次的原因，是叶澜具有一份探索当代中国教育研究本身转型的自觉。

> "新基础教育"研究进入到发展性阶段，开始多了一份探索当代中国教育研究本身转型的自觉。需要说明的是，这份自觉的产生并非仅来自"新基础教育"研究，而是"新基础教育"研究与另外两项自己承担的研究相互作用、形成合力的结果。其一是关于教育研究方法论的探究，其二是关于教育学科发展历史与现状的研究。前者从方法论的角度，后者从学科史的角度对教育学在中国的发展问题做了反思与探索，共同提出了与新世纪中国教育学发展相关的教育学的独立立场问题、思维方式和方法论的更新问题、教育学科在新世纪的研究转型问题。正是对这些问题的意识和思考，使我对"新基础教育"研究在自身学术生命发展中的价值，以及它在当代中国教育研究转型走势中的探索性价值有了较为清晰的意识，坚定了在这项研究中，探索新时期教育研究和学科发展的新路径。①

---

① 叶澜，李政涛，等."新基础教育"研究史[M]．北京：教育科学出版社，2010：172．

方法论研究、学科发展史研究、实践变革研究相互激荡,使叶澜作为教育学者的使命感在个人的学术生命中以创建具有中国气质的教育理论的方式呈现出来。华东师范大学教育学人的学术传统以及叶澜的个人学术特质在其中意义重大。

一、一方家园:学术传统与个人学术特质

影响人的发展的因素包括可能性因素和现实性因素,其中可能性因素包括个体自身具有的先天与后天条件以及环境条件,现实性因素是个体自身的活动状态。[①]叶澜对影响人发展的诸因素及其与发展主体的动态关系的认识,可以很好地解释为什么处于相同时代、类似生存和生活条件下的个体会走向不同的发展状态,也可以解释不同的学者在相同的时代、类似的学科发展境遇中不同的学术路向和学术发展状态。学者生活的时代、所处的学术环境,在一定意义上影响着他的学术心态和学术追求,而学者个体的学术和生命特质,则在根本的意义上决定他的选择、目标、韧性,最终决定他的学术成就。

(一)华东师范大学教育学人的学术风骨

华东师范大学教育学人的研究传统和学科发展追求,在叶澜的学术生涯中有着沉甸甸的分量。

> 做学问不是横空出世,而是有学统。学统哪儿来,这块土地。华东师范大学从孟宪承校长、刘佛年校长这些老前辈,一以贯之,一直到瞿葆奎先生辛辛苦苦想做元教育学的研究,华东师范大学这个学统想打造

---

① 叶澜:论影响人发展的诸因素及其与发展主体的动态关系[J]. 中国社会科学,1986(3):83-98.

中国的教育理论体系，有自己的特色、解决自己的问题、由自己的学者研究的中国教育理论体系。这种学统一以贯之。叶澜老师秉承此学统，但没有"泥"于学统之过去，而是一以贯之这个学统的开拓创造精神，走出了自己的路。①

2014年11月5日，叶澜以《老树与新枝："生命·实践"教育学派之学脉追寻》为题做终身教授报告。在报告中，她提到了华东师范大学四位教育学前辈的学术风骨。这四位教育学前辈是华东师范大学教育学院的创建者和首任院长孟宪承先生、改革开放新时期中国教育学科发展的开创式推进者刘佛年先生、富有批判精神的教育学家曹孚先生和中国元教育学研究的创始人瞿葆奎先生。

作为华东师范大学的首任校长，孟宪承先生在中国教育学建设的多个领域都有开创性贡献，对教育学科多个研究领域产生了重大影响。刘佛年先生在改革开放新时期的教育学发展上贡献卓著，尤其在对西方（包括苏联）教育思想的译介和队伍建设上做出独特贡献。曹孚先生的独立思考和批判精神在叶澜的思想中留下了深刻的烙印，她在报告中回忆了曹先生1957年在《新建设》（1957年6月号）上发表的《教育学研究中的若干问题》②，称"此文我曾反复阅读……这篇文章真是了不得！作者是有铮铮铁骨的人……在人格和学术上确实是令人敬佩的"。瞿葆奎先生于20世纪50年代开创课堂教学实录研究，"文革"后又做了大量课堂教学研究，并主编了一系列教育学

---

① 张诗亚."生命·实践"教育学的突围[J].当代教育与文化，2015（3）：8.
② 在该文中，曹孚提出教育学除了阶级性之外，还有永恒性，并批判了当时的苏联教育学。他认为：对教育史上人物的评价，不能只按唯心、唯物的标准，而要根据其在历史上的贡献来评定；对当代西方资产阶级教育学家不能全盘否定，资产阶级教育学也在发展，其理论对我们有值得借鉴、可学习之处。在当时的时代背景之下做如此大胆的批判确实需要极大的勇气。叶澜认为，新中国教育学的建设，在学术意义上是从对西方教育学完全否定的否定开始的，起点是批判苏联教育学的片面观点。

文集，开启了中国元教育学研究和中国教育学史研究。叶澜认为，华东师范大学的教育学科"根基很深，而且干很直，有风骨在"[①]。

叶澜把华东师范大学教育学人的学术风骨概括为：第一，毕其志于"一"，学科发展有担当。四位先生皆对教育学科的独立发展有坚定的信念：确认教育学是一门独立学科，坚守教育学科独立的立场，为学科独立、丰富和发展矢志不渝。第二，严谨、扎实的学风。瞿先生"言之有据、言之有理以及学术研究制度化、经常化"的要求与亲身实践，对叶澜有深远影响，他开创的"学术星期六"研讨制度直接影响了叶澜在博士生培养中的"月末例会"制度（每个月最后一周的周四进行学术主题研讨）。第三，孜孜不倦地汲取。终生学习、研究，关注国际上学科内外发展思潮，具有广博的人文社会科学素养，是四位先生共同的特征。四位先生都关注在不同时代，尤其是历史发展的关键时期和学科发展的转折期反复出现的教育学的根本问题，关注、研究教育实践，关注理论与实践的关系。第四，开辟新领域的胆识。四位先生都率先对很多新学科、新领域进行专题研究，引领并带动了20世纪80—90年代华东师范大学教育学科的繁荣发展。

对叶澜学术传统和学术追求影响最大的是刘佛年先生。他在叶澜学术生涯的起点上给予的关爱和支持，使叶澜获得了成长并找到了自己的学术方向，刘先生是她"整个事业生涯的重要导师"[②]。

刘佛年先生在早年的求学生涯中对哲学非常感兴趣，阅读了大量的西方哲学书籍，"这些哲学家的思想触动了他，但是他认为这些思想没有通向实践和实际行动的桥梁"[③]。在学术研究上，刘佛年先生具有强烈的批判意识。

---

① 叶澜.老树与新枝："生命·实践"教育学派之学脉追寻［M］//叶澜.变革中生成：叶澜教育报告集.北京：中国人民大学出版社，2019：438.

② 许美德.思想肖像：中国知名教育家的故事［M］.周勇，等译.北京：教育科学出版社，2008：250.

③ 同②：227.

他对杜威的实用主义教育思想进行批判,也对当时翻译成中文并作为核心教材得到广泛应用的凯洛夫的《教育学》保持着清晰的批判性认识,认为它作为一种教育领域中的马克思主义方法"过于狭窄和片面","所有的内容都是强调国家的责任,强调国家要以垂直方式管理教育,教师的职责就是作为专家在正规教育系统内向学生传授知识。……这种方法在全然不同于苏联的中国环境中运用会导致许多问题"[①]。这种对待已有教育理论的批判态度,在新中国成立初期教育学主流思想政治化、"苏化"的大背景下,尤显难能可贵。

刘佛年先生是"文革"后华东师范大学首任校长(1978—1984年)。1980—1982年,叶澜到南斯拉夫访学。去南斯拉夫之前,她在刘佛年先生的领导下进行中小学"一条龙"教学改革实验,主要致力于使教学过程适应不同学生的兴趣和才能。[②]叶澜参加的是语文学科小学组的教学改革,也自此有缘直接受到刘佛年先生的指导。这是叶澜第一次以研究者身份进入到实践中。从南斯拉夫回国后不久,刘佛年先生找叶澜谈了一次话,了解她在南斯拉夫的经历与学习内容。之后,组织到法国、日本和其他国家学习的年轻学者交流和研讨,叶澜受邀主持一个小组的研讨并撰写研讨报告。这些活动对当时参与的青年学者的影响巨大。

> 这些活动非常重要,这使他们开始关注来自他们的经历和观察中的新问题。这也是叶澜第一次在一个大的小组中发表自己的教育观点,这为她之后的职业发展奠定了基础……多年以后,叶澜还感到,刘佛年对于她和许多她那一代的其他年轻学者的巨大影响。他总是随时准备认真严肃地倾听,你可以问他任何问题,没有任何限制,你可以和他交流任何问题而不用害怕被误解。叶(澜)也感到他很有领导艺术,通过邀请

---

① 许美德.思想肖像:中国知名教育家的故事[M].周勇,等译.北京:教育科学出版社,2008:229.

② 同①:245-246.

著名的学者如本杰明·布卢姆到上海，通过激励回国的学者分享和运用他们学到的知识，通过经常不断地坚持教师要认真阅读全球范围内经典教育著作，他带领华东师范大学进入了国际交流的平台。①

叶澜并非刘佛年先生的及门弟子，也非他的直接共事者，但他对教育学的大思考、对教育学作为一门独立学科的信念、对教育实践研究的重视、不断开拓教育学研究视野的研究实践等，给叶澜留下了深刻的学术印记，成为她心目中的楷模。他还在做学问上和带队伍上给处于学术生涯起始阶段的叶澜做出示范：刘佛年先生为《新编教育学教程》（叶澜、丁证霖编写）写序，让叶澜记住了撰文写书要直抒胸臆；在叶澜和陈桂生主持的"中朱学区大面积提高教育质量"调查研究成果发布会上，刘佛年先生的评价"要实事求是做研究，理论与实践要结合，对自己的研究要有信心，有特色，有自己的东西。这样，我们也可以在国际比较中'略胜一筹'"让叶澜印象深刻；叶澜曾向刘佛年先生请教如何把教育学研究做得扎实有效，他的回答"关注历史上每个拐角处的人物，研究他们的新思路、新理念和新观点"使叶澜形成了因为关注历史转折处的创新而密切关注学术思潮的研究风格；叶澜在学派建设中对核心团队的培养也受到刘佛年先生"带人带五代"领导传统的影响。

（二）叶澜的学术个性

对于叶澜来说，学术实践中融入的个体独特的生命体验、阅读的兴趣与习惯和强烈的学术存在感，以及对理论与实践关系的不懈追索，使她走出了一条极具个人风格的学术之路，最终孕育出了以中国教育问题为指向、以世界教育学理论为背景、以中国文化为血脉的中国教育学派。

---

① 许美德.思想肖像：中国知名教育家的故事[M].周勇，等译.北京：教育科学出版社，2008：245.

1. 把生命体验融入学术研究：做真实、有温度的学问

在学术研究与生命经历的关系上，一般有三种状态：第一种是力图避免个体生命经历介入，以保持学术研究的"纯粹"，这是自然科学或准自然科学研究者的追求；第二种是采取放任的态度，使两者自然而然地融合，处于这种状态的学者往往对自己生命体验的融入处于非自觉和非控制状态；第三种是有意识地把生命经历融入学术研究，把学术的思考与个体的生命体验密切结合，把年少的经历与年长的体验融入对研究对象的理解与生命关怀中。叶澜属于第三种状态，做真实、有温度的学问是她的学术追求。在她看来，生命的价值是共通的，教育是使别人和自己都变得更美好的事业，教育学研究的原点是生命，教育研究者个体的生命体验应该是涌动在他学术思想之中的血脉构成。

在叶澜的学术发展历程中，有一段非常重要的访学经历，这段经历使她进一步打开了学术眼界，找到了自己对生命理想状态认识的共鸣，发现了曾经接受的教育理论知识的另一个可能面向，更坚定了自己的学术发展方向。叶澜曾对加拿大教授许美德这样陈述她南斯拉夫之行的最大收获："通过学习教育理论，理解了人的发展、独立和每个个体的自我意识……一直到那时，我才比以往任何时候都强烈地感受到个体的存在。"[①]叶澜的学生刘良华这样评价南斯拉夫访学经历对叶澜学术发展的影响：

> 我以前以为她在南斯拉夫的访学生活不过是人生中一段微不足道的小插曲。等到我阅读了她回国后连续发表的多篇有关南斯拉夫教育和教育学研究的论文[②]，等到我看到她由此初步形成了"基本理论"和"方

---

① 许美德.思想肖像：中国知名教育家的故事［M］.周勇，等译.北京：教育科学出版社，2008：244.

② 叶澜以"冰火"为笔名发表了两篇对她后来的教育学研究产生重要影响的文章，一篇是《试论南斯拉夫教育的特色》[《华东师范大学学报（教育科学版）》1983年第1期]，该文正式提出"重视人的价值和个性的发展"，另一篇是《南斯拉夫教育科研中的方法论问题》(《外国教育资料》1986年第1期)，该文介绍并讨论了南斯拉夫教育研究中的方法论问题。

法论"两个研究领域,等到我看到她由此激发出来的对"个体"和"主体"的关注,我才发现,她在南斯拉夫的两年访学生活对她个人的学术研究有那么重大的意义。访学归国的人不在少数,有多少人像她那样发生重大的观念转换并由此带来新的知识贡献和学术贡献?①

笔者深以为然。

除了教育研究方法论这个对叶澜来说新颖、有意义、值得关注的问题之外,为什么她对"个体"和"主体"这两个问题如此感兴趣,并且在持续的研究中从关注生命的主体性开始走向"育生命自觉"的教育追求?叶澜不止一次提到过她的个体生命体验与她的学术研究之间的关系,她说她"重视生命自觉的原因,就是源于自我体验"②。在个体生命发展中,真实的参与所留下的鲜活印痕具有不可估量的价值。

> 抗美援朝时,我们小学生拿着纸挨家挨户请叔叔阿姨和平签名。两三个小朋友一起去,阿姨正在洗东西,手还是湿的,她说:"我愿意啊,我热爱和平,但是我不会写字。"于是,她说,我们代她写。小孩子可以参与大事情,做小主人不是空话,而是参与活动,参与班级活动,参与力所能及的社会活动。学校还让我们认识祖国大地多么美好,班主任让我们每人自己挑一个水果,说明水果的家乡在哪里,那里有什么特点,我挑的是莱阳梨,于是我就介绍山东……这些活动鲜活地印在我们心中。③

---

① 刘良华在叶澜学术史梳理过程中的体会,2019年,内部资料。
② 王楠.叶澜:教育,是觉醒生命的事业[J].教育家,2019(4):35.
③ 叶澜:《如何研究基础教育改革的"中国经验"和"中国话语"?》,在"基础教育改革的中国经验、中国话语与中国道路"专题论坛上的发言,上海,2019年9月16日。

"在一定意义上,'生命·实践'教育学派的创建史与我的生命史息息相通。"①叶澜这样说。上高中时,作为班里的"文艺分子",她担任了配乐诗朗诵《刘胡兰》的主角。她特意为表演剪了"刘胡兰头",却因无切身体会,无论如何都演不出"英勇就义"的感觉。一次彩排,班里一位受过戏剧训练的同学冷不防推了她一把,她跟跟跄跄,站稳后昂头,终于找到感觉了!这一经历给她留下了深刻的印象:凡事必须"真实地"发生。②

在叶澜的学术实践中,注重个体参与、个体实践的价值,把教育学的原点确定为生命,把"生命·实践"作为"生命·实践"教育学理论的基因式构成,对实践的不同状态在人的生命发展中价值的认识,主张在成事中成人等,无不清晰地呈现出她自己的生命印记。

回顾自己的童年生活,叶澜自认是一个活泼的孩子。她想大声说话,发表自己的看法,但是,她发现她所在的学校环境并不赞成这种行为。相对民主的家庭生活氛围使她的独立精神得到发展,而独立个性与学校生活中外在强控制的现实冲突,激起了她的反叛精神:对学习不感兴趣、带着同学跟老师捣蛋成了她对自己学生时代的深刻记忆,甚至在老师批评她,让她设身处地为老师考虑一下的时候,她不假思索地说出"如果我是一个老师,我不会像你一样"。③虽然成年后她意识到这种直率一定深深地伤害了那位老师,但这成为她在理论研究和基础教育改革中确定立场与改革方向的情感因素和内在动力。

做一个"不一样的老师"的抱负起自少年的冲动,却在成年的现实中遭遇刀光剑影。在华东师范大学附属小学两年"以基本失败告终"的小学教师

---

① 叶澜.从"冬虫"到"夏草"——"生命·实践"教育学派生成过程的个人式回望[M]//叶澜.回望.桂林:广西师范大学出版社,2007:238.
② 王楠.叶澜:教育,是觉醒生命的事业[J].教育家,2019(4):35-39.
③ 许美德.思想肖像:中国知名教育家的故事[M].周勇,等译.北京:教育科学出版社,2008:239.

生涯让叶澜终生难忘,她把这段经历看作自己"职业生涯中最为艰难的时光",是她"职业人生的第一课"。虽然专业理想受到初次"重创",却让她体会到了"当一个小学教师实属不易,从此不再小视小学教师的工作";两年的小学教师生涯让叶澜真切体验到理论在面临实践时暴露无遗的尴尬,认识到"小学实践中天天进行的教育主要靠的是这样的经验,而不是教育学理论的支撑"这种情况"并不合理",进而产生了理论与实践关系"并不那么简单"的问题意识,体会到"理论学得好并不能保证实践中做得好,当好教师还需要另一种能力"。因工作伊始"实践遭遇战"的失利而造成的"对直接从事小学教育实践的惧怕,一种因不可理喻和驾驭而造成的惧怕"以及以"与理论相斥、与经验相联"为存在方式的实践造成的认识冲突,深深地烙进了叶澜的专业研究生涯,"此后,理论与实践的关系问题始终萦绕在我的心头,一次次地被提出来重新认识"。①这为她以后的教育理论研究和教育实践探索打上了深深的底色,"上天""入地"工程就是在这一底色上孕育出来的。②有中小学一线教师经历的教育学研究者不在少数,而叶澜的独特之处在于她把自己的体验深深地融入了其后的学术生活,化为了对小学教育乃至于对中国基础教育的重视、尊重和持久的研究,并以理论认识成果和学校变革实践的方式呈现出来。

叶澜的生命印记以渗透的方式融入她的思考、研究和实践中,让她的表达中透出温暖与光亮,而不仅仅是缜密的理性和透彻的剖析。她在《教育概论》中根据主体对活动的自主程度,把"生命活动"分为"被动应答""自觉适应""主动创造"三个等级,并认为第三个等级的活动对个体发展具有特别重要的意义。她之所以能够自信地说出"谁只要真实地经历过这样的活

---

① 叶澜.从"冬虫"到"夏草"——"生命·实践"教育学派生成过程的个人式回望[M]//叶澜.回望.桂林:广西师范大学出版社,2007:216.
② 杨小微.行走于天地之间——访华东师范大学叶澜教授[J].基础教育,2004(1):10-14.

动,它就会对谁的发展,尤其是自我意识和自主能力的发展产生不可磨灭的影响"①这样的话,是因为这些认识不仅来自理性的思考,更来自她切身的生命体验。在总结中朱学区后进生转化的经验时,她把转化后进生的三个关节点归结为"调整心态、改变行为、形成自我监督的能力",三者相连构成了后进生转化的轨迹,而三个关节点得以实现的条件在于学校所创造的良好的外部心理氛围,关键在于学生内部动力的激发,在于外部要求向内在需求的转化。

> 生活上的关心,人格上的尊重,自信心的重建,前进方向的明确,不仅消除了后进生对积极教育影响的抵制、对立,而且使他们从精神压抑的状态中摆脱出来,产生了积极向上的需求和信心。这是后进学生内部动力的激发过程。后进生的转化不能只靠外部环境的压力和管理,还须靠外部要求向内在需求的转化……转化工作必须从调整心态入手。……要改变后进生的心态,首先要改变教师对后进生的心态和教育思想,变批评、谴责、冷落、失望、放弃为表扬、指点、热情鼓励和争取,为学生创造一个良好的心理氛围。②

如果你关注叶澜的个人生命经历,你会时时在她的文字中看到她个人生命的影子,她的理论表达中处处透出对生命的温情关怀和真实体验。她的学术研究所得也成为她生命成长的资源,她把教育学看作是对自己的人生发展和完善有价值的一门学科,而不是只讲给别人听的知识体系,"教育学中提出来的东西,我尽量要去做一做,去体验一下,在'想'和'做'的过程中得到发展、完善,不断地超越自己"③。

---

① 叶澜.教育概论[M].北京:人民教育出版社,1999:234.
② 叶澜.关于中朱学区开展后进生转化工作的调查报告[J].教育科学,1991(1):23.
③ 叶澜.反思 学习 重建——十五年学术探索的回顾[J].天津市教科院学报,2000(4):9.

当清醒地认识到个体自我意识对自己发展的价值及作用方式之后，叶澜便开始有意识地反思学术自我及其成长，进而把人的自我意识迁移到教育学学科发展领域，从教育学学科发展史中探寻教育学的学科自我，剖析中国教育学发展中的问题及其成因，为中国教育学发展寻找可资借鉴的经验教训以及可以开拓的发展空间。

2. 强烈的学术存在感：恪守教育学者的本分

2006年8月22日，国务院总理温家宝邀请5位教育专家座谈基础教育改革与发展问题，叶澜是受邀专家之一。在座谈会开始的自我介绍中，她说"我是华东师范大学教育学教授"。在教育学这个学科被人普遍轻视甚至蔑视的情况下，叶澜总是自信、自豪地说"我是学教育学的"。她对教育学学者身份强烈的自我认同和自信，以及由此而生的对中国教育学理论发展的自觉，给人留下了深刻的印象；她对中国教育学发展的使命感，在中国教育学研究中历史感和现实感的交叠，使她的学术存在感得以转化为具有鲜明时代和个性特征的学术存在，催生了她的中国教育学派创建历程。

叶澜的学术存在感，首先表现在对中国教育学发展的强烈的责任感和使命感，在确认教育学独立地位前提下对中国教育学独特发展的坚定追求。这一追求源于她受到的学术传统的影响，明晰于她在南斯拉夫访学期间对不同文化中面临的教育和教育学发展独特问题的体认，落地于她日后的理论思考和实践变革研究中，并通过"生命·实践"教育学派的创建得到表达。

南斯拉夫访学期间，处于社会制度相同但文化与教育传统不同的国度，她对中国文化传统和文化遗产独特性的认识更加清晰，这种认识"激发了她的思想，使她重新思考她曾经如此熟悉的中国教育的研究方法……她重新思考她曾经在中国学习的熟悉的教育理论知识，以一种不同的视角审视它们……她也有一种强烈的使命感，希望自己能够干些有意义的事情"[①]。应该说，这种使命感不是这个时候才开始有的，只是到此时，方向更明晰，立场更坚定，信心更强大。

1987年，当她发表《关于加强教育科学"自我意识"的思考》时，教育学作为一门独立学科的认识已经成为她的基本信念。无"自我"便无所谓"自我意识"，"学科自我"以"学科独立"为前提，她要走的教育学科"独立"之路不是靠呐喊，而是靠行动：让教育学科的发展"上天""入地"，让教育理论以其自身的缜密和深刻呈现价值，让理论通过实践变革呈现力量。在当时，教育学科发展处在新一轮引进潮中，"异彩纷呈"的学说与新学科加剧了教育学的外解与内裂危机，教育学科独立存在的价值遭遇前所未有的质疑，师范大学教育学专业中教育学课程也分解为教育概论、教学论、德育论和教育管理四门课程。不得不说，在这种学科发展背景下坚持教育学的学科独立价值，既难能可贵，又荆棘丛生。

在她看来，教育是支撑一个民族稳健发展的基础，而优秀的人群是教育和社会发展的根本，"没有优秀的人群成为社会的栋梁，成为教育的支柱，就难以有辉煌的社会，难以有民族精神的继承、发挥与光大。再辉煌的历史，也只成为现实幽暗处的微光"[②]。这份社会责任落到个人头上，叶澜把"对教育做深度思考"作为自己的责任。

简单来说，叶澜追索教育学独立发展之路的努力可以归纳为以下几个方面。

第一，通过对教育科学自身的研究和认识，即教育学科元研究，明晰中国教育学发展的"自我"，提出新世纪中国教育学的建设问题。从教育科学发展历史的反思中把握学科发展的走向、方法变迁、概念与原理的演变，明

[①] 许美德.思想肖像：中国知名教育家的故事[M].周勇，等译.北京：教育科学出版社，2008：244.

[②] 叶澜.初访延安[M]//叶澜.俯仰间会悟：叶澜随笔读思录.北京：中国人民大学出版社，2019：39.

晰教育学研究中的核心问题，形成对教育学发展规律的基本认识；通过对中国教育学百年发展历程的梳理，提出中国教育学发展中的共同问题，如"政治、意识形态与教育学发展的关系问题""教育学发展中的'中外'问题""教育学的学科性质问题"等。在此基础上，进一步提出要确立和提升教育学的学术独立性，建设21世纪中国教育学，这也是"生命·实践"教育学派创建的初衷之一。

对叶澜来说，教育学研究在最初的职业生涯中也许只是一份工作，但随着认识不断加深、经历日益丰富，最终转化成了使命。经历了"文革"结束初期政治和学术意义上的反思和批判以及南斯拉夫访学，开放的批判空间和异域新理论、新实践的体验让她开始意识到中国教育学发展的时代任务：一是中国的教育学面临时代性重建的挑战；二是中国教育学研究必须打破原先封闭僵化的思维方式和以政治为取舍的两极对立式、简单化研究方式，要向当代哲学、社会学和人文科学以及教育学新理论、新流派开放，从中汲取新鲜养料；三是教育学研究者自身的改变是新时代中国教育学理论重建的关键。[1]1987年，她提出要加强对教育科学自身的研究和认识，认为中国教育学的发展要使基础学科"上天"，追求教育科学知识体系的概念精确化、术语化，使概念之间的联系更为严密，使整个理论体系显示出更强的解释能力和预测能力，追求重大的、具有世界水平级的突破，以理论的深刻来实现教育科学研究的价值。[2]在一个尚处于改革开放起点的时期，对于一个当时年纪尚轻的学者来说，支撑这一信念的必定是对所从事学科的高度自尊，而能够坚守信念，矢志不渝地把理想转化成现实，体现的则是对教育学科建设的使命与责任。

---

[1] 叶澜.回归突破："生命·实践"教育学论纲[M].上海：华东师范大学出版社，2015：5-6.
[2] 叶澜.关于加强教育科学"自我意识"的思考[J].华东师范大学学报（教育科学版），1987(3)：23-30.

第二，以教育研究方法论作为突破口进行教育学理论重建。1999年，叶澜的《教育研究方法论初探》出版，她初步完成了对教育研究方法论的探索，并以改变了的思维方式提升自己的研究品质。以1991年出版的《教育概论》为例，它将教育作为一个复杂的开放系统，用系统、动态的方法论，对教育基本理论体系进行重新阐述，在结构和观点上都与当时国内流行的教育学著作大为不同。全书把研究对象规定为"教育整体"，以教育、人、社会三者关系为核心问题，对作为复杂社会系统构成之一的教育进行整体性、概括式分析。教育研究方法论的突破使叶澜学术生命中第一次出现加速变化，新思想喷涌而出。整体、综合、互动、转化成为她研究和处理丰富、复杂的教育现象的思维特征。

第三，丰富的阅读，奠定学术重建的基础。2000年，叶澜做了一个个人学术探索的十五年回顾，在报告中她把自己自20世纪80年代初到21世纪初的学术发展道路概括为"反思""学习""重建"三个关键词。在她看来，没有批判性的反思就不可能有学术、实践和个体自我的发展，而反思要建立在学习的基础上，通过学习打开眼界，形成新的研究方向和研究思路，"学习是一种需要，是反思的基础，反思的过程又会促进学习"[①]。叶澜说她做不到孔子的"诲人不倦"，但基本上可以做到"学而不厌"，"知不足而后学，学而不厌，常学常新。学习时很快乐、很享受"[②]。

叶澜的专业阅读始于本科学习时期。从高中进入大学，她觉得大学图书馆的资料浩瀚，让她无法停止学习和思考的步伐。尽管当时的阅读和课堂学习以批判西方教育、心理学思想为基调，但广泛的阅读无疑奠定了她的专业基础，极大地拓展了她的文化视野，使她初步养成了关注概念辨析和批判性思考的习惯。叶澜把本科期间形成的与学派发展密切相关的学术思想基础归

---

① 叶澜.反思 学习 重建——十五年学术探索的回顾[J].天津市教科院学报，2000(4)：4.
② 叶澜：《双重转型、交互创生的研究：学术生命、自我成长的实现》，在闵行、常州两地"新基础教育"研究二十周年纪念会上的发言，2019年12月18日，内部资料。

结为四个方面。

1. 教育学是研究教育现象、揭示教育规律的学问，教育学研究的目标是形成中国社会主义的教育学。

2. 揭示教育规律必须以马克思主义和毛泽东思想作指导。

3. 教育学的基本规律体现在教育与社会的关系和教育与人的发展的关系两个方面，包括：教育具有阶级性，中国的教育要为无产阶级政治服务，与生产劳动相结合；教育对人的塑造要建立在儿童的年龄特征的基础上，共产主义教育的目的是培养全面发展的人。

4. 学校教育主要包括德育、智育、体育，每个领域都有自己的规律与过程、原则和科学的方法，学校教育活动必须服从教育的基本规律。①

在西藏期间，叶澜也"灰心过"，把所有的教育学书籍都卖了，只剩下一本凯洛夫的《教育学》，因为上面有自己的批注，但热爱读书的习惯并没有改变。在西藏工作的空闲时间里，她重读了随身带的《鲁迅全集》并写下详细的读书笔记，读完了《马克思恩格斯选集》四卷、《列宁选集》的一部分。叶澜在自我评价中说自己"读书有耐心"，读书是自己生活的重要构成，她的早期阅读与其说是为了获取知识，不如说是为了与作者的心灵沟通，因为读书"让人的心灵有依托"。她是鲁迅的崇拜者，因欣赏鲁迅的文字和人格而不止一次地阅读他的作品，因佩服毛泽东的思想而在"文革"中"啃"下四卷本的《毛泽东选集》，阅读的丰厚积淀使她能够在改革开放之初、时代大潮汹涌而来时，敏感地触摸到时代的脉搏，快速地实现"大醒悟"。如果把改革开放初期的批判、反思研究和因异域思想而产生的认识与实践的"深度碰撞"所带来的"新鲜空气"和"别样光亮"看作叶澜专业思

---

① 叶澜. 从"冬虫"到"夏草"——"生命·实践"教育学派生成过程的个人式回望［M］//叶澜. 回望. 桂林：广西师范大学出版社，2007：214-215.

想转型的催化剂的话，那么前期的阅读和经历无疑是反应物，否则催化作用将无从发生。

广泛的、有核心的阅读，是叶澜进行学术研究的"家常"味道。在教学、研究和撰写《教育研究方法论初探》的十年中，叶澜按专题进行了广泛的阅读：为了辨析纷繁复杂的"方法论"定义，她阅读了社会科学中其他学科研究的方法论专著，以及教育学科中的相关讨论文章；为了梳理教育学科历史发展过程中的方法论转换，她几乎重读了中国和外国的教育与教育思想史、西方每个历史时期代表性人物的教育学著作；为了反思哲学与教育研究方法论的关系，她再次阅读新中国成立以来重要的、有代表性的教育学著作，审视在运用马克思主义方面存在的误区与不成熟，又大量阅读了20世纪80—90年代出版的有影响力和代表性的当代西方哲学论著；为了吸收以系统论为代表的横断学科对教育研究的方法论营养，她系统阅读了"三论"的代表作；为了了解数学的发展在方法论，尤其是研究复杂事物的数理方面的重要进展，她研读了自己很不熟悉的数学史，以及与现代数学的变化趋势和特征相关的专著、论文；为了摆脱科学主义的束缚，她阅读了人类知识结构演化历史和当代发展趋势的相关著作和其他研究成果；为了从社会科学走出依附自然科学研究范式的历程中找到对教育学科如何形成自己的方法论的启示，她从19世纪狄尔泰、文德尔班、李凯尔特等相关著作的阅读开始，一直读到当代社会科学方法论研究的西方典型人物的著作。[①]

正是不同层次和不同领域的阅读、重读，使她的思考、批判、吸收、重建达到了专题研究的深刻性和整体研究的融通水平；持续、广泛的阅读，使她在进行教育学理论重建和实践重建时具有多维的认识资源和对问题的敏锐洞察。

---

① 叶澜.从"冬虫"到"夏草"——"生命·实践"教育学派生成过程的个人式回望[M]//叶澜.回望.桂林：广西师范大学出版社，2007：227-228.

叶澜喜爱读书，注重扎实的学术积累……对哲学的研读和思考，锤炼了她的思维品质，赋予了她对时代变化的敏感和对教育问题的敏锐洞察力。对不同学科的广泛涉猎，并没有使叶澜迷失方向，她将各种思想资源回流到"教育与教育学"这个阅读原点上，因此，多种路径的横向比较，使她能跳出既有的认识框架，站在更高的层面上，审视教育和教育学科的发展方向，而阅读原点的确立，则使她有了作为教育学研究者应该具有的强烈的学科自我意识，这种意识后来直接促使叶澜提出了有关"教育学立场"的命题。[1]

读"有字之书"使她可以站在更高的层面上审视研究对象和学科发展的走向，读"无字之书"则使她对问题的研究和思考融入现实的力量。叶澜把教育学划入"时代学"之列，其"发展需要与条件、方向与内容、研究方法与方法论、研究价值及功能的发挥等，在很大程度上与时代发展状态相关"[2]。时代变革必然引起教育变革，教育变革和教育研究需要关注时代的变化，更需要关注具体时代背景之下教育的现状和问题。对时代的敏感与对实践的深度介入，使她的理论思考中融入了"中国的"独特，使她的学术重建呈现出鲜明的中国特质。

如果把教育学科元研究和教育研究方法论转换看作叶澜学术发展两翼的话，阅读和实践则是她学术发展的内在动力系统，两者相辅相成，促成了叶澜学术存在感与学术存在的内在统一。

---

[1] 李政涛.追寻中国教育学重建的原点："生命·实践"——叶澜学术思想及研究实践述要[M]//叶澜.回望.桂林：广西师范大学出版社，2007：164.

[2] 叶澜.世纪初中国教育理论发展的断想[J].华东师范大学学报（教育科学版），2001（1）：1.

3. 营造自我学术环境：在可以改变的空间里创造、拓展

人生世间，必有千羁万绊，如何在不确定的生存空间里寻求确定性、营造自我发展的空间，是一种人生智慧，也是生命自觉的体现之一。

如何在复杂、充满变数、处处有障碍的世界里为自己创造可以发展的空间？叶澜对学生们的建议是：确定自己可以通过努力改变的区域，在问题中寻找可以作为发展资源的积极因素，在逆境中坚持做正确的事情，积跬步以成千里。在《生而为女，何以成人成业》的报告中，叶澜把自己在学术生活中"活着的"方式倾心捧出与大家分享，这是她在并不总是友好的学术环境中为自己营造出学术发展空间的策略与智慧。

第一，把成功定位于追求我自己喜欢做的、有意义的、有价值的事情，而不要去管你现在的追求目标在当代环境和社会中居于什么地位。第二，要学会在不同的生境中寻找、实现自己的发展。首先，要正确看待周边的环境，要善于发现有利于发展的方面。如果有利于发展的地方不在中心而在边缘，那么你最好选择边缘。你可以拓展边缘的发展空间，有时候甚至可能形成一个"次中心"。其次，要学会化解问题，特别是遇到逆境时。有时候遇到了一件很难做的事情，但是你自己喜欢做，你就应该把它做下去，把困难当作一个磨炼过程，持之以恒地做。在和困难的较量中，自我也变得有力量。如果不被人理解或被他人误解，这时候很重要的是问自己是否有恶意，若无则你问心无愧；然后要看你所做的事客观上是否带来积极的效应，如果跟你一块工作的人感到有积极效应，你就算有成果了，你就没有做错事。既问心无愧又有积极成果，你就不要去在意别人的说法。人不是为别人的评价活着，而是为了对这个社会有意义才活着。如果有人非要置你于死地而后快的话，你要学会抗争。如果这个环境实在太恶劣，不适合你生存，你要学会放弃，学会后退，学会更换环境，去寻找适合你的生存空间。不能放弃的

是自己的追求、自己的目标、自己的内心世界，我们要用强大自己的力量来守住自己的人格，守住自己的精神家园，守住我们所钟爱的事业和人生。我们每个人都可以营造一个小生境。在这个小的生境中，我们既被生境制约，同时也可成为改变生境的力量。从自己能做的事情做起，我们就能够做好自己想做的事。在这个基础上使自己变得美好、更有力量、更加充实。我想这是女性活好一辈子非常重要的精神准绳，我就是要求自己这么活着的。①

使叶澜能够"这么活着"的内在精神因素是她独立、不依附的个人特质，开放、包容的学术心态，以创造为指向的学术精神。

首先，独立、不依附的个人特质。叶澜对芦花的感悟是她对自己追求的个人独立状态的投射。叶澜说芦花让她"读出了自己心灵深处的珍爱"，这份珍爱除了芦花朦胧的诗意、曼妙的身姿、"永远摇曳着的"独特的"动韵"所闪耀的微弱而又顽强不息的"生命之光"之外，它的素雅和独立更使叶澜"不只是欣喜，不只是赞赏，而是出自心底的感动"。

> 几乎所有的花都凋谢了，连树叶都枯黄落地了，它，却孤傲地开放了，不加任何修饰，只是淡淡的白，真正的本色。每枝芦花都有各自独立的身躯，即使生长在丛中，也不牵扯，更不依附着什么而上、而立。虽然风吹来它也摆动，但轻易不被折断，更不移根。风一静，它依然挺立在原处。②

---

① 叶澜. 生而为女，何以成人成业［M］// 叶澜. 变革中生成：叶澜教育报告集. 北京：中国人民大学出版社，2019：473-482.（有改动）
② 叶澜. 感谢芦花［J］. 基础教育，2004（5）：1.

独立、不依附,虽然没有逼人的能量但顽强坚韧,即便在恶劣的环境中也能够"孤傲"而坚定地"挺立",一如她在《新绿与春光》中表达的心声:"在一个充满变数和挑战、生机和诱惑的时代,在一个不喧嚣不浮躁也难的时代","新基础教育"研究的全体成员最为珍爱的是"真实与扎实、持续与发展、智慧与更新、自主与合作、成事与成人"的研究品质,共同的心声是"为当今中国教育改革的天地,多添一些非人造的富有生命气息的新绿与春光"。①

其次,开放、包容的学术心态。永远的学习心态和学习实践、对"有修养的批判"的渴求与虚怀,是叶澜学术心态的实描。年过七旬,她仍然坚持阅读、写作,对相关学科尤其是教育学、哲学和脑科学最新研究成果保持高度关注,追求"生命·实践"教育学的理论研究和实践研究不断深入,对现代科技影响下的新的生活模式保持好奇并愿意探索,能够玩转微信、网购,通过网络组建学术研究群体并保持高密度交流,让人无法把她的学术状态和生活状态与"暮年"挂钩。

"做有修养的批判者",是她对自己和学生的严格要求;通过理解和批判"求其友声",也是她创建学派的初心之一。她轻易不与人"商榷",也要求自己的学生不要随便与人"商榷",坚持批判要建立在对他人思想透彻了解的基础上,以理论的正确性与合法性为评判标准,不掺杂个人或小团体的私心和局部利益,使学术批判成为以学术为载体的沟通和交流,而不是为了争一时之长短。"做有修养的批判者"是叶澜对待学术批判的原则,她也只对"有修养的批判"虚怀若谷。

李家成难忘他第一次与叶澜一起坐飞机时叶澜的一段话:"我们在登上飞机的时候,无论云层下面是狂风暴雨,还是阴云密布,如果这架飞机一直往上飞,飞到云层之上的时候,一定是阳光灿烂。"②在向学界宣布创建"生

---

① 叶澜,杨小微.新绿与春光[J].基础教育,2006(3):1.
② 东方卫视大型电视专栏《走近他们》第221期《叶澜:追逐太阳》,2009年9月12日.

命·实践"教育学派的决定时,叶澜的表达更为明确和笃定:

> 在我追寻理想的过程中,时常横亘着许多疑问、嘲讽甚至人为的阻碍。我一直以这样的比喻激励自己:教育的理想与境界仿佛是一座高山,在攀登者最初登山的时候,遭遇了许多的困惑、嘲讽和质疑,声音嘈杂刺耳,且不去管它,只管往上攀登,在攀登的过程中,这种不和谐的声音可能会愈加密集,但攀登者只管往上走,集聚其全部的生命能量。愈往上走,那种声音就愈听不到了。等攀登者听不到它的时候,他可能是到了山顶了。①

正是这份对学术生态的超然和笃定,使她能够在纷纭复杂的现实世界里稳稳地守着自己的学术追求,在自己认定的学术道路上义无反顾。

最后,以创造为指向的学术精神。反思和学习是学者的生活状态,但在叶澜看来,"一个学术研究人员要追求的是重建,是创造新的东西",而新东西的形成是一个在原有基础上"重建的过程",它要求研究者"清醒地知道还要做什么,应该做什么,可以做什么",为学术发展做出真正的、实在的、踏实的贡献,把自己的学术生命外化成理论或实践,走出一条自己的路,成为一朵小浪花、一个小波澜,汇入"人类整个学术发展的长河中、大浪中"。②叶澜把"独立地进行创造"看作有尊严的职业生活的标志,而基于兴趣和理论思考的研究,是使研究有意义、有价值、有持久性的保障。叶澜说她的研究课题均来自自己对现实的研究和对理论的探讨,发现了问题不解决就睡不着,通过查资料知道这个问题还没有解决,就有了研究的冲动,

---

① 本刊记者.为"生命·实践教育学派"的创建而努力——叶澜教授访谈录[J].教育研究,2004(2):37.
② 叶澜.反思 学习 重建——十五年学术探索的回顾[J].天津市教科院学报,2000(4):4-13.

然后积极地投入研究并持之以恒直至获得自己满意的答案。对新鲜事物保持兴趣，遇到问题想一探究竟，在问题的思考与探索上不人云亦云，她把这样的"不安分"的心向，看作是研究人员应该具备的本质特征："永远想探索未知，会被未知的领域吸引，被可能更好的愿景吸引，唯有此时才会有创造的冲动，去做别人没有做的事情，这样才会有新的路可走出来。"① 因此，虽然叶澜一直对杜威的"教育学没有自己理论"的观点耿耿于怀，但她对杜威身上所表现出的"学者精神"尤为赞赏：

> 杜威是清晰而犀利、丰富而深刻的。一颗冷静的头脑，却有着面向未来不断开拓和创新的精神。从这里，我似乎读出了当时已七十岁的杜威所散发出的"美国精神"：没有什么过去的权威可以让他们驻足、仰望，永远是平视与透视。面对事实，追求和创造更好的未来，坚定而清醒地向前看，不被传统思想框架下的老问题纠缠。他用自己的哲学信念与形成的核心概念之利剑，去除无用的纠缠，朝着可能的方向前进，这是年轻美国的气质在一位七十岁老人身上的呈现。也许，这就是学者生命的独特，只要能与时代和民族沟通，他就能保持精神生命的活力与青春。②

从叶澜对杜威"学者生命"的赞誉之中，可以看出同样作为学者的她对学术生命状态的追求。

独立、不依附，开放、包容，以学术创造为旨归，使叶澜的学术个性中凸显出"自反而缩，虽千万人，吾往矣"的英雄气质，正是这种英雄气质使

---

① 叶澜.教育改革与教育研究——以"新基础教育"研究为例［M］//叶澜.变革中生成：叶澜教育报告集.北京：中国人民大学出版社，2019：454.
② 叶澜.读杜威《确定性的寻求》《哲学的改造》［M］//叶澜.俯仰间会悟：叶澜随笔读思录.北京：中国人民大学出版社，2019：190.

她有可能成为"生命·实践"教育学派的开创者。

她的英雄气质表现为不盲从。在改革开放初期一切为经济建设服务的背景下,她敢于在缜密的理性分析前提下,明确提出"没有充分的理由把商品经济的运行机制作为高等学校教育改革的参照系统,也没有根据把适应商品经济的发展突出到深化高等学校教育改革的核心地位。这样的突出还容易造成忽视高等教育的其他职能,以及在教育改革中简单套用经济改革的模式等不良结果"[①]。她还尖锐地指出了当时普遍存在的思维定势:

> 在分析教育与社会各方面相互关系的时候,总是把社会的变化状态看作是革命的、合理的、先进的,相对地把教育看作是保守的、不合理的、落后的,被当作为政治服务或为经济服务的工具的教育,总是处于被指责的地位,总是要求它做出适应,而很少做反方向的思考:现状中的变化究竟是否都合理,都是进步?教育是否有它自己的独立性?这种独立性应不应得到必要的保护?这种思维定势往往在拥有决策权的领导阶层中表现得尤为突出。[②]

在教育与社会关系上提出"反向思考"的重要性,呼唤教育研究者独立思考,主张为了国家振兴、民族希望和青年一代的未来发展"治疗"教育和教育理论的"依附症""软骨症",见地不可谓不深,胆魄不可谓不大,即使在今天,这样的声音依然振聋发聩。

她的英雄气质表现在大取舍面前的果断坚定。她说她会关注周围世界的变化和状态,但不喜欢跟风;对存在着的教育现象或各种观点,她有自己的认识和判断,但重心不放在辩论上,而在思考自己可以做什么、怎么做,怎样使自己的研究具有价值,在"我能做别人也能做的事情"和"只有我才能

[①][②] 叶澜. 发展社会主义商品经济与深化高等学校教育改革的关系[J]. 高等师范教育研究,1989(2):18.

做的事情"之间选择后者而不是前者。1997年,当教育学研究与华东师范大学副校长的职务在所需要的时间和精力上产生冲突的时候,她毅然选择了前者。当时"新基础教育"研究正如火如荼,研究中迸发出的理论与实践的创造力使她看到了中国教育实践变革与中国教育学发展的希望,对于她来说,这才是唯有自己才能完成而别人无法代替承担和完成的事。她选择了扎扎实实进入教育田野,一寸一寸观察研究这片土地,探索解决中国教育现实问题的理论和实践路径,这需要耐得住寂寞、守得住平凡,把自己对教育的认识和思考书写在中国教育的大地上。这种选择彰显其勇气和魄力。

她的英雄气质最终表现为敢于"亮剑"。"做强自己"是叶澜独立、不依附特质的现实表达,是她对学生们的勉励和要求,也是她自己学术之路的坚强基石。2004年,叶澜在认定自己的理论正确、有价值、有意义的前提下,提出学派建设的主张,并持续努力推进学派建设,走出一条中国教育学理论的创建之路,形成一个有自己独特的内涵、结构与外显存在形态的中国教育学派,"以其精当的人生和学术智慧、炽热的情怀和胆识过人的学术勇气向诸多蔑视教育学科的'他者'甚至轻慢自己的教育学同行展开了不懈的抗争与努力,为当代中国教育学人争取必需的地位和尊严发出了令人振奋和鼓舞的呐喊,在思维断裂处寻找教育学的逻辑和教育学人的自信"[①]。让中国教育学"站直","像一个独立的学科",是叶澜认定的、自己和学派追随者应该承担的学术使命。

> 我觉得我没有野心,但胆子还是大的,敢于去迎接时代的两个挑战,一个是教育的挑战,一个是关于中国教育学建设的挑战。一个确实我自己感觉是当仁不让,另外我也不管别人会不会有什么想法。其实我

---

① 王坤庆."生命·实践"教育学:扎根于中华文明沃土的教育理论奇葩[J].当代教育与文化,2015(3):41.

要一个学派，我干吗？我带到棺材里去？对我个人是没有意义的，但是我觉得对于中国教育学的建设有意义，中国教育学自己要站直，像一个独立的学科，这是绝对有意义的。它是一个历史的使命。我觉得我是胆大、敢闯，而你们算幸运，也算倒霉，倒霉的就是跟着老师傻乎乎地去做这些事情。如果幸运的话，你确实把（学派建设）当作使命，那么你大概一辈子都干不完。不仅是一辈子，我们自己带学生都要有这种意识，不要小家子气，要有大胸怀，要有大使命，要自己努力地去做，让你的学生也有这样的胆略和实干的精神。只有这样，中国教育学才有希望。中国教育学人不变，都在那里飘啊飘啊，虚话说说，那完了，中国教育学也发展不到哪里去。这个问题我特别要提醒我们这里的人，我们大家都要有这个意识。①

她说她"喜欢迎风走路，而不是被风推着走"，因为只有"使出力气，迎风走路，才感觉是在走自己的路"。②在中国教育学发展和"生命·实践"教育学派的创建之路上，她殷切地期待有更多的同行者，让教育学理论研究的"中国风"真正吹起来，在转型社会的快车道上为民族复兴和社会进步铸造坚实的教育基础。

二、理论研究：在实践、反思中交融

叶澜说，自"新基础教育"研究进入发展性阶段，她开始多了一份探索当代中国教育研究转型的自觉，这份自觉来自三个方面的合力：一是"新基础教育"研究，二是教育研究方法论的探究，三是关于教育学科发展历史与

---

① 叶澜在"生命·实践"教育学派建设内部会议上的发言，2020年1月11日，内部资料。
② 徐敏.喜欢迎风走路的探索者——记华东师大叶澜教授和她的"新基础教育"[N].解放日报，2009-08-23(3).

现状的研究。由此，以"新基础教育"为载体，叶澜的教育研究有了三重自觉：教育学理论探究的自觉，学校教育改革探究的自觉，教育研究新路径探究的自觉。①

1999—2004年，叶澜的教育理论成果集中在两个方面：第一，教育基本理论研究以学校变革为核心，聚焦课堂教学改革、学生发展、教师发展以及学校整体变革的走向，理论研究走入学校实践变革深处，并随着实践变革的拓展而深化，形成对学校变革主要领域形态与路径的系统认识；第二，教育学科发展的元研究集中于对中国改革开放后至21世纪初教育学科发展经验、趋势、问题等的反思研究。这两方面的研究，是促使"生命·实践"教育学派创建由设想转化成现实的重要基础。

（一）学校实践变革理论随实践深化

1. 课堂教学"三观"

2001—2003年，叶澜在《教育研究》杂志上发表了三篇关于课堂教学改革的文章，主题分别为课堂教学价值观、过程观和评价观的重建。这是叶澜在实践经验的激荡中形成的关于学校整体变革背景下课堂教学理想状态的概括性认识，也是她提出的教育学原理性概念在学校日常情境中的具体展开，以学校为基本单位、以学校日常活动为认识对象、以变革为指向的"学校教育学"成为之后理论发展的重心，实践变革的积淀集中地转化为理论创新。"生命·实践"教育学派的"学校教育学"从这个时候开始以公共知识的方式呈现，"三篇文章的连续发表，意味着'新基础教育'研究已进入了新实践与新理论的双向建构的阶段"②。

课堂教学价值观的重建包括三个层次。第一，在学科共通层面上，主张课堂教学要从单一传递教科书上的现成知识，转为培养能在当代社会中实现

---

① 叶澜，李政涛，等."新基础教育"研究史［M］.北京：教育科学出版社，2010：172.
② 同①：189.

主动、健康发展的一代新人。第二，在以学科为载体开展的教学活动中，主张拓展学科对于学生的独特发展价值。第三，教学内容的结构化与活化，包括：把教材按内在逻辑组成由简单到复杂的知识结构链，以结构为单位组织教学内容，使点状知识结构化；将结构化的以符号为载体的书本知识，与人类生活世界、学生经验世界和成长需要三个方面进行沟通，激活知识与生活、学生生命经历的关联。[①]三个层次概括程度渐次降低，具体程度逐渐升高，通过知识重组与激活，使教学价值观落实到每一节课的教学活动中，实现由理论到实践的转化。

课堂教学过程观以课堂教学价值观的转换为前提，是课堂教学价值观得以落实的载体。课堂教学过程观以对教学研究"基本单位"的重建为前提："教学"是一个不可分割的有机整体，教学过程是师生为完成和实现教学任务和目的，围绕教学内容共同参与，通过对话、沟通和多种合作活动产生交互影响，以动态生成的方式推进教学活动的过程，是教师和学生两个创造主体之间的合作交往过程。[②]把"教学"作为分析课堂教学过程的基本单位，把"互动生成"作为课堂教学过程的基本特征，超越了传统教学论中对"教"与"学"以谁为主、谁围绕着谁的二元思维模式。"多向互动，动态生成"是课堂教学过程的内在展开逻辑，"资源生成"和"过程生成"是其核心指向。

对课堂教学评价的认识随着课堂教学价值观与过程观的改变而改变，既是课堂教学改革认识深化和实践推进中不可缺少的重要构成，又是不断深化的课堂教学改革阶段性成果的转化。"新基础教育"研究的课堂教学评价改革经历了三个阶段（第一阶段以诊断性评价与常规性评价为主要构成，第二阶段以原则性评价与比较性评价为主要构成，第三阶段以全程整体性评价与

---

① 叶澜.重建课堂教学价值观[J].教育研究，2002(5)：3-8.
② 叶澜.重建课堂教学过程观——"新基础教育"课堂教学改革的理论与实践探究之二[J].教育研究，2002(10)：24-30.

阶段系统性评价为主要构成），形成了内部评价与外部评价共存、过程评价与结果评价结合、比较评价与原则评价关联的贯穿于教学改革全过程、内在于改革实践的评价体系。

诊断性评价重在发现课堂教学过程中的问题并以之为依据进行分析和重建。常规性评价借助传统评价方式，把评价结果作为检验课堂教学实践改革的依据。原则性评价是把课堂改革过程中形成的"新质"所呈现出的原则作为评价实践的依据，目的在于让改革形成的"新质"成为辐射和发展的稳定的资源，它是实验研究形成一定经验之后的产物。比较性评价包括两个维度：实验班学生的纵向发展比较，实验班与非实验班的横向比较。比较的标准除了学校常规性评价之外，还有对实验新增因子效果做专项测评的对照比较。全程整体性评价把原则性评价阶段的"原则"转化成更为具体的评价指标，形成课堂教学评价指标体系，评价课堂教学改革的全程，关注教学设计、教学过程和教学反思三个阶段，关注三个阶段之间、每个阶段的不同项目之间、指标之间的内在关联性，以及课内外、课与课之间在知识积累上的关联性，是"新基础教育"研究主张的结构灵活开放、过程有效互动和动态生成的基本立场在评价方面的反映。阶段系统性评价是自评与他评、过程与效果相结合的一种评价，既指向教师个体，又指向学校群体。[①]

课堂教学的价值观、过程观和评价观是叶澜的个体发展观在教学情境中的具体化，更是"新基础教育"研究中实践变革经验的概括和提炼，是学校实践变革的直接产物。

2. 对学校实践变革的理论认识

"实现转型"是叶澜认定的21世纪初中国学校变革的走向，即学校教育的整体形态、内在基质和日常的教育实践要完成由"近代型"向"现代型"

[①] 叶澜，吴亚萍.改革课堂教学与课堂教学评价改革——"新基础教育"课堂教学改革的理论与实践探索之三[J].教育研究，2003(8)：42-49.

的转换。①她从五个方面描述现代型学校的内涵。第一,价值提升。现代型学校追求为社会更新性发展、为个人终身发展服务的价值,以培养具有主动发展的意识与能力,能在各种不同和变化着的情境中努力开发自己创造潜力的人为主要、直接目标。第二,重心下移。包括在教育对象和目标上关注每个学生的发展,在学科内容上关注学科领域与生活领域、社会职业领域的沟通,以及在学校管理上的重心下移。第三,结构开放。包括:学校对外向网络、媒体、社区、社会等开放,以及学校间、相关教育机构之间相互开放;学校对内在管理上向师生开放,在教育教学活动中向学生发展的可能世界开放。第四,过程互动。多元、多向、多层、多群的互动应该成为教育教学活动的基本状态。第五,动力内化。动力内化意味着学校形成自己内在的发展需求、动机和动力机制,能够在应对外在需求时保持主动,善于选择,不丢失自己的相对独立性。②这五个方面描述了现代型学校应该具备的基本形态、内在基质,是基于"新基础教育"研究形成的对中国当代学校转型性变革的理论认识成果和"生命·实践"教育学派学校教育学的雏形。

(二)"个体"在实践研究中"具体化"

在教育基本理论研究中,叶澜的认识在这一时期实现了由"个体"走向"具体个人"的清晰化认识。

从发现关于"人"的问题在中国教育和教育学中的缺失开始,该问题就是叶澜学术研究的核心问题。在她看来,关于"人"的问题是教育学科建构必须首先回答的前提性的、核心的问题,而关于"人"的问题的回答,决定了教育学理论的基本走向。在时代转型期,重新审视和回答这一问题是教育学研究者不可回避的责任。

---

①② 叶澜.实现转型:新世纪初中国学校变革的走向[J].探索与争鸣,2002(7):10-14.

在理论上，"人"的问题，既是教育学必须回答的前提性问题，又是教育学建构中不可或缺的核心问题。在一定意义上可以说，有怎样的"人"的观念，就会有怎样的教育学理论。古今中外教育学发展史上的重要流派纷争和时代性的转换，都以对"人"的认识的重大区别和变化为标志。今天，教育学中"人"的问题再一次突显出来，要求我们做出反思和回答。就中国教育学理论的现状来看，在有关"人"的认识上，主要缺失的是"具体个人"的意识，需要实现的理论转换是从"抽象的人"向"具体个人"的转换。否则，教育学理论难以回应和面对呼唤培养人的创新精神和能力的当代教育转型的需求，也难以实现自身发展。[①]

在教育学理论中，一般把人当作与客体相对立的独立主体，人的发展是由遗传和环境等因素相互作用的结果，教育通过专业人员借助制度化的内容、目标、专业的方法实现人类文化的代际传承。这一认识带有工业时代的思维烙印，人在教育中被高度抽象，作为个体的主动发展可能、生命经历等被忽视。因此，叶澜认为转型时期的教育学要改变"抽象的人"的观念，用"具体个人"作为教育学的基础性概念。她把由保罗·朗格朗提出的"具体个人"概念看作是当代中国背景下教育学建设的人学支点。所谓"具体个人"观念，包括对人的认识的一系列变化：

> 承认人的生命是在具体个人中存活、生长、发展的；每一个具体个人都是不可分割的有机整体；个体生命是以整体的方式存活在环境中，并在与环境一日不可中断的相互作用和相互构成中生存与发展；具体个人的生命价值只有在各种生命经历中，通过主观努力、奋斗、反思、学习和不断超越自我，才能创建和实现，离开了对具体个人生命经历的关

---

① 叶澜.教育创新呼唤"具体个人"意识[J].中国社会科学，2003(1)：91.

注和提升，就很难认识个人的成长与发展；具体个人是既有唯一性、独特性，又在其中体现着人之普遍性、共通性的个人，是个性与群性具体统一的个人。①

把"具体个人"作为教育学建构的基础，意味着作为个体的人的生命经验、生存方式、自我选择等是影响个体发展的重要因素，意味着教育需要研究个体成长的内在需求与动力，意味着教育要培养人自我超越的意识和能力，意味着个体的差异成为教育的资源和财富，意味着教育者需要在具体的情境中发现个体发展的潜在可能并创造条件使之转化为现实……叶澜认为，这一关于人的认识的转换，使我们"有可能发现当今教育学理论研究中诸多的空白点、诸多的不足甚至谬误，发现一个教育学研究的新天地和新的教育学诞生的曙光"②。

叶澜的"具体个人"思想是她理论反思和实践变革两者共同作用的结果。20世纪80年代，在反思当时主流的传统教育学理论时，叶澜发现教育学理论中存在忽视人的主观能动性和个人生命实践对于个体发展的重要意义的认识。于是，她开始了重建教育学中"人学"基础的研究。在1986年发表的《论影响人发展的诸因素及其与发展主体的动态关系》中，她确认和肯定了个体实践在个体发展中的价值，提出影响人的发展的动态、实践的观点。③"具体个人"思想开始萌芽。随后她在1990—1992年开展的"基础教育与学生自我能力发展"研究中，通过实践变革验证理论的有效性，并在持续开展的"新基础教育"研究中形成具体、系统、深入的认识，最终明确提出"具体个人"在当代教育学重建中的意义和价值。

"具体个人"思想不但表现为认识成果，更渗透在叶澜看待问题和形成

---

①② 叶澜.教育创新呼唤"具体个人"意识[J].中国社会科学，2003（1）：92.
③ 叶澜：论影响人发展的诸因素及其与发展主体的动态关系[J].中国社会科学，1986（3）：83-98.

理论思考的过程中，成为她解决现实问题、研究教育问题的基本特征。"新基础教育"研究中对差异资源的关注，对学生主动探索能力的培养，对成事成人目标的追求，对活动过程中个体参与状态不同价值的认识，等等，无不是"具体个人"思想在实践中的呈现。也正是基于对"具体个人"的认识，"新基础教育"研究摒弃对操作模式的追求，以每位教师的日常实践为基础，采用"问诊"的方式"捉虫"、分析"病因"，通过具体情境中的重建来达成"喔"效应，实现成变革之事与成变革之人的统一。

在理论研究中，以"具体个人"为载体，填平教育理论和教育实践之间的鸿沟：在"具体"学生发展的缺失和需求中，探讨中国当代道德教育的应然构成；在"具体"的教师日常工作中，发现教师劳动中"创造"的内涵、可能与价值；在"具体"的学生发展与教师发展关系的体验与经验中，探寻教师的发展路径。支撑这一切"具体"的，是理论研究者日复一日、年复一年的变革实践。没有参与变革实践的经历，这一切对"具体"的体验、体会和理论建构，都会成为无本之木。

"具体个人"思想以对人的生命及其发展特殊性的认识，成为"生命·实践"教育学派基因的内在构成。

（三）对理论与实践交互生成内在逻辑的认识走向清晰

理论与实践的关系是教育学研究和学科发展中一个反复出现且争议不断的问题，二元对立的思维方式在认识两者关系中占据主导地位，"理论指导实践""实践产生理论"以及由此而生的对理论价值的质疑和批判，都是这种思维方式的反映。叶澜对两者关系的认识经历了两次大的转换：第一次转换由"理论指导实践"的主张转换到通过理论工作者和实践工作者的"主体间沟通"以实现理论与实践的沟通和转化的认识；第二次转换把视角由"主体间"变为"个体内"，从相关人员作为个体的内在理论与自身实践行为关系的角度，思考教育理论与教育实践的关系与转化。两次认识转换都与来自实践的资源密不可分，第二次认识转换催生了对"研究性变革实践"这一教育研究方式的概括性认识，初步阐释了"生命·实践"教育学派理论与实践交互生成研究方法的实践逻辑，是"事理研究"在实践中的一个范例，构成"生命·实践"教育学发展的内在机制。

1. 理论与实践关系在"个体"意义上实现统一

叶澜在教育研究方式上的突破首先表现在对教育理论与教育实践关系的认识方面。

叶澜关于理论与实践关系问题的第一次认识转换，发生在她以研究主持者的身份进入实践进行经验总结研究之后。1987年，基于对教育科学整体缺乏实践指导能力的反思，她形成了基础理论要深刻、应用研究要扎根实践的认识，她强调要改变当时我国教育科学"上不着天，下不着地"的状态，把提高理论水平（"上天"）和深入实践研究（"入地"）作为解决教育领域中理论与实践无法相互作用的方案。[①] 1988—1989年，在对上海市普陀区中朱学区教育质量全面提升进行的调查研究中，叶澜体悟到理论智慧与实践智慧的差异，认识到教育实践者的教育信念、关于教育行动的理念与哲学才是教育领域中"精神变物质"的十分重要的一步。自此，她开始关注理论向实践转换过程中实践者的理论素养和行动智慧。[②] 沿着这一认识路径，她在《教育研究方法论初探》中提出理论要转化成实践必须满足两个条件：一是理论研究主体与实践主体沟通或一致；二是理论必须形成通向实践的中介层次，中介层次应该由专门从事这类转化工作的应用研究人员来承担。[③] 教育理论

---

① 叶澜.关于加强教育科学"自我意识"的思考[J].华东师范大学学报（教育科学版），1987（3）：23-30.
② "中朱学区教育"联合调查组（叶澜执笔）.学区系统终态变化的整体反思——上海普陀区中朱学区近十年教育实践与经验的研究总报告[J].华东师范大学学报（教育科学版），1990（2）：1-10.
③ 叶澜.教育研究方法论初探[M].上海：上海教育出版社，1999：160-164.

向实践转化是一个有意识努力的过程,理论主体和实践主体的相互沟通,理论与实践在不同层面上的交互影响和转换成为叶澜关于理论与实践关系认识的新的深化点,在很大程度上体现了"新基础教育"研究在叶澜理论思考中的影响。这是她关于理论与实践关系的第一次转向。在这一次转向中,她提出了理论转化的条件和路径,对理论与实践在主体意义上的二分,仍然是一个明显的特点。

随着研究的逐步开展,叶澜对教育理论与实践关系的认识又实现了一次超越,在原有的关于理论与实践关系中增加了"个体"维度。

> 个体内在的理论与实践行为之间的关系,是不可分割和互为依据的,个人内在理论与实践的自然态、持续态、日常态则是内在统一的……个体层面内在理论与实践的关系,是作为外部存在的理论与实践两大领域之间沟通、转化的必不可少的中介。教育改革的理论不进入到教师个体层面的内在理论的重建与实践行为的更新,就不可能产生真实、持久的效应。[①]

教育理论与教育实践在"个体"意义上的沟通,突破了理论与实践二分的认识框架,使"断裂"的理论与实践在"个体内在"的意义上有了"穿行"的可能:从实践者的角度看,主体教育行为改变需要个体内在教育理论的转换,因此,变革的目的应该是改变实践并通过实践变革改变与教育实践相关的人。从理论创新的角度看,教育理论研究主体需要突破仅以现有教育理论为研究对象的局限,尤其在社会转型期,更需要与现实沟通、对话,将教育实践改革、发展的问题纳入自己的研究对象中,在参与实践的变

---

① 叶澜,李政涛,等."新基础教育"研究史[M].北京:教育科学出版社,2010:180.

革中发现新问题,形成新理论。①

理论与实践在"具体个人"意义上的关联,也使实践变革的路径更加明确:理论研究与实践研究同步深入,使教师形成教育观念与行为的关联性体验,促使教师在观念与行为相结合的基础上发生转化。理论与实践在个体意义上内在统一既是"生命·实践"教育学派理论与实践双向互动式研究实践的进一步清晰化和概括化的成果,是学派发展过程中研究者在自我发展意义上"新传统"形成的标志,也是叶澜学术生命发展中的一次重要的、研究路径的转换。这个过程曲折、丰富且充满挑战。

> 回望15年的研究历程,更为清晰地意识到,"新基础教育"研究的价值取向、目标、任务,决定了它不可能用简单的"理论+实践""理论指导实践",或者是"从经验到理论""由理论到经验",这样一些理论与实践单向、外在的关联方式来完成。它需要建立起两者更为丰富的关系,需要在一系列转换过程中,实现新理论与新实践的建设。这是一个理论与实践相互依赖、锁定、孕育、碰撞、建构、生成的动态过程,也是一个充满问题、挑战,困惑、发现,突破、兴奋,苦恼、焦虑,体悟、满足的探究过程。它还要通过承担、参与这一研究的高校专业研究人员和中小学实践一线的人员各自内在观念和行为的转换,以及两类人员的相互沟通、持续合作才能实现,其艰巨、复杂的程度远远超出我最初的想象。②

---

① 叶澜.思维在断裂处穿行——教育理论与教育实践关系的再寻找[J].中国教育学刊,2001(4):1-6.
② 叶澜,李政涛,等."新基础教育"研究史[M].北京:教育科学出版社,2010:177.

2. "研究性变革实践"的研究方式在实践中清晰

对理论与实践关系的认识转换,是叶澜教育研究方式突破的思想基础。2001年12月,叶澜在华东师范大学举行的第五次"新基础教育"研究共同体会议上所做的主题报告中,第一次正式提出"研究性变革实践"概念,并做了初步的阐述。

"研究性变革实践"是叶澜对"新基础教育"研究中的学校变革实践特殊性的概括,主要包括四个方面:第一,"研究性变革实践"是内含变革理论的实践,即参与变革的教师要努力学习相关理论,理解与领悟所学理论与自己头脑中理论的差异乃至冲突,并在改变行为的过程中实现理论更新,成为自觉的、有理念作为指导的、自主的变革实践者。第二,"研究性变革实践"是超越经验的、具有更新指向的实践,它强调理论和理论工作者介入实践的价值,理论渗透在实践变革研究的过程中。第三,"研究性变革实践"是创生性实践,强调通过实践后的反思及重建的设想与再实践,促成教师在实践中达成新的观念与行为的统一。第四,"研究性变革实践"是将研究的态度、意向和内容贯穿到从认识到教育教学的设计和策划、教学实施及反思的全过程中。①

"研究性变革实践"概念的提出,实现了对"新基础教育"研究探索性阶段提出的"理论研究与行动研究结合"的超越,在实践变革中具有方法论意义,表达了"生命·实践"教育学派理论创新与实践变革互动的内在机制。

---

① 叶澜.世纪初中国基础教育学校"转型性变革"的理论与实践——"新基础教育"理论及推广性、发展性研究结题报告[M]//叶澜."新基础教育"发展性研究报告集.北京:中国轻工业出版社,2004:30-31.

三、实践变革：在拓展中深化

与探索性阶段相比，"新基础教育"研究发展性阶段的目标定位于理论深化与学校整体重建两个方面，以创建新的教育理论和21世纪新型学校为显性目标，以改变师生在校生存方式为深层目标。

第一，理论研究深化。在探索性阶段已经形成的关于中国教育改革应该具有的观念系统转变和学校教育实践形态转变的认识和经验基础上，"新基础教育"研究持续关注转型时期发展向教育提出的新任务和新挑战以及中国教育改革对基础教育阶段的学校提出的新要求，在持续开展的实践研究中分析问题、解决问题，建构具有实践特质和中国社会转型指向的理论认识成果。

第二，在实践研究中，关注学校整体，关注批判基础上的重建。在探索性阶段，"新基础教育"研究在课堂教学变革和班级建设两个方面取得了成效，但主要集中于学校日常生活中的班级层面，"整体转型性变革"的目标尚未实现；同时，探索性阶段的"火力"主要集中于批判，重建性的研究还不够深化和系统化。在发展性阶段，"新基础教育"研究在实践上的目标定位于学校变革的"整体"和"重建"两个方面，学校整体转型、创建新型学校成为学校变革的主题。

把实践变革定位于"转型"而非修补或改进，把理论研究的目标定位于深化和系统化，两者互为基础和资源，这为"新基础教育"研究发展性阶段的任务和方案设计提供了方向：一方面，形成新的教育理论，包括中国教育变革中的学校转型理论、学校基础性学科教学改革理论等；另一方面，创建21世纪新型学校。

（一）拓展

1. 区域拓展，实验学校数量大增

在"新基础教育"研究的发展性阶段，实验学校增加到55所，另有分

布在不同地区的50多所学校虽未成为实验学校，但也在进行"新基础教育"研究。合作研究的区域拓展到7个省（直辖市）的12个市（县），既有沿海发达城市，也有内陆经济发展水平一般的地区。在发展性阶段，"新基础教育"研究的主要目的是：第一，在不同类型区域检验形成于探索性阶段的经验是否具有普遍意义，并形成对如何有效推广一种教育研究成果的经验和认识；第二，在检验已有经验价值的同时，持续、深入研究整体转型性变革的实践路径，形成基于转型时期学校整体变革的中国经验和中国道路。

多区域、多类型、大数量的学校参与，无疑为"新基础教育"研究的推广和持续发展提供了丰富、复杂、多元的平台，对课题主持人来说是挑战，但这挑战中也蕴含着"生命·实践"教育学派创生的机遇与场域。

2. 人员结构拓展

在发展性阶段，"新基础教育"研究的人员构成包括三部分。

第一部分是华东师范大学课题组的成员，包括华东师范大学基础教育改革与发展研究所的研究人员和相关的博士研究生。他们主要承担研究的总体策划和阶段策划任务，并负责理论研究和学校现场定期研究的策划、观察、评价与指导，组织地区间的"新基础教育"共同体会议等。他们是理论研究的主体。

第二部分是实验学校的人员。其中，有实验学校的教师，由最初的300人左右增加到近2 000人。他们是实践变革研究的主体。还有实验学校的校长和中层干部，他们是研究的参与主体，同时承担研究支持系统的任务。

第三部分是各地区教育局、教师进修学校、教研室的相关领导及相关学科的教研人员。他们承担两个方面的职能：一方面，与课题组合作，负责所在区域的日常研究推进；另一方面，为区域内和区域间的活动提供多方面的支持。

3. 研究领域拓展

一是参与课堂教学研究的学科增加了。随着课堂教学改革经验的推广，课题组对课堂教学改革的价值、结构、过程的认识更为清晰，可以帮助更多的实验教师理解和重建自己的教学过程；随着各个区域参与研究的骨干教师数量增加，学校和区域针对不同学科进行课堂教学研究的能力增强了。据不完全统计，参与课堂教学研究的学科除了语文、数学、英语以外，还包括音乐、美术、体育、生物、地理、政治等。

二是开展教师发展研究。明确把"成事成人"作为研究的自觉追求，"成人"的目标不但指向学生，而且指向参与研究的教师和课题组理论研究者。"把创造还给教师，让教育充满智慧的挑战""把精神生命发展的主动权还给师生""实现师生在校生存方式的变革"成为理论和实践研究的目标，教师发展成为"新基础教育"研究发展性阶段新增的重点问题。

三是开展区域化推进方式研究。如何通过与地方教育行政机构、教研机构和学校三方合作，推广"新基础教育"研究探索性阶段形成的经验，继续深化和系统化研究学校转型性变革，形成良好的区域发展生态，确保部分之和大于整体，也成为课题组研究的一个新领域。在发展性阶段，"新基础教育"研究形成了"一所"（上海市"新基础教育"研究所）、"一体"（"新基础教育"研究共同体）、"一站"（"新基础教育"网站）和"一制"（"新基础教育"研究制度），积累了宝贵的经验。

（二）深化

1. 研究的系统化和深化

课堂教学变革的内在逻辑、过程结构更加清晰、系统化。课堂教学实践形态的特征逐渐明确、稳定，"让课堂充满生命活力"的追求在课堂教学中得以实现。在课堂教学实践变革研究中，明确提出课堂教学价值观的三层次重建论，形成以"互动生成"为教学基本单位的教学过程观和新课堂教学的实践形态。与此相应，课题组的指导方式也由课后的诊断、反思、重建转向了课前的设计，促进教师把学科育人价值的思考落实到教学目标的设计中，把多重结构意识落实到教学内容的处理上，把开放、弹性、生成的过程意识体现在教学过程的预设中。①经过五年的努力，"结构开放、多元互动、动态生成"的课堂教学形态在不同学科课堂教学中呈现出具有学科特色的基本结构，"做得较成功的学校和教师，在课堂上已经能基本改变传统课堂教学中普遍存在的问题……开始以初步形成的关于'多向互动、动态生成'的课堂教学内在展开逻辑，指导和创造不同学科、不同年段、不同内容的更多的课的类型，逐渐形成结合学科和年级的新型课的类型系列"②。

在班级建设的实践研究上，强调教师要在日常的教育教学中研究学生，对学生的研究既要关注以班级为单位的整体，又要关注学生个体，要有在学生的日常行为和言谈中培养学生成长需要的能力和习惯。除此之外，要让学生主动参与班级日常管理，运用评估促进班级建设工作转型。课题组通过归纳、概括、整合班级建设方面取得的经验，形成班级建设综合评价表和班队主题活动评价表，以具体的、结构化的指标把理想状态的班级建设目标呈现出来，以此为标准评价班级建设和主题活动，使基于实践探索的"新基础教育"研究的成功经验有了具体、可参照的载体，班级建设的经验推广和理论转化更为快速和有效。

2. 学校整体转型性变革的推进

在发展性阶段，"新基础教育"研究关注学校整体转型性变革，以"学校管理变革和领导团队发展"为重点。2002年，上海市闵行区27所实验学

---

① 叶澜.重建课堂教学价值观[J].教育研究，2002（5）：3-8.
② 叶澜.世纪初中国基础教育学校"转型性变革"的理论与实践——"新基础教育"理论及推广性、发展性研究结题报告[M]//叶澜."新基础教育"发展性研究报告集.北京：中国轻工业出版社，2004：24.

校的校长和副校长在教育局局长的带领下开始了为期一年的专题研修活动，局长做班主任，课题负责人叶澜做导师。研修专题包括对"新基础教育"的认识、理解、领悟，学校发展规划的制定与研讨，学校组织机构与制度改革，21世纪新型学校的内涵，学校环境文化建设，信息技术与"新基础教育"研究，等等。

管理变革聚焦于由"行政事务型"领导转向"发展策划型"领导，通过学校规划的制定和研讨、修改，让领导团队确立和明晰学校的办学理念，深入了解学校的发展状态，了解学校发展中的优势、问题、生长点等，从整体上把握学校的发展方向，并形成与学校实际相匹配的发展目标与实施方案。管理变革还在制度和文化变革上下功夫，创造学校变革发展的内动力机制和保障机制。

3. 评价标准及评价制度形成

在"新基础教育"研究的发展性阶段，评价方面的深化表现在两个方面：第一，形成以"学校"整体为对象的评价标准体系，包括学校管理评价指标、课堂教学评价指标和班级建设评价指标；第二，形成以"中期评估"为代表的常规评价制度。

随着研究的推进，不同学校的改革状态和推进情况出现了较大的差异，为了明确学校之间存在差异的具体表现，发现不同学校形成的经验和存在的问题，课题组成员认真地、有针对性、创造性地设计了"新基础教育"变革评估方案。评估方案中确立具体标准的依据是"新基础教育"研究形成的经验和成果。对评价指标的要求是具体、明确、可测评。

评价内容以日常研究中关注的主要方面为依据分项目陈述，每个项目细化为具体的评价指标，每个指标都区分为三个等级。学校管理评价的内容涉及目标管理和实验推进管理。课堂教学评价的内容涉及教学设计、教学实施过程和教学反思。班级建设评价的内容涉及班级内的干部队伍建设、岗位建设、环境建设、主题活动、日常活动等。评价指标体系涵盖了"新基础教育"研究的各个方面,评价指标描述的是研究在每个方面所期待达成的理想效果。这个指标体系在之后的研究中,成为实验学校进行自我评估的依据。

形成全面的指标体系是为了对实验学校的发展状态进行准确判断,推进实验学校增强变革自觉,这一点在中期评估的方案中表达得很清楚:

> (1)中期评估不单单是为了评名次,更主要的是使实验学校进一步了解本校参加实验至今,哪些方面发生了变化,变化大小,程度如何,目前存在的问题,找到差异及今后发展的方向,从而对下一步如何进行改革达到清晰化的程度。
>
> (2)通过中期评估,促进和推动实验学校和实验教师进一步明确"新基础教育"研究的理念,并逐步内化为自己的教育教学实践,同时激励实验学校和实验教师在研究性的教育教学改革实践中,不畏艰辛,勇于探索,不断地提升和超越自我。
>
> (3)通过中期评估,构建和逐步完善"新基础教育"研究的评价体系,力求使评价体系达到发展性、丰富性的目的,并具有互动式、立体式、动态式的特征。通过评价引导今后实验的进一步发展。[①]

中期评估作为"新基础教育"研究的常规评价制度,始于发展性阶段。2002年9月,中期评估首先在上海市闵行区首批参与研究的17所学校进行,继而在其他地区首批参与研究的学校进行。中期评估有效地推进了学校变革的整体发展。

---

① 叶澜.世纪初中国基础教育学校"转型性变革"的理论与实践——"新基础教育"理论及推广性、发展性研究结题报告[M]//叶澜."新基础教育"发展性研究报告集.北京:中国轻工业出版社,2004:54.

4. 研究目标从"成事"向"成事成人"转换

在探索性阶段,"新基础教育"研究以探索理论转化成实践的路径、通过变革实践实现学校变革、体验新的生存方式为重心,"成事"是首要任务;在发展性阶段,"新基础教育"研究明确提出以"成事成人"为终极目标,"成事"即创建"新基础教育"理论和21世纪新型学校,"成人"即通过改变师生在校生存方式,培养具有创造智慧的新型校长、教师和研究人员,并通过他们来实现学校培养新人的目标。在成事与成人的关系上,"新基础教育"研究坚持实践的、辩证的观点:变革不可能只是成人,也不可能只是成事,不成人则无法成事,只有自愿投入到研究性的改革实践中,才有可能实现自身的转化。在成变革之事的过程中培养校长、教师的创新精神和研究能力,是"新基础教育"研究发展性阶段实践探索的深化点。

四、学派发展:万事俱备待东风

形成学派的主要标志包括四个方面:第一,有代表人物(领军人物);第二,有成员(有核心成员及追随者或支持者);第三,有代表作、数得着的主要贡献(在理论上解决了某个或某些重大问题);第四,有主要学术套路及独特的研究风格。[①]若以此为衡量标准,到"新基础教育"研究发展性阶段结束的时候,"生命·实践"教育学派的基本形态初具:由以叶澜为核心的理论研究团队与实验学校的领导、教师所组成的研究共同体壮大且稳定,理论研究在教育、人的发展、学校教育等方面形成了独特的认识和表达,实践研究历时十年,呈现出生气勃勃的变革气象,实践变革与理论创新良性互动的研究方式、方法论更新与教育学元研究成为学派理论发展的内动力,学派创建的基础已基本完备。

---

① 钱冠连.以学派意识看外语研究——学派问题上的心理障碍[J].中国外语,2007(1):28-30.

（一）基因片段信息满载

"生命·实践"是"生命·实践"教育学派的基因式概念，是学派建构教育学理论和认识教育的原始基点。这是一个由间隔号"·"隔开又联系在一起的组合式概念。"生命"和"实践"这两个形成于《教育概论》中的基因片段，以教育内在规定性为核心融合成为学派发展的基因式概念。

在叶澜的教育研究中，"生命""实践"这两个概念以"对教育内在规定性的把握"为主题，沿着不同但相关的路线形成，直至2004年叶澜才自觉意识到两个概念"在教育和教育学研究中不可分割的复杂的内在关系"，最终形成"生命·实践"这一组合式概念，并把它作为"生命·实践"教育学派创建的基因式概念。从独立概念到组合概念，经历了一个比较长的过程，这一过程开始于对教育内在尺度的关注，发展为对个体"生命活动"的关注，通过"直接介入"实践实现了对"生命"与"实践"关系概念由区分到融合的转换，最终形成一个具有内在关联、相互缠绕的复合概念。

1. 确立教育的内在尺度，关注教育内在的作为个体的"人的问题"

在《教育概论》中，叶澜以"活动"为起点，把教育定义为"有意识地以影响人的身心发展为直接目标的社会活动"，以"人为性""有意识""直接影响人的身心发展"为标准把教育与"自然活动""一般的社会活动""具有教育影响的社会活动"区别开来。[①]叶澜对教育概念的清晰界定确立了"生命·实践"教育学的学科视界和立场，"人的问题"成为叶澜教育学研究的基点和核心。

---

① 叶澜.教育概论[M].北京：人民教育出版社，1999：2-8.

2. 以"自我意识"为依据，确认人的生命活动在自身发展中的决定性意义

叶澜把"人"的生命与其他生命形式区分开来，提出"生命活动"的概念。她认为，人的发展在实质上是个体生命的多种潜在可能性逐渐转化为现实个性的过程，影响人发展的因素包括与发展主体具有动态关系的两个层次三种因素，"人的实践活动"是促进可能性因素向现实性因素转化的关键，而且当人具有较清晰的自我意识，自我控制达到一定的水平时，人能有目的地、自觉地影响自己的发展。① 她认为，在一定意义上，人的发展是自我选择的产物，人的自我意识在个体发展中具有决定性意义。"生命活动"第一次以概念的形式出现在叶澜的研究成果中：

> 个体发展从潜在的多种可能状态向现实发展的转化，个体与环境两种不同性质的因素真正发生相互作用，人对外界存在的摄取吸收（无论是精神性的还是物质性的），都要通过发展个体的不同性质、不同水平的生命活动来实现。这些不同性质、水平的生命活动就是我们所称的使个体发展得以实现的"现实性因素"。②

个体发展的过程是一个充满各种契机的过程，是生命活动在与周围环境相互作用中生长、成熟、展现、创造、实现自身力量的动态过程。③ 这一认识成为叶澜对个体发展过程中"生命活动"价值认识的基本框架。

3. 聚焦学校生活，在实践变革中实现由"个体"到"生命"的认识转换

叶澜作为一名"教育学者"的自我意识明确而清晰，对教育学"内立

---

① 叶澜.教育概论［M］.北京：人民教育出版社，1999：217.
② 同①：226.
③ 同①：235.

场"的把握坚定而执着,她的理论思考有一个永恒的聚焦点:以促进人的身心发展为直接目标。在这个意义上说,她的理论具有实践特质,具有走向实践的本能。

对人的生命独特性的思考、对人的生命活动对个体发展价值的重构,最终体现在叶澜对学校教育的功能与价值的思考上。叶澜认为,学校教育应该为人的终身发展奠定基础,为学生离开学校后的持续发展创造条件。为此,学校设计的各项活动"应能激发受教育者的动机……提高其自主性,让受教育者真正成为活动的主体",学校教育应该"把培养受教育者的自我教育和自我控制能力以及识别、控制、利用环境的能力作为根本任务,并贯彻到一切活动中去"。①

"生命的原始和直接的存在形态在个体之中,生命活动不可能离开个体"②,"在教育中谈'生命'不同于谈论'个体'。唤醒教育工作者的生命意识,是改变教师的学生观不可缺少的、富有冲击力的因素"③。从生命发展的角度认识学校日常生活,唤醒教育工作者的生命意识,不仅仅意味着对学生生命意识的认识,更意味着教师自身生命意识的觉醒。如何使课堂焕发生命活力的思考,使更为本原的"生命"概念从"个体人"中脱颖而出,"生命"在教育中的意义由朦胧走向清晰。

4. 深入实践变革,"生命"和"实践"在"个体人"中融通

从理论思考到实践现场,"生命"是叶澜无可置疑的关注焦点。在她看来,"实践"是"生命"背后的支点。"实践"最初以与"理论"相对应的概念出现在叶澜对教育理论与教育实践关系的认识中,随着对方法论认识的逐

---

① 叶澜.教育概论[M].北京:人民教育出版社,1999:236-238.
② 叶澜.从"冬虫"到"夏草"——"生命·实践"教育学派生成过程的个人式回望[M]//叶澜.回望.桂林:广西师范大学出版社,2007:231.
③ 同②:233.

渐成熟,"教育实践"的事理特征凸显,实践变革的介入使现实情境中的理论与实践嵌入"个体人"的生命历程,生命与实践在"个体人"身上得以融通。

在《教育概论》中,实践表现为社会实践和个体实践两个方面:教育活动本身是一种社会实践活动,这是叶澜界定教育、确立教育研究内立场的起点;个体实践是个体发展由潜在可能到现实转化的决定性因素,是影响个体发展的现实性因素。在此,实践和活动在同一的意义上使用。

在方法论探索过程中,叶澜确认了教育研究的事理性质,并将"实践"概念进一步具体化,把"实践"放在教育研究的视野中探讨,形成了对教育理论与教育实践关系的认识:理论与实践是两个相对独立又统一的不可分的领域,与实践的感性对象的分离与区别,是理论形成的基础和前提,也是使理论具有实践指导能力和价值的保障;在教育领域中,理论要转化成实践,需要满足两个条件,第一个条件是"主体的一致性或沟通"[①],即主体同一时的"一致"和主体不同一时的"沟通",第二个条件是要有中介层次。与《教育概论》中的认识相比,"主体"出现在理论与实践的关系中,但"主体"广泛地以"人类整体""理论研究者""实践工作者""中介研究人员"等"群体人"的方式存在,他们是分类别但不分层级的同质集合体。

真实情境中的实践远比理论思考更加绚丽多彩,理论与实践的关系在个体人身上的呈现方式也更为丰富和复杂:教师问题行为的背后必定潜藏着他们已经形成的观念、理论和经验;新的理论参照系在变成新的实践行为的过程中,需要理论研究者与教师共同研究、建构;教师新行为的形成和稳定会促进他们的理论更新;教师对新观念在行动上内化式的接受往往会滞后于其语言上的接受和输出;教师在理论与实践转化过程中呈现出因个性、学科背景、投入程度、反思力度等带来的速度和水平上的差异;在理论研究者身上

---

① 叶澜.教育研究方法论初探[M].上海:上海教育出版社,1999:163.

也呈现出差异,这些差异由个人内在理论、实践经验、对实践情境的理解程度等方面的差异引起;等等。叶澜在认识中突破了"群体人"的分析单位限制,把理论与实践的关系落到"个体人"身上:"从个体实践的意义上,完全可以说,不存在脱离个人内在理论的实践。反之,也不存在与个人实践无关的内在理论。"① "个体人"既包括教师,也包括理论研究者,实践既指向日常经验,也指向"他向"与"我向"的学习,"正是在这样的多重交织的意义上,'生命·实践'与教育、教育学理论的发展实现了最初的汇合和整体式的关联,形成了最初的'结构式'"②。

2004年初,叶澜把"生命·实践"确定为"生命·实践"教育学的"基因",标志着她对学派建设基础和核心问题的认识已经清晰,"生命·实践"教育学派正式走上"创建"之路。

(二)研究方法论实现转换

叶澜的教育研究方法论的转换经历了一个由隐到显、由量到质的演变过程。南斯拉夫访学之前,她的方法论意识还处于朦胧阶段,关注方法多于方法论;南斯拉夫访学期间,她的方法论意识开始明晰并逐渐形成自觉;对方法论进行系统探索则集中在她于1986年开始的以教育科学自身为对象的研究,即有关教育学科的元研究中。对方法论的意识和研究,最初以渗透的方式表现在她认识教育的视角、思想方法和思维路径中。《教育概论》及之前的研究成果中,以系统论的思想方法认识教育,以综合、动态、过程的思想方法研究教育与社会、教育与个人之间的关系,都是她方法论转换的具体表现。

---

① 叶澜.思维在断裂处穿行——教育理论与教育实践关系的再寻找[J].中国教育学刊,2001(4):3.
② 叶澜.从"冬虫"到"夏草"——"生命·实践"教育学派生成过程的个人式回望[M]//叶澜.回望.桂林:广西师范大学出版社,2007:239.

教育学科元研究是明确学科发展"自我",使学科发展由"自在"走向"自为"的必要手段,对于以引进为传统的中国教育学科发展来说尤为重要。反思、批判、重建是元研究的目的。经过五年努力,由叶澜主编的"'教育学科元研究'丛书"出版了,其中包括叶澜撰写的《教育研究方法论初探》。

《教育研究方法论初探》是叶澜为华东师范大学教育学系研究生开设的"教育科学研究方法论"课程的成果,她用十年时间边学边研边教,将自己的知识结构做了一次大规模的拓展和更新,在研究方法论的整体视野下,形成了对教育研究独特性的认识,建构了教育研究对象的三层次结构整体,即教育活动型存在、教育观念型存在和教育反思型存在。教育活动型存在是教育研究具有本源性和原始性的对象,是教育观念型存在和教育反思型存在的基础和依据。教育活动型存在的价值属性、主客体复合性、过程生成性和多维转化的实践特质,使教育研究在性质上属于不同于自然科学也不同于其他社会科学研究的"事理研究"。

以"事理研究"为基本性质的教育研究,不能简单复制自然科学的"纯客观"研究方法论,不能无视或拒绝、回避价值,因为教育活动内含价值取向。在教育研究中同样不能拿教育活动与其他社会活动简单类比或简单移植其他社会活动的研究方法论,因为教育活动内含主客体关系的复合性、过程的动态生成性和不同水平上的多种转化。

> (事理研究)以研究教育的综合生成和动态转化过程,揭示这一生成过程的一般规律为理论研究的目的,其中包括教育活动的价值取向及规律性演变(含教育目的的形成与变化)、教育过程的本质及规律研究(含教育要素间动态的相互作用及转化)。把事理研究揭示的一般规律运用于对教育实践的直接具体认识及对其合理性、有效性的研究,可称为应用性教育研究。需要强调的是,即使是应用性教育研究,也不只

是指向教育者的工具制作或操作技能、技巧的改进。它与理论研究的差别，主要是抽象程度不同及与实践改进关系的直接性不同。①

对教育研究事理性质的确认，使直面教育实践、进入教育实践这一教育研究本源性存在成为教育研究的内在规定。叶澜对教育研究方法论独特性的深刻认识成为"生命·实践"教育学派建设之研究路径形成的依据，直接影响了"新基础教育"研究的方式，并转化成"生命·实践"教育学派团队开展教育研究的共同的方法论基础。整体、综合、互动生成、实践转化等成为"生命·实践"教育学创建过程中的思维方式。

> 在研究中，我们突破了传统研究方法论中主体与客体、主观性与客观性、目标与手段、价值与事实、人文性与科学性等多对范畴内部的割裂和对立的基本逻辑，舍弃了非此即彼的思维方式，努力探索使两极沟通，积极、有效交互作用的思维方式和行动策略，在一定程度上实现了教育研究在方法论上的突破。②

理论创新与实践创造之间的关系愈益密切，互动日益深切；"理论适度先行"的研究主张深化为"理论与实践的双向互动与转化"，实践成为教育理论创造的源泉。至此，实践研究"去模式化"的追求随着研究方法论的转换，获得了理论认识上的确定性，叶澜在理论与实践关系的认识上又向前迈出了一大步；理论与实践关系在"新基础教育"研究者的眼中不再"断裂"，理论研究者进入实践具有合理性，理论研究者与实践研究者通过合作

---

① 叶澜.教育研究方法论初探［M］.上海：上海教育出版社，1999：324-325.
② 叶澜.世纪初中国基础教育学校"转型性变革"的理论与实践——"新基础教育"理论及推广性、发展性研究结题报告［M］//叶澜."新基础教育"发展性研究报告集.北京：中国轻工业出版社，2004：40.

促进教育实践变革。叶澜和她的团队逐渐摆脱了以"准实验""问卷调查""统计分析"等衡量研究科学性的方法至上主义的影响,突破了理论研究与实践转化过程中"操作化""模式化"的局限。

(三)学派的理论内结构初具

用"学派的理论内结构"主要想表达两个意思:第一,从理论研究的成果来看,叶澜在教育基本理论、教育研究方法论以及教育学科元研究上都形成了认识成果,且三者互相关联;第二,立足中国教育变革实践、理论创新与实践变革交互生成的研究机制已经形成。"初具"则主要是程度上的表达。"生命·实践"教育学派在理论研究成果和研究指向上已经形成了相对清晰和稳定的内部结构。

叶澜把教育学理论研究中的基本问题分为两个层面:有关教育学研究对象的问题和有关教育学研究自身的问题。有关教育学研究对象的问题包括:第一,教育是什么,即对研究对象总体性质的判断及其依据;第二,教育存在的依据是什么,即对影响教育存在的因素、对教育的功能与价值问题的认识;第三,教育存在的基本形态是什么,即对作为一个社会子系统的教育存在之内部要素及其结构的认识;第四,教育过程的内在机制与逻辑是什么;第五,教育作为人类独特事业的发展机制是什么,即对影响教育系统发展的内外因素的综合考察。[①]对有关教育学研究对象的研究和形成的认识,构成了教育理论的内结构。有关教育学研究自身的问题属于学科发展元研究问题,它以已经形成的教育学理论、作为学科的教育学发展历程为考察对象,内容涉及教育学的学科立场、知识性质、研究品性和价值,教育学发展现状与问题,教育学研究方法论,教育学理论核心构成与整体结构,等等。对这

---

① 叶澜."生命·实践"教育学引论(上)——关于以"生命·实践"作为教育学当代重建基因式内核及其命脉的论述[M]// 叶澜.基因.桂林:广西师范大学出版社,2009:30-34.

些问题的研究往往渗透、贯通在对教育基本问题的阐述之中,它们是增长学科自我意识和形成学科发展内部机制的必要构成。

1. 知识形态的理论研究呈现独特性

《教育概论》是叶澜普通教育学意义上的代表作。该书以教育整体为研究对象,把教育看作社会系统中的一个复杂、开放的子系统,在确定教育是社会活动的基础上考察教育活动的独特性,以"有目的""有意识""以影响人身心发展为直接目标"作为区分"教育"与"非教育"的标准,确立了教育研究的内立场;纵向上从历史演变的角度,横向上从与其他社会系统关系的角度,分析了教育与社会发展的关系;在教育与人的发展的关系上,讨论了影响个体发展的因素及其动态关系,凸显"个体实践"在人自身的发展中的"现实性"价值;在教育个体功能与社会功能相统一的意义上,讨论了教育、社会、人之间的关系。《教育概论》中所表达的基本认识,是"生命·实践"教育学派的奠基性理论,一因其时间上的先在性,二因其对学派理论发展一以贯之的影响。

《教育概论》先后获教育部第三届全国高等学校优秀教材一等奖、教育部全国教育图书展二等奖,自1991年初版到2006年5月,印数超过15万册。2006年6月,《教育概论》(修订版)出版。《教育概论》是目前大多数普通高等院校教育相关专业学生的必读教材。

《教育研究方法论初探》一书对教育研究方法论的概念、结构、历史演化及特殊性等一系列问题进行了系统探讨,明确了教育研究方法论的任务在于从总体上探讨教育研究中对象与方法的关系及适切性问题,揭示适合于教育研究的方法的核心构成及其基本特征,为教育学科与教育事业的发展提供方法论依据。《教育研究方法论初探》在分析、探讨哲学、横断科学等在研究方法论方面的探索的基础上,分析了教育研究方法论的特殊性:教育研究的对象是"教育存在";教育研究的性质是"事理研究";教育研究的方法论是哲学、科学与艺术方法的具体综合，系统的、综合的、定性的研究方法是教育研究在事实研究方面的常用的基本方法，是事实研究方法中的主调。所谓的"事实"即教育活动型存在或通俗所称的"教育实践"，包括宏观、中观、微观三个层次。叶澜为教育研究方法论研究所打造的"工具"使她和她的研究团队在理论研究和实践变革研究上有了独特的处理问题的路径。

2. 学派理论发展的实践变革基础持续而稳定

"新基础教育"研究是"生命·实践"教育学派进行理论建构的重要资源之一。"新基础教育"研究已经走过十年，探索性阶段重在批判，发展性阶段重在建构。参与研究的学校呈现出在不同领域中实现"转型"的气象，也在学校转型的整体意义上呈现出现代型学校的雏形，学校生活中师生生存状态的改变既是实践变革的追求，也是理论创造的载体。

从一所学校个别班级的实验到几所学校个别班级的实验，再到以区域为单位的推广、以学校整体为单位的转型，学派发展的理论生成由指导实践的理论建构逐渐向实践开放，形成理论与实践在变革过程中的互构；从学校里部分教师和班主任的参与，到与区域行政人员、专业研究人员的合作，参与者身份的多元一方面预示着理论在现实中的认同度提升、理论的力量在变革实践中呈现，也意味着变革实践的复杂性、丰富性、挑战性和创生点增加，所有的"增加"对理论创新来说，都是促进生成的资源。

持续十年、不断前行的实践，是学派理论创建的不竭资源，也是学派自信立足的基础之一，因为"判断教育理论科学性的最终和最高标准是教育实践的发展。真正的教育理论最终会在人类教育实践发展的历史中放射出科学的光芒，显示出强大的力量"[①]。这个过程艰难而又曲折，付出努力但并不一

---

① 叶澜.教育研究方法论初探[M].上海：上海教育出版社，1999：199.

定有回报，故而持续而稳定的实践变革基础对于"生命·实践"教育学的理论发展和学派创建来说，弥足珍贵。

3. 学派理论发展的机制形成

机制是系统内各要素之间的结构关系和运行方式。教育学派的独特之处在于其既应该有理论的创造，又应该有实践的支撑，"教育学派只有教育理论，没有相应的教育实践做支撑，或者只有教育实践，没有相应的教育学说作为指导，都很难称得上是一种学派，这是教育学派与其他学科学派迥异之处，也是教育学的特殊性所在"[①]。对教育学派的发展来说，理论与实践之间关系的转换、生成机制，是理论发展的内在动力。"生命·实践"教育学派以"主动深度介入式研究"和"研究性变革实践"为核心构建起理论与实践之间持续的转化和交互生成机制。

"主动深度"一方面表达理论研究人员在介入实践时的主导态度和理论研究指向，另一方面表达合作研究的程度，即理论研究人员不仅进入现场，而且以实践变革合作者的身份参与到实践变革之中，合作的基础是理论的指引和对实践的投入，目标指向理论与实践、专业人员与实践者两个维度的交互创生与发展，实践变革和理论创新在这个过程中得以实现，理论与实践之间相互转化与交互生成的关系得以形成。

在主动深度介入式研究的过程中，理论研究人员与参与实践变革的教师共同创造、不断反思、尝试重建，以实践变革为立足点创生并转化新理论。对教师来说，这是一个学习理论、体悟实践、反思自我、提升教学能力的过程；对于理论研究者来说，这是一个了解真实的教育问题、面对挑战、创造性解决问题的过程，是一个形成中国本土理论并在实践中检验理论、更新理论的过程。

---

① 李政涛.论中国教育学学派创生的意义及其基本路径[J].教育研究，2004（1）：8.

"研究性变革实践"是从参与变革的实践者的角度表达理论与实践的转化和生成过程,是将研究的态度、意向和内容贯穿实践全过程。理论通过日常实践变革,实现多重沟通与转换:现实与理想、理论与实践、目标与结果、教育专业研究人员与实验教师,以及每个参与者的内在理论与个人实践的更新与转换。①

渗透在"主动深度介入式研究""研究性变革实践"中的深层目标是"成事成人"。对理论研究者而言,不但需要对自己头脑中的理论进行清理、反思和重新建构,更要锤炼自己解读实践、透视实践、指导实践和理论创造的能力。理论研究者能力的提升是理论创新的保障。理论研究者和实践变革者两类主体在互动过程中的成长,互相既构成压力,又形成动力。"理论人员与实践人员在参照系和话语系统上的可沟通性与一致性"②是"新基础教育"研究能够持续推进、不断深化的基础。

"主动深度介入式研究""研究性变革实践""成事成人"在人与事互动的意义上,实现理论创新与实践变革的整合与沟通;教育学科元研究让研究者对理论建构之路保持清醒和自觉,实践变革以及理论介入实践则为理论研究提供了肥沃的土壤和成长机制,长期深入中国教育实践的变革研究既形成了针对中国问题与中国资源的理论成果,也激发了创建属于中国的教育理论体系的迫切需要,形成了"生命·实践"教育学派创建的基本路径。

(四)稳定的研究共同体初成

2004年,叶澜发出"生命·实践"教育学派创建宣言时曾说:"我已经有了不少的同行者,我希望且已经感受到了,我们相互扶持、相互激励,向

---

① 叶澜,李政涛,等."新基础教育"研究史[M].北京:教育科学出版社,2010:143-204.
② 叶澜.回归突破:"生命·实践"教育学论纲[M].上海:华东师范大学出版社,2015:19.

着同一个目标进发。"①同行者中有赞赏者、认同者,更多的是在共同奋斗历程中由"我"和"你"不知不觉中变成的"我们"。

这是一个通过共同参与、紧密合作而形成的共同体。每周一天的听课、评课、重建,在一部分学校坚持了十年之久;每个学期开学时的规划和结束时的总结,已经成为课题组与实验学校合作研究中的规定动作;定期举行的会议、专题活动等,搭建起共同的成长平台。教师在课堂教学改革中成长,领导团队在互动的过程中发展,理论研究者与实践变革参与者共同见证学生主动、积极的发展,正是这种介入式的研究,使研究中合作的"双方"变成了共同体的"我们"。

这是理论视域逐渐融合而渐行渐近的学术共同体。研究人员进入学校日常的教育教学现场,观察师生活动,并判断问题、分析原因、给出建议,用理论透视实践,在实践变革中渗透理论;教师通过学习,通过对自己日常行为的反思,通过与理论研究者的探讨与磋商,通过理解之后的重建,在变革日常教育教学行为的基础上体验理论的价值。在共同的实践中创造的理论,既有实践的温度,又有理性的深度,更有共同创造而带来的亲切感。长期的、深度的互动,使"我"与"你"在理论视域上成为"我们"。

这是一个在互相尊重、自主选择基础上形成的研究共同体。"为了学校发展"是课题组研究伊始即确定的合作立场,体现了理论研究者对实践及实践工作者的尊重和诚意;始终坚持自愿原则,所有的共同体成员都是自己选择的结果;现场研讨是共同体成员相处的主要方式,大家在贡献智慧与创造的过程中收获成长。合作双方在相互尊重、共同成长的过程中变成"我们"。

这是一个有意识打造的研究共同体。"知难而上,执着追求;滴水穿石,持之以恒;团队合作,共同创造;实践反思,自我更新"的研究精神,留在

---

① 本刊记者.为"生命·实践教育学派"的创建而努力——叶澜教授访谈录[J].教育研究,2004(2):37.

了每个人以及团队的真实成长里;研究共同体在结构上始终保持开放,坚持自愿、自主、双向决定的组织原则,让离开的不负疚,让留下的真投入,不断提升合作创生力。一个核心相对稳定、结构不断丰富、兼顾成员独立发展与团队共同追求的富有个性的研究共同体已经形成。

至此,学派基因稳定,十月怀胎,只待一朝分娩。叶澜和她的团队用自己的研究实践走出了一条中国教育学由"寻找家园"到"创建家园"的新生之路,走出了"生命·实践"教育学的创生之路。

第四章　新果枝头：学派创建的努力与追求（2004—2009年）

> 教育学，说到底是研究造就人生命自觉的教育实践的学问，是一门充满希望、为了希望、创生希望的学问。我愿为研究如何让人间每一朵生命之花绽放出自己独特灿烂的学问而努力终生，并与所有的同行者共享生命成长的尊严与欢乐，共享教育学研究特有的丰富与魅力。

——叶澜

2004年是"生命·实践"教育学派面世的关键年。这一年，在《为"生命·实践教育学派"的创建而努力——叶澜教授访谈录》中，叶澜正式发出创建学派的宣言，并在《我与"新基础教育"——思想笔记式的十年研究回望》一文中回顾了创建学派已有的基础。

2004—2007年，"生命·实践"教育学派对学术自我做了集中梳理、反思和系统解读，随后推出"'生命·实践'

教育学论丛",以"冬虫夏草"为学派标志[①],聚焦回望、立场、基因、命脉四个主题探讨学派发展的过程与根基。

一、在中国言学派：传统的"追捧"与"忌讳"

对于普通人来说，"学派"是一个神秘、高深、宏大、遥不可及的"大词"，不但离日常的柴米油盐相当远，即使离潜心读书做学问的人来说距离也不近。任何东西一旦被神秘化，就没有理性的置喙空间，也就没有协调、讨论、批判、发展的余地。因高不可攀而神秘，因神秘而更加高不可攀，学派在中国文化传统中的境况大致如此。

在中国，学术界对学派的态度比较复杂。一方面，对成于古代的或西方的学派极尽追捧和敬仰，赞之唯恐不及，对其思想成果"挑刺儿"或"批判"，很多人想都没想过；另一方面，对当代的或中国的学派则多有不屑，甚至连一窥究竟的欲望都没有，尽管相当多的人都在呼吁中国需要自己的学派。这种态度既有一定意义上"同业相妒"的褊狭，更多因为对学派的误解。"捧"得太高则寂寞，使"追"失去了勇气，"讳莫如深"则易神秘化，"我"不敢为且不容人为。不管出于什么原因，这样的学术氛围抑制了中国学术发展的原创性，对本土学术发展和学派产生是一大障碍。

对2000—2018年在SSCI（社会科学引文索引）期刊上发表的中国教育研究论文的数据统计和内容分析显示，进入21世纪以来，中国教育研究国际发表总量不断提高，但相关研究成果呈现出强烈的依附特征：缺乏本土的问题意识，被西方学者的问题意识牵着走；以西方的理论解释中国教育现象依然是中国教

[①] 叶澜曾说：第一，冬虫夏草是虫和草结合在一起生长的一种复合体，"生命·实践"教育学派的核心概念"生命·实践"是"生命"和"实践"的复合体。第二，冬虫夏草的生成需要经过非常独特的转化过程，"生命·实践"教育学派始终把变化、生成、转化作为一个核心的机制来探讨。第三，冬虫夏草只有在中国及周边国家有，而且在中国的生长面积最大，是典型的中国物种；"生命·实践"教育学派追求中国原创的教育学。

育研究的基本路径；中国学者在理论的贡献力和创新性上极其有限；不重视学科建设和领域人才培养，学术研究缺乏持续性和积累效应，没有形成较为稳固的学科化、领域化的研究中心等，导致中国教育研究原创性严重不足。①

虽然这一研究的分析对象是发表在国际学术刊物上的研究成果，由于语言方面的原因，无法完全代表中国教育研究的全貌，但窥斑而知豹，这一研究结果至少表达出两层意思：第一，中国教育研究在理论上对国际教育学术界的贡献力不足；第二，中国教育理论研究目前仍然处于较为明显的依附状态。稳定的研究队伍、聚焦有积累的研究实践、学科化和领域化的研究中心的形成等，已经成为改变中国教育学术研究原创性不足问题的迫切需求。形成学派是满足这一需求的路径之一。

建立中国的学派有明确、充分的理由，为何仍会产生分歧甚至畏之如虎？对学派的误解以及中国学人的文化心态，可以解释其中的一部分原因。

第一，在相当大一部分人甚至学人的眼中，学派是被"追认"的，而且一般是由他人或后人"许"给的，有点"追封"的意思。当事者自己举起学派创建的大旗，对于内"求名"外"畏名"的中国人来说，并非"寻常路"。

第二，在学派判断上求全责备，既要理论创新，又要全面、正确，忽视了学派在"专"的意义上"成一家之言"的现实价值，导致对别人"不屑"，于自己"不敢"。称某一理论流派为"学派"是对其理论的价值和水平的肯定和褒奖，是对某家在历史上具有重要地位和独特贡献的学术派别的赞誉，这样的认识本来没有问题，但有了这样的认识，中国人对自己"努力创建"一个学派这件事的态度常常是讳莫如深。中国武术门派常常为"自成一派"而自豪，但学术上的学派创建往往被认为"不可为"，谁若有"立言成派"之念，必被认为有沽名钓誉、不自量力之嫌。

第三，中国文化素来重"通说"而非"异说"。在被诸多卓越的学人奉

---

① 王独慎，丁钢.中国教育研究的国际发表概貌与特征[J].教育发展研究，2019(3):1-9.

为抱负的"为天地立心,为生民立命,为往圣继绝学,为万世开太平"中,天地之心、生民之命可"立",万世太平可"开",往圣的绝学只能"继"。"述而不作""接着说"的传统也抑制了中国学人"起头说"的冲动。从学术发展的角度讲,当代人有志创建一个体现本土文化特色的教育学派是一件有益于教育理论发展、有益于本土学者学术形象的好事,但以中国传统的眼光来判断,这似乎是一件不大谦逊的事情,这种独树一帜的做法被很多人视为传统的"忌讳",尽管有很多人"心是"。

第四,把学派与宗派混为一谈,把立学派当作"拉小山头",让很多有此抱负的人因"不敢"而"不愿"。

尽管有许多"忌讳",中国学界的学派建设在不同的学科,比如社会学、文学、语言学等领域,仍然取得了不小的成就。比较而言,中国教育学界难以产生学派,还有自己独特的原因。

第一,"理论探讨的学术性流行色彩"[1]导致学术积累缺失,构建结构关联、逻辑自洽、概念具体清晰、原理层次分明且有实践影响力的教育学理论体系缺乏基础。这种"流行"表现在随西方教育研究的发展之"流"而"行",且不说长期、广泛存在的以西方理论"剪裁"中国教育实践的问题,即使是对西方理论的理解也停留于知其表而未能溯其源的"浮萍"状态,蜻蜓点水,浅尝辄止。

第二,教育研究对中国现实的关注不够,在立足中国问题、促进中国教育实践发展、形成反映中国教育现实和理论思考方面的探索不足,导致理论研究"不上天"、实践研究"不落地"的问题,创建学派的底气不足。

第三,缺乏公正、有针对性、建设性的良性学术批判氛围。"知识的增量和学术传统的建构都是以严肃的学术批判为基础的"[2],不论是人文、社会

---

[1] 易连云,杨昌勇.论中国教育学学派的创生[J].教育研究,2003(4):39.
[2] 邓正来,杜悦."弘扬学术批判,提升中国学术"——《中国书评》主编邓正来先生访谈[J].学术界,2005(4):127.

科学还是自然科学,"学术批判都是学术研究避免低水平重复、不断净化、深化理论,使学术研究得以健康发展的重要保障"[①],在理解基础上形成深邃、理性、独立的学术批判,是保证学术健康发展的重要机制。否则很难保证学术在增量基础上的质的提升,难以保证学术事业的持续性发展。事实上,在中国的学术圈中,奉承多于审视、情绪发泄多于理性批判、"打倒"多于建设的惯习和学术风气,严重削弱了学术发展的成长机制。

第四,学术规范意识淡薄,使学科共同体的发展和学科建设"失格"。

诸多原因使中国的学派建设既缺乏动力和激情,又缺乏基础和底气。在很多时候,人们面对学派时的"清高"与"不屑",很难说不是"无能为力"的托词。能否静得下心来、耐得住寂寞,以踏踏实实的研究构筑起能够"立得起来"的理论体系,成为学派建设中的关键问题。

二、创建学派:一个教育学者的使命与追求

(一)去魅:学派及其创建

"学派"是一个区分治学方法或观点独特性的概念,"创建"是以学派为指向的学术努力。对于教育学派而言,创建学派的努力不但指向理论的独特性、研究团队的培养、研究成果的传播等,还包括学派理论在实践中的转化与影响能力。

在特定学科中,学说、观点、方法甚至渊源具有独特性的学术派别,都可以说具备形成学派的特质,不管是因师承而形成的同门同治一门学问的师承性学派,还是因地域、问题域、研究方法相同而分别形成的地域性学派、问题性学派、方法性学派,无论中西,大都如此。中国唐代著名的史学理论家刘知几把中国的历史学派分为六家,其划分的标志就是编写历史的方法、

---

① 袁德润.读书·颜元·学术批判[J].河北师范大学学报(教育科学版),2008(3):32.

体裁,"这六种体裁在最初,都不过是各时代的历史记录者用以记录史实的方法;但是后来的历史学者竞相模拟,于是这六种历史学体裁,遂演化而为六种历史学流派"[①]。

在学科名词前面加一个定语的指称方法,即是在用这个定语标识这个学术领域中的独特性,而在一个学科体系内以其独特性区别于其他同类理论的思想,即可以成为一个学派的内核。不过要想真正成为一个学派,还需要具备更多的条件和特征,比如人物的代表性和研究的群体性、立场的一致性和发展的脉络性、学说的独立性和发展中的对话性等。[②]

"声称"是一个学派与"创建"一个学派,具有完全不同的内涵:前者是对某家思想的价值、影响、独特性等的认定,是一种理论、学说自然发展之后的"追认",确有认可、赞誉之意;而"创建"是一种以学派为指向的努力,即开启一段走向"学派"的学术建设历程,其目标是否能够达成,有待时日的检验和他者的评断。对于创建者而言,创建学派是一个目标,是一种努力的方向,它意味着在具有一定学派格局的基础上,努力以学派的要件为目标进行充实和提高,至于最终结果如何,就不是创建者自己说了算,也不是创建者的责任和义务。因此,创建者并不会"自诩",也不会妄称。在"创建"的意义上,学派是"去魅"的。

首先,学派是学术发展过程中一个对研究独特性的"标注"方式。在学术发展史上,学派有后世命名的,如儒家学派、赫尔巴特学派等,有创生的,包括两种形式:一种是在学术批评和学术争鸣中,理论观点或研究方法上一致或相似的一批学者自发地结合在一起而形成了学派;另外一种是自主地、有意识地建构起来的学派,也即以一个或几个核心人物为主,召集有共同志向的研究者共同投身某个学术领域的研究,这样的方式在当代成建制的大学及研究机构中最容易形成,导师与弟子之间最可能形成这样的研究共同体。

---

① 翦伯赞.论刘知几的历史学[M]//翦伯赞.史料与史学.北京:北京出版社,2005:183.
② 李政涛.论中国教育学学派创生的意义及其基本路径[J].教育研究,2004(1):6-10.

其次，学派是学术批判得以展开的"靶标"，是促进学术健康发展的外部条件。严肃的学术批判可以砥砺学术不断完善，没有批判的学术发展注定是一盘散沙。"学派是学术的流派，它不是小宗派。学派之间不仅有竞争，而且也有合作。学派竞争的排他性是学术发展的动力之一。"① 举一面旗帜，聚一群同道共谋一事发展，为认同者参与搭建桥梁，给异见者批评提供平台，营造一个有生机、有活力的学术发展氛围，是学派建设的重要价值。学术为天下公器，"任何的思想研究，都应该是在一种持续的彼此讨论、争鸣以及薪火相传的接续当中发生的"②。"生命·实践"教育学派建设的初心亦如此：把一条已经初具形态的路踩实、拓宽、延长，给外界搭建一个了解和批判的平台，使学术发展在持续的彼此讨论、争鸣以及薪火相传中生机勃勃。

最后，学派是学术发展的"未完善的里程碑"，它应是深刻的，但也难免存在偏颇；学术发展正是在有偏颇的深刻之见的学术竞争中，在不断的证伪、纠错与改进中推进的。③

因此，学派建设绝不是一件小事，但也绝不是不可能之事；学派创建的努力能否转化成现实的学术生产力，能否形成与学派相称的理论体系或产生实践效应，需要走很长的路，过许多的坎。"一个偌大的中国，一个拥有最多教育人口的中国，一个进入了21世纪的中国，不能没有原创的教育理论。"④

（二）中国教育学的"春秋时代"

20世纪80年代初的中国，改革开放给社会发展注入活力，教育研究也逐渐走向丰富和繁荣。1978—1979年的反思和批判、关于"真理标准"的大讨论拉开了重估价值的序幕，这一思潮对学界的影响表现为对已有发展历

---

① 易连云，杨昌勇.论中国教育学学派的创生[J].教育研究，2003(4)：39.
② 赵旭东.费孝通思想研究：作为一种纪念的理由[J].原生态民族文化学刊，2019(1)：71.
③ 同①：37-42.
④ 叶澜.世纪初中国教育理论发展的断想[J].华东师范大学学报（教育科学版），2001(1)：6.

史的回顾、反思和批判、重建；伴着国门打开接踵而来的新思潮、新理论和新方法以及对新中国成立以来教育学科发展的反思、批判，教育学研究的春天悄然而至。华东师范大学以教育学理论研究为核心的研究群体，在改革开放、思想解放的大潮中，以批判、反思和问题重建的方式走在了教育学发展的前列，新问题、新观点、新研究领域不断涌现，讨论、辩论的学术风气也使思想更为清晰、活跃，富有创造气质。

就教育学科整体发展而言，在以学科自身为研究对象的元研究中，教育学史研究、元教育学研究、教育学科元研究是三个重要的研究方向，它们共同指向教育学科发展自身，教育学科发展的"自我意识"被唤醒。

进入21世纪以来，中国教育学科研究在批判、反思、创生、重建的大潮中走向繁茂与丰富，叶澜把这一时期中国教育学发展的态势形容为教育学的"春秋时代"，她在自己主编的《中国教育学科年度发展报告》的总报告中分别用"新平台"（2001）、"转型"（2002）、"觉醒与迷乱"（2003）、"变化与消长"（2004）和"创生"（2005）为关键词，描画"春秋时代"的图景。[①]"春秋时代"的中国教育学研究布满坎坷，也充满生机。

一是原创意识觉醒，但一切还刚刚开始。进入21世纪，教育学各学科对自身发展的反思逐步由批判走向重建，各学科从原有的状态出发探求自身发展生存空间的态势明显；教育研究原创意识觉醒，关注国内教育改革中的现实需要与问题，关注传统文化的当代更新等，使教育学科内在文化机制逐渐走出依附，教育学科发展呈现出鲜明的本土意识，在通向中国当代教育改革的路上出现了大汇合，这一方向的转换将从深层次上促使中国教育研究之根深扎于本国的实践土壤，结出自己的独特之果，进而取得国际对话中平等、双向互动的资格。[②]原创意识觉醒，方法论更新，使加强中国教育学科

---

① 叶澜.在裂变与重聚中创生——2001—2005年中国教育学科发展评析［M］//叶澜.方圆内论道：叶澜教育论文选.北京：中国人民大学出版社，2019：219-233.

② 同①：189-196.

发展独立性之路在21世纪初有了良好的开端,这条路注定漫长且艰辛,但已经迈出的"新一步"有望使中国教育学科发展真正告别"引进"的历史。叶澜当时对中国教育学的原创式发展前景充满期待。

二是研究"转型"的主题在教育学领域呈现出"复调式"的展开方式。"复调"之一为教育学的部分学科开始以"教育转型"为研究对象并形成研究成果;"复调"之二为教育研究领域的不同学科共同把研究指向现实转型中的相关问题,形成基于学科特殊性的研究成果;"复调"之三为各学科基础性问题研究由外向内的转换。把教育转型作为一个整体性问题,从教育场域的特殊性和现实针对性出发进行研究,使针对教育转型的研究有了教育学立场;与研究问题域和立场转换相联系,教育学科研究的重建也实现由外立场到内立场、由分析走向综合的方法论转换,并由此形成对原有理论的核心概念、基本命题、方法等的批判和重建,标志着教育学科研究由对学科建设的反思走向"转型式"重建。不同学科转型式重建的路线不可能重合,更不可能同步,但都必须在不同程度上有建设性的"出新"则是共同的。然而,对于"出新"而言的基本概念和理论以及理论框架体系的更新,在教育学科领域中远未实现,学科建设任重而道远。①

三是学科发展意识觉醒,但生机之中内含"迷乱"。"觉醒与迷乱"首先表现为教育学科由一到多的转换和教育学科与其他学科交叉范围扩大所形成的学科内结构的丰富、多元,以及由此形成的学科生态的复杂、混乱和纷争。其次,教育学科在21世纪初全方位的实践转向所带来的理论与实践关系在不同学科中的差异问题、理论与实践关系在不同学科中的类型与层次问题、理论与实践之间在教育学科上应保持怎样的距离与张力问题等,都需要在研究的过程中不断厘清。最后,教育研究方法论问题在教育学科研究中逐渐觉醒并走向普遍化,教育学科大多走出对自然科学研究方法的迷信,不再

---

① 叶澜.在路上——研究教育转型与教育学科研究转型[M]//叶澜.方圆内论道:叶澜教育论文选.北京:中国人民大学出版社,2019:197-203.

满足于简单演绎式地搬运、套用其他学科的结论,开始关注综合思维方式,关注对转化、条件、情境、过程的研究。但方法论意识远未达到自觉状态,研究人员的方法论知识和素养、思维方式等都需要提升,教育研究方法论与相关学科研究方法论之间的关系、教育研究方法论突破的内在机制及障碍等,还需要进一步清晰。[①]觉醒带来了丰富,也孕育了迷乱,这是发展过程中的必然,而让迷乱走向清晰,是教育学科持续、健康发展需要解决的问题。

四是学科重建力量积聚主要表现在学科反思的尝试已经触及学科的深层结构、对学科中基本概念和命题的更新与重建加强、研究与变革实践密切结合并探索新的教育学理论形成路径等方面,创建中国教育学派的追求也从呼唤、酝酿进入探索阶段,其中就包括"生命·实践"教育学派的创建。然而,"萌动"中的中国教育学刚刚破土,是否能够、何时能够达到枝繁叶茂、绿树成荫的目标,还有待教育学研究者的共同努力和时间的检验。

中国当代社会转型发展的现实生态和中国教育学科发展形成的生机勃勃的"热带雨林",为"生命·实践"教育学派的创生提供了适宜与丰富的外部生态。

(三)"生命·实践"教育学派创建:成"中国教育学"之一家

虽然教育研究成果可以用"繁荣"来概括,但繁荣背后的"贫瘠"仍然是一个触目惊心的现实:中国教育界存在的惯性思维方式严重阻碍中国教育研究的发展。用国外概念或理论来套中国的实践或者创造,对本土研究和创造不是削足适履,就是不屑一顾[②],"追随"成为常态,"追赶"成为目

[①] 叶澜.艰难的行进——学科发展意识的觉醒与迷乱[M]//叶澜.方圆内论道:叶澜教育论文选.北京:中国人民大学出版社,2019:204-212.

[②] 叶澜,李政涛,等."新基础教育"研究史[M].北京:教育科学出版社,2010:143-204.

标,唯洋是瞻的研究取向使基于本土教育实践及其问题域而生成的理论思考几无发展空间,在西方理论的赛道上狂奔使中国教育学研究失去了家园。这是中国教育学发展中的一个老问题,早在一个世纪之前的"教育学中国化"时期,解决这一问题已成追求:"我们所当急于预备者,不在专读外国书籍,多取外国材料,而在用科学的方法,切实研究中国的情形,以求出适当之教育方法。……使中国教育中国化!"[1] 只可惜一个世纪之后,这个问题依然没有得到解决。

对"因丰富而迷茫、丢失自我,因移植而依赖,因分支而解构"[2] 的研究生态所造成的中国教育学发展的不利局面,叶澜痛心疾首。她并不反对了解、研究国外的教育理论和其他的学术观点,也不认为凡是中国人自己研究出来的结果都是好的、富有创造性的和成功的,她不能袖手旁观的是唯洋是瞻的畸形心态"造成我国本土自主的教育研究和学术话语(包括概念、命题、理论)体系缺失,难以生长和形成"[3] 的现状。对中国教育学发展现状及其问题的清醒认识,使叶澜在自己的研究中自觉地"逆流而上"。

> 在"新基础教育"研究中,我只想做一点抗争和尝试:尽量直接从我们自己的研究实践中,去发现认识教育世界,去研究教师、学生如何才能有效发生变化和如何实现这些变化,去探索、形成理论与实践相互转化的、不同于以往的研究路径,去在自己的头脑中建立起自己进行的研究实践与自己生成的有关教育研究本身和教育学理论的直通道。这是基于亲历,经过体悟、反复积累、提炼、孕育而成的理论,是一种内生

---

[1] 舒新城.论道尔顿制精神答余家菊[J].中华教育界,1923(8):11.
[2] 叶澜.访德国洪堡大学[M]//叶澜.俯仰间会晤:叶澜随笔读思录.北京:中国人民大学出版社,2019:60-61.
[3] 叶澜,李政涛,等."新基础教育"研究史[M].北京:教育科学出版社,2010:184.

于研究主体大量实践的理论。它不是拍脑袋的产物,也不是闭目塞听的自言自语,更不是简单拿来的理论。自然,如此生成的理论是否适合或正确表达,是否能成为公共知识,是否有创意或有发展与研究价值,并不是由研究者自己说了算。它和所有其他的理论一样,也要经受检验、批评,在比较中判断,在时间中证实。我现在做的只是发出自己的声音,期望别人能听到这样的声音,能进行交流,也期望我的努力能给学界增加一些清新空气,期待国内有更多的学者、研究人员和实践工作者,都努力用自己的实践、思考、研究,发自己的声音,这样的声音现在毕竟太少。①

每读至此,笔者总会想起著名画家陈师曾书赠齐白石的诗句"画吾自画自合古,何必低首求同群",这大概是开拓者共有的心境吧。

将近三十年"独行"的探索与收获,使叶澜有了创建中国学派的基础:理论与实践已初步成形,学派核心团队渐趋稳定,研究方式与机制在实践中呈现并得到概括,学派的自我日渐明晰,等等,所有这些"已成"之事,使叶澜萌生于中国教育学史研究的重建中国教育学的责任感和使命感有了落地的现实条件。叶澜说她想做的、需要做的和可能做的,就是将她已具有一定理论积累和实践基础的研究成果,在"生命·实践"教育学派的名称下进行集聚与梳理,并与有相同研究追求的同行一起创建一个"共同的、开放的、有自我和具有对话能力的学术空间",为中国教育学的发展做出"尽力而为的奉献"。简言之,即打造一个共同的学术空间,以促进中国教育学的理论建构,锤炼一支有教育学科独立意识和立志以教育学研究为业的学者队伍。②

---

① 叶澜,李政涛,等."新基础教育"研究史[M].北京:教育科学出版社,2010:184.
② 本刊记者.为"生命·实践教育学派"的创建而努力——叶澜教授访谈录[J].教育研究,2004(2):33-37.

第一，追求21世纪中国教育学理论发展。要让中国教育学发展"从双重依附走向独立，从移植性的研究转变为本土的研究，从解释性转变为创建性"[1]，使21世纪的中国教育学真正有资格和能力与西方教育学对话，使中西方教育学形成具有平等意义的交流。

中国的教育学理论与教育问题只能由中国人自己来解决。所谓中国的教育学理论是指以东方文化为背景，汲取和体现东方思维的教育学理论。它在研究、解决中国当代问题中积累、形成、清晰和系统化。但形成以中国文化和问题（包括历史、现实与未来）为背景的教育学，还不是追求的终结，其目的是与西方对话、沟通，最后形成在当代意义上，也许是首次能在真实意义上进行东西方交流的教育学。只有在这个意义上，才能对话，才能形成在东西方意义上的普通教育学。当代中国需要有教育学上的"汤因比"。[2]

第二，推进中国教育学家队伍建设。中国需要教育学家，而不能只有教育家。教育学家以教育研究为志业，以教育理论创造为追求，修身立己成人，以"学者人格"为底蕴成就自己的学术人生。对于一个教育学者来说，学问的深浅厚薄仅代表成才的一个方面，成就"学者人格"对教育学者具有更为重要的意义，"锤炼一支队伍"即在这两个方面做出努力。

我希望所有立志于以教育学研究为业的后来者，都能在对学术的追求过程中，成为一个大写的人，一个堂堂正正的人，一个具有阳光心态

---

[1] 本刊记者.为"生命·实践教育学派"的创建而努力——叶澜教授访谈录[J].教育研究，2004(2)：36.

[2] 叶澜.访德国洪堡大学[M]//叶澜.俯仰间会悟：叶澜随笔读思录.北京：中国人民大学出版社，2019：39.

和内在力量的人。学问不应成为一种满足个人功名利禄的工具，做学问的目的在于成事成人，同时以学问来滋润人生。与此相联系，我对学生的要求还在于一个"真"字，要用真心做事，以真心待人，一句话，要有真情投入。不要哗众取宠，虚与委蛇，而是要用心的体悟去言说、思考，更要去行动。做教育学的学问，不能只是坐而论道，而且要起而行道，"论"是为了更好地"行"，"行"会产生更好的"论"。学术既要有智慧，又要下苦功夫，学者不要靠虚张声势来抬高自己，而要平调、实调，始终保持一份清醒。为此要立大志，不是立小志。[1]

第三，打造一个共同的学术空间。叶澜心目中"共同的学术空间"的基本学术立场包括：对待现实问题上开拓的现实主义和现实的理想主义态度；学术研究上以开放、生成、互动和复杂的方法论为导向；理论与实践的关系上坚持互动生存的展开方式；保持个体研究独特性的前提下实现群体的合作互动；做人与做学问的一致性。[2] 打造这样一个学术空间需要时日，需要自觉，需要有意识的努力。创建学派，是叶澜自己打造共同学术空间的实践方式。

叶澜希望有更多的中国教育学者创建各具特色的学派或理论体系，形成中国教育学发展百家争鸣的良性环境，使中国教育学具有更为体系化的理论成果，通过学派或理论体系建设培养教育学研究者，营造开放、互通的学术空间，使中国教育学发展具备坚实的基础和丰富的资源。"一门学科内部的学派形成过程，也是这门学科自身的发展过程，学派是一门学科自身结构的重要内容。不论从一个国家来看一门学科，还是从世界范围来看一门学科，如果没有形成几个学派，这门学科就缺乏支撑力量，也缺乏共同语言的凝聚

---

[1] 本刊记者. 为"生命·实践教育学派"的创建而努力——叶澜教授访谈录[J]. 教育研究，2004（2）：35.

[2] 同[1]：33-37.

力",不利于"形成百花齐放、百家争鸣,通过争论与对话推进学科进步的局面"。①成中国教育学之"一家"是叶澜努力而为的事,成中国教育学之"百家"是她期待看到的未来。

（四）学派创建序曲

叶澜始终肯定教育学科的独立存在价值,对中国教育学一个多世纪的发展之路中存在的问题保持清醒,对建设具有本土特质的"中国教育学"抱持信心,但由她自己创建学派的想法并不是一开始就有的。随着实践变革及理论研究深化、理论自我日渐明晰,她才做出创建学派的决定。在2004年之前,关于要不要创建学派、为什么要创建学派、创建一个以什么为核心的学派、创建学派的目标和策略等问题,研究团队经历了一个漫长的酝酿过程。

据叶澜回忆,在团队内部第一个跟她聊起建立学派的是当时在读的博士生刘良华。

> 我记得,较早提出建立学派的是刘良华,他在送我回（华东师范大学家属区）三村的路上提出来,当时我觉得还不成熟。但后来我的有些观点、思想很快被别人拿去发表,这让我朦胧觉得有必要"注册",先找骨干内部聊,正好《教育研究》要采访我,我和李政涛在飞机上修改访谈提纲,确定学派名称,正式命名"生命·实践"教育学派。在尚无学派之作时,即提出学派,这是注册意识。但我们是有积累、有见解、有底气、有队伍的,只是尚未以学派名义出书。学派不叫叶澜教育学派,也不叫华东师范大学教育学派。学派不是我一个人在做,我有想法就内部研讨,比如月末例会、主题研讨,把生成中、尚未成熟的思想表达出来,大家互动。我的群体意识强,今年5月接受采访时,我的第一

---

① 叶嘉国,风笑天.我国社会学"学派"的现状与展望——以此谈谈我国社会学存在的几个问题[J].学术界,2000(1):254.

句话是：我是"新基础教育"研究的一个符号，我们的事业不是一个人在做，而是大家一起做。①

虽然老师"觉得还不成熟"，但学生郑重地向老师提出学派创建之议，必有他的道理。他是在什么情况下基于什么原因提出这一建议？是个人观点还是群体意见？创建学派在他看来具有什么现实意义？为此，笔者采访了刘良华教授。②

袁德润：您第一个跟叶老师谈起"建学派"，您是在什么情况下跟叶老师谈起这件事的？当时这个想法是您自己的还是师兄弟姐妹私下里有过讨论的？

刘良华：在我的印象中，最早跟叶老师谈学派的是杨昌勇师兄和王枬师姐。在1999年春节前的一次学术聚会中，杨昌勇师兄就建议叶老师招博士生的时候，只招信任叶老师的教育思想的学生。这样对老师和学生双方都会带来幸福。在这个基础上，叶老师可以建立自己的教育学派。王枬师姐对这个建议表示认可。叶老师问："如果建立学派，如何表述？"当时（有人）提出用"新基础教育学派"。我认为"新基础教育"这个概念太长了，（作为学派名字）不便于品牌传播。我的提议是，关键词最好不超过四个字。世界著名品牌一般不超过四个字。比如，"麦当劳"只有三个字，"可口可乐"只有四个字，"陆王"心学或"阳明"心学只有两个字。在讨论中，大家一直关注叶老师发表的《让课堂焕发出生命活力——论中小学教学改革的深化》这篇文章所提出的"生命"这个重要概念。王枬师姐提议，可考虑"生命教育学"。

---

① 根据叶澜在"'生命·实践'教育学研究丛书"第二次提纲讨论会上的发言记录整理，经叶澜审阅、定稿。2019年7月6日，上海，内部资料。
② 由于疫情原因，采访以文字交流的方式进行，时间是2021年1月28日。

袁德润：在您看来，当时建学派已经具备的基础是什么？

刘良华：叶澜老师于1994年开始的"新基础教育"实践研究和教育学理论研究已经为创建学派提供了重要的基础。她的教育学理论研究其实包含两个大方向：一是教育学的"思想"，二是教育研究的"方法论"。她的教育研究方法论意识强化了她的独特的教育学思想构建与实践改革研究。叶澜老师发表的系列学术论著逐步聚焦某些具有内在关联的教育学重大主题。比如，叶老师特别重视"生命"这个概念，认为教育学研究要"回到原点"。叶老师找到的原点就是"生命"。她特别看重个体生命发展的主动性以及社会转型（时代精神）对个体生命发展及教育的影响。

袁德润：您觉得当时创建学派主要有哪些价值？

刘良华：第一个价值是让教育学回到原点，让教育学以及教育研究不偏离方向，也由此为教育学找到自身的学科逻辑，不让教育学依附于别的学科，既不依附于哲学，也不依附于心理学。第二个价值是让中国教育学为世界教育学提供知识贡献，让中国学者为世界教育学贡献智慧，不再让中国教育学成为"引进"的教育学。

从这两个价值追求来看，叶老师当时显示出来的以及正在追求的教育思想及其言说方式堪当此任。她主持的教育改革实践，她发表的教育思想及教育研究的方法论意识，已经显示出比较独特的中国特色和个人风格。

叶老师1986年发表《论影响人发展的诸因素及其与发展主体的动态关系》，1987年发表《关于加强教育科学"自我意识"的思考》，1991年出版《教育概论》，1994年发表《时代精神与新教育理想的构建——关于我国基础教育改革的跨世纪思考》，1997年发表《让课堂焕发出生命活力——论中小学教学改革的深化》，1998年发表《更新教育观念，创建面向21世纪的新基础教育》，1999年出版《教育研究方法论初探》，等等。这些论文和著作几乎都在关注教育学的原点以及人的生命主动发展意识、教育学的学科独立性。所以，当时大家一直提议采用"生命教育学"这个概念。

袁德润：叶老师对你们的提议是如何回应的？

刘良华：叶老师坚持"新基础教育"这个概念。叶老师给我布置的任务是：如果说"新基础教育"这个概念字数太多，那么，有没有更好的概念？1999年春节之后，我给叶老师写信表示：没有想到比"新基础教育"更好的概念，建议保留这个概念。同时我也建议，如果创建学派，可考虑王枬师姐的提议。叶老师认可王枬师姐的提议。2000年，我们聚会的时候，几乎都会谈论"生命教育学"这个概念。2001年，王枬师姐在叶澜老师的生日聚会上，特别请人制作了一个写有"阳光生命"的木质牌匾。但是，自从叶老师倡导"回到原点"和"生命教育"（以及"生命活力"）之后，那几年中国教育界也有人开始围绕这几个概念发表论文或著作。于是，叶澜老师在正式创建学派时，采用了"'生命·实践'教育学"这个概念。

由此看来，创建学派并非大家一时兴起，而是自我判断已具备了创建学派的基础和基本条件，只是对学派名字——一个可以恰当地表达学派核心思想的名词，还没有形成一致认识。首倡者之一和创建学派的骨干成员王枬在二十年之后，对当时提议创建学派的缘由以及第一次正式举行创建学派的专业研讨会的情形，依然印象深刻。

我们是叶老师招收的前几届的学生，年龄相对都偏大一些，陆续毕业以后，有一些活动会聚在一起，当时就有一个想法，我们用什么样的方式能够把叶老师的思想传承下去。有这个想法之后，我们前三届以及当时在读的博士生开始比较积极地提建议。我们这些学生每年年底都会跟叶老师有一次小聚会，时间在叶老师的生日前后。2001年正好是叶老师60岁，我们自己私下有一些酝酿和交流，因为60岁是个大日子，我们决定还是要聚一下，但跟叶老师交流的时候，叶老师就是不太愿意张扬过生日，所以我们当时提出，聚的目的更多的是交流，希望把前面已经酝酿的一些想法在同门相聚的场合，以创立学派的名义进行一些研讨。这个提议得到叶老师认可，所以才有2001年12月20日那一次比较大的同门聚会。

当时，因为想着既要给叶老师过生日，又要准备建立学派，就考虑把两件事合起来。首先想的是要把叶老师已经形成的对教育的探索和思想的主旨做一个概括，但用什么词来概括和表达还不太确定。我觉得当时叶老师自己也没有特别清晰的一个关键词或者主题词。我们在私下讨论的时候，有建议用"生命"的，也有建议用"活力""阳光"的，等等。我比较年长，当时又在桂林旅游高等专科学校当校长，我就请我们美术系一个搞雕刻的老师创作了一个木雕，送给叶老师做生日礼物，因为大家没有统一说法，我自己就小范围地跟部分同学商量了一下，确定以"阳光生命"作为概括的关键词刻到木雕上，想表达学派探索的意思。"阳光"呢，是因为叶老师给我们的感觉是充满阳光、充满活力、充满快乐的，而且总是笑对教育、笑对孩子、笑对学校，我们用这个词是想要描述她的状态；"生命"呢，是她一直把教育看作是有生命的事业，这是她一以贯之的。所以，当时就用了这么一个概念。

在会上，我做了一个主题发言。叶老师挺感动，也对创立学派的想法表示认可，但她提了两个问题。第一，现在学派还不够成熟。她那个时候刚刚60岁，我理解她说的"不够成熟"指的是还没有代表性的论著，（当时）她发表或出版的大多是文章或教材，或年度报告，后来她倾尽心血做的《"新基础教育"论——关于当代中国学校变革的探究与认识》和《回归突破："生命·实践"教育学论纲》，那才是学派或者"新基础教育"的纲要性的东西。2001年的时候她大概觉得理论的提炼还不够成熟,或者整个思想的总结还不够成熟;同时,她也担心,过于张扬、过于高调的宣传,不利于"新基础教育"推进,甚至会影响我们想要创建的这个学派的生长。她有这样的担心和顾虑,所以她认为要保持低调。第二,也是最关键的,是她当时还没有找到一个(自己认为可以恰当)概括(她的教育学思想的)的关键词。如果要创建一个学派,这个学派就必须要有一个核心概念,这个概念到底是什么?对"阳光生命"她并没有完全认同,她觉得"阳光生命"或"生命"还不能够完全概括出她自己的思想和主张,尽管因《让课堂焕发出生命活力——论中小学教学改革的深化》一文的广泛影响,许多与会者都表示同意以"生命"作为关键词。所以2001年那一次算是讨论,会后还做了记录,当时我们还形成了一个编辑《叶澜文集》的设想,也想把这个作为创建学派的一个重头戏。

叶老师没有认可这样一个提法,希望把这个先暂时放一放,或者说低调一些,但事实上从我们苦练内功的角度上看,叶老师在紧锣密鼓地进行学派创建的准备,学派建设已经开始发力了。到2004年《为"生命·实践教育学派"的创建而努力——叶澜教授访谈录》一文发表的时候,她觉得慢慢成熟了,这才开始正式进入学派建设的阶段。

最早我们那些创建学派的设想,主要是出于对老师思想传播、传承的考虑,也希望有一种机制,这种机制能够让我们有机会一直在叶老师身边,而不是毕业了、离开了,就远离了,我们的心在(叶老师)那里,还需要一种外在机制来保障。讨论是有意义的,大家的力量也开始聚拢,我们也开始讨论一些书和文章的撰写的事情;但是在这个过程中也会有一些人渐行渐远,有些人可能因为自己的缘故,关注的兴趣点不在这里,慢慢走远了,离开了,叶老师也在寻找一些认同这种思想的同行者。创建这个学派本身就是同声相求,在这一点上大家越来越清晰。

在我的印象里,讨论中各种各样的声音都有,因为讨论本身就是交流，不同的声音也仅仅是观点表达而已，没有人强烈反对、阻止，只是说现在创建学派合不合适，现在创建学派会不会有什么不妥，等等，更多表达的是担心，怕外部会有一些讥讽的声音。渐行渐远的同学，有些是从内心就不太认同的，这个也很正常，叶老师在后来学派队伍的建设中一直保持开放的态度，去留自便，目的也在于保证留下真正认同的参与者，这样才能够大家齐心把力用在一处。回过头来看，我们当时提出学派创建主要是从学生的角度来考虑的，我们认为叶老师的思想是有价值的，应该传承下去，而且已经有了一定的积累，另外我们也希望能够跟老师一起共同做这一件事；但叶老师的目标更为宏大，她当时考虑的不是自己思想、主张的传承，而是希望改变中国教育学的书写方式，改变中国教育学的学科体系，包括理论建构的方式，改变中国基础教育的生存方式，在一定范围内改变教育研究生态。[①]

叶澜在这次研讨会上的发言，更明确地表达了她对创建学派问题的思考：创建学派的意向是确定的，但当时条件还不成熟；创建学派不在求名，故而她也不会在乎因"名"而生的评价；她希望自己的学生中有更多的同行者，但对大家的去留保持开放态度。

> 今天这个会我多次想打退堂鼓，因为我觉得我似乎不值得让大家特别付出；我又不喜欢特别张扬，所以我说如果一定要开，那就一定要在校外开。我不想让别人以为叶澜"想干什么"，如果说我真"想干什么"，那就是在我们中国的教育学研究里面能够形成我们自己的特色，能够把一群有志者聚集在一起。后来怎么说服了我呢？当时王枬他们几个说，要推出"叶门学派"，这让我很清醒，我知道还没有到时候。我

---

① 根据对广西师范大学王枬教授的访谈录音整理，经王枬教授本人审阅、定稿。访谈时间：2020年10月30日下午。访谈地点：广西桂林。

觉得我很需要知道的是，在我身边跟着我三年、六年以及一年、两年的人，他们怎么认识我。如果我身边的人都讲不清楚叶老师对教育的理解当中，有哪些是值得我们去做的，那么我们就不存在要不要去建立一个学派的问题，因为没有特色（就没有成为一个学派的资格）。我们内部这么亲密相处的人能够放开地讲叶老师的特色、生长点，还存在的不足，后面应该怎么做、怎么走才能在国内形成我们中国的学派（这是我所希望的），当然我不是说中国没有自己的学派，但我总是觉得似乎有影响力的学派还没有。我不会把自己抬得很高，也不会把别人踩下去显得我高。我不是一个喜欢拉圈子的人，也不愿意在你们申报课题等的时候为你们写点什么，因为我不想让我的学生觉得靠着叶老师，就有希望。

我在送你们毕业的时候都会告诉你们，我们都是独立的人，每个人靠自己的脚走路，每个人靠自己的脊梁骨挺直。这就使我有时候显得比较苛求，不像大家那样宠着我。我们最后都是靠我们自己的力量站直而不是靠依附，这大概是我性格中最独特的一点；而我的一些遭遇常常是跟我的不依附联系在一起的，但这样的风风雨雨倒炼就我独立的性格，我不怕别人的中伤，不怕别人的无中生有，因为我相信最终能够判断一个人行为的，是他自己的行为。别人爱说什么话那是别人的事，不是我的事。如果我老是管别人的事，我就无法做自己的事。所以只要不是在我面前说什么话，不管他背后说得如何毒、如何狠，我都不在意，我都没听见，我继续走我的路，不会受干扰。也许正是这种性格让我走到了今天。

我希望我的弟子们都能够成为我在追求"上天""入地"的人生经历中的同行者。我们每个人的路都自己走，愿意参与的我欢迎，不愿意的我不谴责，你完全可以做你自己的事，我不会强求。做学问怎么做我都不批评，我要批评的话就是做人的问题了。做人做不好，我会自责自己的教育哪里缺了什么。①

这次聚会虽然并没有促成创建学派的实际行动，但促使叶澜意识到该把学派建设提上议事日程。她在用了一年多时间进行自我梳理、反思和系统思考之后，分别于2003年6月8日和7月1日，与几位毕业后留在华东师范大学工作的博士召开了两次关于学派建设的小型讨论会，以求得共识；并用通信的方式，征求其他关心此事的人的意见，决定"以主题研讨的方式建设一个学术共同空间"。同年11月24日，叶澜在月末例会上，做了以学派创建基础、目标、方式等为内容的主题发言，确定以"生命·实践"作为学派名称，并在会后请关心、参与学派创建的成员以书面的方式表达各自的意向与意见。2003年12月25日，在这一年最后一次月末例会上，叶澜正式确认了"生命·实践"教育学派的名称，"它意味着一个为该学派创建努力的团队向内宣布成立"②。2004年2月，《为"生命·实践教育学派"的创建而努力——叶澜教授访谈录》发表，正式对外宣布创建"生命·实践"教育学派。

2004年8月，叶澜63岁，她主持创建的"生命·实践"教育学派已面世，"新基础教育"发展性研究顺利、圆满完成。在"新基础教育"成型性研究开始前，实验学校举行的第一次研讨结束时，叶澜写下了这首表明心迹的小诗：

不要期待天空日夜晴朗

不要怨恨命运待我不公

---

① 叶澜60岁生日研讨会的部分内容被制作成光盘发给每个与会者以作留念，此处的内容即根据叶澜在研讨会上的发言整理而成，并经叶澜本人审阅。
② 叶澜. 回归突破："生命·实践"教育学论纲 [M]. 上海：华东师范大学出版社，2015：23.

不要被失败击昏

不要被成功捆绑

只要能告别盲从

只要会把握自我

只要生出理想和智慧

只要学着践行和超越

心灵就会日益充实

生活就会流淌欢乐

青春就会酿出尊严

生命就会永远阳光

叶澜

2004年8月

三、学派建设：理论和实践"双峰"成形

叶澜把2004—2009年称为"生命·实践"教育学的成形期，这是发出学派建设宣言之后的第一个重要的"形成内核"的建设时期，主要载体是"新基础教育"成型性研究。"新基础教育"成型性研究的目标包括：第一，建设若干所现代型学校；第二，充实、完善对当代中国基础教育转型的理论与路径研究；第三，为"生命·实践"教育学派的建设提供实践基地和资源。这三个目标包括两个层次的内涵：在实践上，把力量集中于上海、常州两地的十所学校，在整体上实现实践研究的深化，使这十所学校成为现代型学校；在理论建设上，一方面完成转型时期学校变革理论的聚合与统整，另一方面厘清对"生命·实践"教育学的前提性问题、基础性问题的认识，使学派建设的地基更加稳固，发展更为自觉。

叶澜把这五年的成果概括为"双峰"成形，它是十五年持续努力的结

果,也是学派建设第一个五年研究团队自主、自觉地投入和努力的结果。[①]从"开路"到"筑峰"的过程,是新风景形成,新队伍和新人成长、发展的过程。

(一)实践成形:一批呈现新型特质的实验学校

"新基础教育"成型性研究在策略上有一些改变。一是以学校管理和领导团队的变革研究为主。随着研究的推进,课题组发现有关学校管理和领导团队发展的研究相对薄弱。领导团队的发展对于学校全局性发展具有决定性意义,领导团队的价值取向、思维方式、工作作风与能力在一定程度上决定着一所学校的研究氛围和变革成效,甚至决定了一所学校改革的成败。学校管理变革定位于通过提高学校管理层策划、领导、推进自身和学校整体改革的意识与能力,来实现学校转型和转型后的持续发展。二是把直接合作学校的地域缩小到上海和常州两地,学校数量也缩减为十所。课题组与这十所学校进行全面、深入的合作研究,以推进新型学校的诞生。这十所学校被称为"新基础教育"研究基地校。缩小实验学校范围的同时,增强指导力量,叶澜指导的部分已毕业的博士生和在读博士生加入指导团队,这是叶澜培养学派团队的举措,事实证明是有效的,他们成为日后"生命·实践"教育学派团队的重要构成。三是从追求"以成事促成人"走向追求"以成人促成事"。华东师范大学课题组指导人员与学校改革骨干力量一起,梳理前十年改革研究形成的成果、经验、典型案例,明辨得失,开展深化或补缺的研究。通过这一过程,学校骨干教师主动参与、策划、创造、反思、重建的意识与能力得到提高。

[①] 叶澜.在现实中携手走出建设新型学校的创业之路——"新基础教育"成型性研究结题总报告[M]//叶澜."新基础教育"成型性研究报告集.桂林:广西师范大学出版社,2009:1-42.

1. 领导与管理变革研究

领导与管理变革研究的主要目标定位于重建学校的核心价值理念、组织架构、制度框架及管理机构，以及提升学校领导的思维品质，改变领导方式，在管理领域内实现"成事"与"成人"的统一。[①]领导与管理变革研究以五年规划为突破口。领导与管理变革研究专题组通过一个学期的四次专题研讨会，让实验学校校长和领导团队经历五年规划从初稿到修改完善的全过程，在多次的互动中让校长和领导团队想明白、说明白、做明白，以获得个体和团队在管理价值观、方式和思维方式等方面的变化。四次专题研讨让实验学校的校长普遍提高了对提升自身策划能力重要性的认识，各校对五年研究有了整体框架和阶段发展设计，"1/3的学校在领导层研究工作的重心下移、中层干部积极性调动、形成学校领导改革的核心力量等方面发生了明显变化"[②]，校长作为学校变革的第一责任人的意识初步转化成领导团队分工合作的责任群体的行动。变化是可喜的，也是艰难的。在之后进行的学期研究小结会上，课题组形成了"新基础教育"成型性研究的32字策略：重心下移，强化校本；纵横交错，多元互动；分层推进，深化研究；及时反馈，动态调整。

学校管理变革的内容主要集中在两个方面：组织调整与制度重建。组织调整主要着眼于管理重心下移实现组织扁平化，扩大参与群体实现管理民主化，整合组织层次实现功能集成化等；制度重建则着力于改变外在、刚性、企业化、控制型的制度设计，清理、精简制度，增加有利于教师、学生和学校实现新的发展目标，体现尊重师生主体地位，服务于人的主动发展的新制

[①] 杨小微."新基础教育"成型性研究学校领导与管理改革研究报告[M]//叶澜."新基础教育"成型性研究报告集.桂林：广西师范大学出版社，2009：161.

[②] 叶澜.在现实中携手走出建设新型学校的创业之路——"新基础教育"成型性研究结题总报告[M]//叶澜."新基础教育"成型性研究报告集.桂林：广西师范大学出版社，2009：5.

度，形成层次结构清晰、"新基础教育"价值导向明确的学校新制度系统。[①]在此过程中，学校的文化价值追求渐趋明确并渗透到学校各个方面的工作中，学校的自主运行机制逐渐形成，组织、制度不断完善，学校管理团队思维品质得到提升，为学校的整体变革奠定了坚实的基础。

2. 以"指导纲要"为载体的专题研究

"新基础教育"各研究领域"指导纲要"的编写于2005年9月正式启动，到2008年上半年形成初稿，历时三年。编写"指导纲要"基于三个原因：

第一，十多年的实践变革积累了丰富的变革经验，但这些经验以散点的方式存在，把不同学校在不同方面取得的研究成果提炼、概括、系统化，可以使这些经验成为学校共同发展的资源，成为实践推广的基础。

第二，在"新基础教育"成型性研究开展的过程中，课题组相关成员与实验学校的骨干教师团队都获得了不同程度的发展，他们在实践中合作研究的能力已经形成，但两类主体需要进一步提升发展水平：对于一线骨干教师来说，他们中的大多数在课题组指导下"做好自己"已经成为常态，但骨干教师及其团队的研究往往以学校为单位，研究力量比较分散，自我研究能力和带领同伴进行研究的能力尚待提升。如何发挥区域研究合力，通过深入的专题研究提升骨干教师的研究与指导能力，形成学校持续变革内生力，成为研究推进中面临的问题。对于课题组的指导教师来说，如何推进专题研究的深化、具体化和结构化，也已经成为需要解决的问题。借助"指导纲要"，两类主体一起梳理、提炼、总结，合作完成变革任务，实现共同发展。

第三，为课题组的"退出"准备条件。"新基础教育"研究的目标是"探路"，探索出一条时代转型背景下中国基础教育学校变革之路，这一目标到成型性阶段已基本完成，但学校变革的前行之路不会停止，"指导纲要"

[①] 杨小微."新基础教育"成型性研究学校领导与管理改革研究报告[M]//叶澜."新基础教育"成型性研究报告集.桂林：广西师范大学出版社，2009：172-176.

将成为实验学校和新加入"新基础教育"研究的学校开展、深化、系统化推进变革研究的"助推器"。"指导纲要"可以使先行者校内改革和教师滚动发展有资源,使后来者缩短研究时间,实现跨越式转型。

3. 中期评估与精品课研讨活动

"新基础教育"成型性研究进行三个学期之后,基地校之间、教师之间、不同研究领域之间出现了发展过程中的水平和速度差异,为增进校际的相互促进,回顾总结已有的经验和存在的问题,课题组决定对基地校进行中期评估。"新基础教育"成型性研究的中期评估有以下几个特点。

一是评价指标体系立体化。中期评估针对学校管理、教研组建设、教学设计、教学实施、课堂教学反思、主题班队会、班级建设和学生工作整体状况八个领域,涉及各领域内日常研究的所有方面,每个方面分三个层级描述具体的表现。这样的评估,在横向上可以呈现学校发展的整体状况,有利于评出优势与弱势,以便在后续的研究中辐射经验、解决问题;在纵向上可以提供发展坐标,为未来的发展提供方向。

二是现场评估增设校长和学校领导团队答辩环节。校长脱稿陈述—评估团队当场提问—校长和学校领导团队稍做准备现场答辩,整个过程既考察校长和学校领导团队对学校发展状况的清晰程度,又反映校长和学校领导团队分工合作的默契程度。

三是评分项目的构成包括日常研究表现、自我评价和现场评估。日常研究表现45分,体现对日常研究价值的强调。在现场评估中,学校管理、课堂教学和学生工作三个领域的分值比例是4:3:3,反映了课题组对校长和学校领导团队的发展在学校整体转型中重要性的认识。

中期评估的结果表明,"新基础教育"成型性研究已取得重要阶段性进展,基本达到了学校转型性变革初见成效和新型学校的整体框架式呈现的预期目的。基于此,课题组做出了基地校在"全、实、深"的基础上走向

"精、特、美"的发展目标。①

中期评估完成一年后进入"新基础教育"成型性研究的最后一年,为了了解各基地校一年调整后的发展状况,课题组进行了"普查",以从整体上了解和把握各基地校加强"全、实、深"和创建"精、特、美"的实际状况。这是"新基础教育"研究十五年来对学校进行的最为普遍、深入的调查,所有教师、所有班级、所有学科全部参与,基地校教师开放的态度和在实践中创造的新经验,以及骨干教师在学生工作和课堂教学改革中逐渐成熟的发展状态,使基地校在小学段推出精品课研讨活动有了必要和可能。

精品课研讨活动分语文、数学、英语、班队活动四个专场,它提供一个整合的、具有资源辐射价值的舞台。精品课是"新基础教育"成型性研究中形成的成熟课型,精品课研讨活动使参与者通过现场观课、观说课、观评课更具体地理解何为好课;精品课研讨活动把基地校、推广校两类不同的学校集中到同一个场域,提供一个在实践层面上相互交流、整体式沟通的机会;打造精品课的过程有效地推进了各个相关学校自主开展研究的力度和水平。

(二)理论成形:学校变革理论成形与学派建设自觉

1. 学校变革理论成形:《"新基础教育"论——关于当代中国学校变革的探究与认识》及"指导纲要"

学校变革理论成形以叶澜的《"新基础教育"论——关于当代中国学校变革的探究与认识》和"新基础教育"各研究领域的"指导纲要"为代表。前者是叶澜在理论研究、实践变革、教育学科发展反思基础上形成的教育研究中观层次上的系统认识,是"生命·实践"教育学基础理论研究的重要成果;后者是"新基础教育"研究十五年来学校变革领域中的经验概括和提炼。

---

① 叶澜.在现实中携手走出建设新型学校的创业之路——"新基础教育"成型性研究结题总报告[M]//叶澜."新基础教育"成型性研究报告集.桂林:广西师范大学出版社,2009:13.

第四章
新果枝头：学派创建的努力与追求（2004—2009年）

2006年，叶澜酝酿多年的《"新基础教育"论——关于当代中国学校变革的探究与认识》正式出版。这本著作是叶澜在教育学研究中对中观层面的学校教育研究的补遗，这一层次是她之前的研究中尚未深入涉及的部分，是她在新的视野、观念和方法论初步形成后，在中国面临复兴与转型双重时代命题背景下，对中国教育变革和学校变革的理论重建。该书标志着"生命·实践"教育学实现了由"冬虫"到"夏草"的蜕变，再一次开启了叶澜学术生命的新起点。从"生命·实践"教育学派理论体系构成的角度看，这部书是以转型时期中国学校教育变革为对象的理论研究成果，是"生命·实践"教育学派"学校教育学"的代表之作。

"新基础教育"各研究领域的"指导纲要"是课题组研究团队与实验学校领导、教师一起反复研讨、提炼而成的作品，是贴近一线改革实践的应用性理论著作。"指导纲要"涵盖"新基础教育"研究的所有方面，主题包括学校领导与管理改革、教师发展、学生发展与教育、语文教学改革、数学教学改革、英语教学改革，与叶澜主编的《"新基础教育"成型性研究报告集》共同构成"'新基础教育'成型性研究丛书"，2009年由广西师范大学出版社出版。

《"新基础教育"论——关于当代中国学校变革的探究与认识》和"'新基础教育'成型性研究丛书"，从基础理论和应用理论的角度呈现出"生命·实践"教育学派基于中国实践变革的理性思考和实践经验，标志着学派发展在中观层次的理论成形。

> 研究的问题来自时代发展的需要，研究对象是本国的学校教育与教育学理论，研究的过程是不断创生，研究的结果是对前人未遇到也未明显形成系统认识的问题的回答。它不是外国、他人理论的解释与阐述，也不是已有研究的模仿与追随，而是独立、持续开展研究所得的理性概括，还上升到对已有教育学基本理论的重新思考、拓展、深化和重

建……当代性、本土性和原创性使其摆脱了我国长期以来教育研究中存在的重在阐述国外的理论或根据国外理论解释与策划我国教育实践的研究倾向，发出了中国教育研究人员自己的"声音"，具有了与各国教育研究和教育学研究者平等对话的内在资格与可能。①

尽管这"声音"并不完美，研究成果并不完善，研究之路仍然长远，但重要的在于，中国教育理论研究者与实践者合作，踏踏实实、真真切切地用自己坚定的脚步走出了一条属于中国的学校实践变革和理论研究的创生之路，这是值得珍视和珍惜的。

2. 学派建设自觉：专题研究明"自我"

叶澜个人的学术重建，大致可以分为三个阶段，三个阶段在研究内容、研究方式、研究方法论等方面有差异，但核心问题和原则贯彻始终。第一个阶段，从对有关理论、历史和方法论的批判性反思开始，以1991年由人民教育出版社出版的《教育概论》、1999年由上海教育出版社出版的《教育研究方法论初探》两本著作为阶段性认识发展的思想产品面世而告一段落。第二个阶段，教育研究"回到原点"，具体表现为三个方面：回到"教育实践"，它是教育学研究的源头；追寻教育存在的依据，它是人类教育实践的源头；研究教育学史，它是教育学科发展的过程，也是未来教育学科发展的来路与参照。对"原点"的寻求，使叶澜走出书斋，开拓新的研究路径，在教育理论与教育实践之间的穿梭中实现理论与实践的互构：通过与中小学合作开展介入式的学校转型性研究，使教育学基本理论研究回到教育实践的源头；在研究和推进学校变革的实践中认识、体验教育的真谛，把握变革时期

---

① 叶澜.在现实中携手走出建设新型学校的创业之路——"新基础教育"成型性研究结题总报告[M]//叶澜."新基础教育"成型性研究报告集.桂林：广西师范大学出版社，2009：25.

教育实践的脉动，探索、创造转型时期教育发展的新可能。在回到教育实践"原点"的研究过程中，对教育"原点"的认识实现从"生命"到"生命·实践"的突破，积淀了理论和实践基础，锻炼和培养了团队，催生了创建"生命·实践"教育学派的决心和行动。第二个阶段的代表性研究成果包括"'新基础教育'探索性研究丛书"和"'新基础教育'发展性研究丛书"，以及叶澜的专著《"新基础教育"论——关于当代中国学校变革的探究与认识》。第三个阶段，叶澜带领团队共同奋斗，把形成以学派为载体的教育学理论系统作为新的追求。

在"新基础教育"成型性研究开展的同时，学派理论研究团队开始梳理学派理论发展的历史，对学派建设进行"地基"清理。2007—2009年，叶澜和她的团队完成了四本一套以"生命·实践"学派建设为主题的论丛——"'生命·实践'教育学论丛"：《回望》《立场》《基因》《命脉》。这是明确学派创建的任务之后，第一次有意识地以群体方式进行的专题研究，叶澜希望通过这套论丛实现对外部学界"求其友声"和学派内部"锤炼团队"的双重目的。

对于学界，叶澜希望具体、系统地呈现与"生命·实践"教育学创建相关的思考、论述、体悟和问题，期望与更多研究者相互切磋、分享经验以促进学派继续前行，因此"论丛虽然以'生命·实践'教育学命名，但并不意味着只有认同或加盟'生命·实践'教育学研究的人员，才能参与这一论丛的建设与讨论"[1]；她期待关心这一学派、关注当代中国教育学发展的同人，对她以及合作奋斗的学术群体的形成和发展有一个基本的了解，"从而有可能在了解和理解的基础上进行对话，共同促进当代中国教育学的建设与发展"[2]。甫一问世的学派"新生儿"渴求对话、希冀发展的愿望溢于言表。

---

[1] 叶澜.回望[M].桂林：广西师范大学出版社，2007：1.
[2] 叶澜.从"冬虫"到"夏草"——"生命·实践"教育学派生成过程的个人式回望[M]//叶澜.回望.桂林：广西师范大学出版社，2007：213.

对于学派内部而言,"锤炼队伍"是论丛策划、出版的目的。虽然参与学派建设的团队已经经历了长期的合作,有共同的追求和目标,但在学派的名义之下形成团队刚刚开始。叶澜希望通过学派群体聚焦于学派核心问题的专题研究,扩大学派群体在学派理论和研究范式上的共识,把学派建设的原则转化成每个人的实践,以打造核心研究团队,让"满天星"聚成"一团火"。

论丛以"生命·实践"教育学派建设中关注的核心问题为主题,但探讨并不限于学派本身。以下仅以其中涉及"生命·实践"教育学派的内容为陈述对象,简单说明"生命·实践"教育学派的立场、基因以及学术命脉。

(1)明"生命·实践"教育学派之立场。立场即立足点,对于研究者而言,立足点不同便意味着视域及研究指向上的差异,导致研究对象、领域、核心问题的不同;同样的研究对象可以催生出不同的学科或者相同学科的不同观点和理论体系,除了研究者本身的价值选择、经验和知识背景的差异之外,研究立场差异是主要原因。

叶澜把学科立场界定为"由学科研究主体确立的,观察、认识、阐明与该学科建构与发展相关的一系列前提性问题的基本立足点"①。研究主体的学科立场客观存在,不管研究主体是否意识到,它都是研究主体形成的理论背后的"光源"。对学科立场的认识对于学科发展来说属于元研究层次,具有反思和建构的双重性,有利于提升研究主体的认识自觉。在叶澜看来,与学科立场相关的前提性问题包括学科研究的对象与领域、学科性质与价值取向、研究方法论与思维方式等。②"生命·实践"教育学派以对这些框架性问题的回答明确地表达了学派自觉确立的研究立场。

第一,教育学是以当代教育活动本身内在整体为对象的一门独立学科。

---

① 叶澜.当代中国教育学研究"学科立场"的寻问与探究[M]//叶澜.立场.桂林:广西师范大学出版社,2008:2.
② 同①:23.

它是人类关于教育活动内在整体式的系统认识，是关于教育是什么、为什么、应如何和怎样展开等问题的基础理论性认识；因此"它需要通过以当代教育活动内在整体为对象的深入研究来形成，需要吸收、整合、提升已有分支学科的研究成果，在更高层次上，形成一门不同于分支学科研究对象划分原则的、相对独立"①的当代教育学，它不是对传统大一统的教育学的简单回归，而是在融入当代社会和学术发展资源、整合有关教育认识成果的基础上形成的新的系统化认识。简言之，教育学是一门独立的基础理论学科，它关涉对教育的整体性认识，在教育学学科群中占有一个独立的"层次"，是教育学分支学科的"母学科"。

第二，教育学在学科性质上属于"事理研究"。教育研究的对象是"人为系统"，是人类为满足社会发展的需求，根据自己的价值选择而创造出来的社会实践系统。教育学在知识品性上呈现出综合性，既有科学的实践、体验特征，又有艺术的直觉、体悟色彩。在教育研究中，价值与事实的多维、复杂关系是必须面对的核心问题，研究价值、揭示价值与事实在教育活动中的复杂关系及其影响因素是教育研究的重要内容。"生命·实践"教育学派选择"将形成、提出有关教育价值与目的之应然判断，作为研究的目标之一；将教育学研究价值与目标的意义，定在影响教育实践中的价值选择和教育行为上"②。作为学派研究在价值问题上的基本立场，"它可能不完善、有偏向，但它以学术研究的方式参与到现实教育的改革之中，使学术呈现实践的意义，并在这个过程中获取学术进一步完善与发展的真实力量"③。

第三，教育学的理论研究需要复杂思维。学会用复杂思维的方式来认识复杂事物，教育学的学科重建需要回到教育实践的原始、本真状态，形成教育理论与实践之间交互促进的新型关系，实现中国教育学由双重依附走向独

---

①② 叶澜.当代中国教育学研究"学科立场"的寻问与探究[M]//叶澜.立场.桂林：广西师范大学出版社，2008：23.

③ 同①：30.

立、从移植性研究转变为本土研究、从解释性研究转变为创建性研究的新的发展目标。

一个学科的立足之本，是对本领域研究特殊性的整体把握，它不能靠哲学的演绎，也不能靠其他科学观念与方法的移植，更不是把所有相关的结论相加即可，而是要走进对象本身，发现真问题，寻找独特关系，把握演化过程的内在逻辑方可。在教育学研究中，就是要回到作为学科思想源头的人类独特"实践"的教育之中。到教育中认识教育，发现与非教育的不同，从教育丰富的具体发展中，去把握教育内在的"共有"和不同于其他领域的"独有"。认识只有达到了这一步，才可以说建立了教育学的学术家园，才可以说在与其他学科既有区别又有联系的意义上，在教育学本真问题扎根研究的基础上形成了学科的独立性。教育学建立以来两个世纪的"寻家"或"寄居"的历程已经走近终点，解决问题的新路径已经走出，那就是"创建自己的家园"。①

"生命·实践"教育学派研究立场的自觉确立，是中国教育学独特理论话语系统建构过程中的必然，是叶澜学术研究中"新基础教育"研究、教育研究方法论研究和教育学学科发展历史与现状研究三者交互作用的结果。对教育研究方法论的重新认识以及对中国教育学学科史的反思与探索、对教育学科在21世纪的研究转型问题的关注，也是叶澜和她的学术团队在教育学的独立立场问题、思维方式和方法论方面实现全面更新的基础性依据。

（2）析"生命·实践"教育学派之基因。"生命·实践"教育学派以"生命·实践"命名，"生命·实践"是学派的基因式概念，是学派理论建构的基点，学派思想和实践围绕这一核心概念展开。在教育学理论发展史中，

---

① 叶澜."生命·实践"教育学引论（下）——关于以"生命·实践"作为教育学当代重建基因式内核及其命脉的论述［M］//叶澜.命脉.桂林：广西师范大学出版社，2009：13.

夸美纽斯的"自然"、卢梭的"自由"、康德的"理性"、赫尔巴特的"可塑性"与杜威的"生活"分别承担了他们理论体系中基因式概念的功能[①]，构成了他们理论建构的内核，保证了他们理论体系内部的有机关联和气质上的一致性。

以"生命·实践"作为教育学理论建设的基因，是叶澜及其团队的主动选择。"生命·实践"形成于叶澜及其团队长期的研究积累和体验，明晰于理性梳理和逻辑分析，是在教育实践、学科发展史、马克思主义、当代科学哲学、民族文化精神与传统的滋养中生成的对"生命"与"实践"及其关系的教育学原理式的建构。[②]

叶澜认为，在群体或者类的意义上，人的生命与其独具的社会实践活动在自然、社会、精神三个层面上相互生成，因此，实践是人类生命最为内在的规定性。

在自然生命的意义上，人的生命内含实践特征。人的意识、自我意识在他所从事的能动的创造性实践中得到发展。人的类特征与更长的成长、成熟期相伴出现，也就使教育活动成为必要。个体在成人的养育和教育中享有并内化人类整体的创造成果，在自己的社会实践中实现自身的生长发展，并为人类共同体贡献自己创造的精神和物质财富。人的生命的类特征因人的实践而呈现，因人的教育和人类实践的创造性特征传承和积累而提升，在自然遗传之外不断积累社会遗传。

人的生命在社会意义上与实践直接相关。社会特征是人的本质表现，人通过社会实践创造了超越个体生命的类存在，并在自己的创造中生存发展。

---

① 叶澜."生命·实践"教育学引论（上）——关于以"生命·实践"作为教育学当代重建基因式内核及其命脉的论述［M］//叶澜.基因.桂林：广西师范大学出版社，2009：5-30.

② 叶澜."生命·实践"教育学引论（下）——关于以"生命·实践"作为教育学当代重建基因式内核及其命脉的论述［M］//叶澜.基因.桂林：广西师范大学出版社，2009：1-57.

人所生存的社会使人具有获得性成长和超越自然的社会性成长，个体的生活环境和活动及其质量构成影响其社会成长差异的核心因素，并与他赖以生存的社会的生产能力、人际关系和个人发展水平相关联。

在精神生命的意义上，人的生命也与实践直接相关。人的生命具有精神性，其生理基础是人的社会系统和脑。认识自我、形成自我意识的能力，使人具备了在精神上实现自我超越，成为自由自觉的存在物的能力。人的这种感知、体验、形成及改变外部世界和内部世界的精神能量，与人的实践直接相关：以维持人的生存而进行的实践——"生产活动"创造了人的类特征，人在其"类生命"——社会实践使个体人获得了超越自然生命成长的可能性，个体在独特的以影响人的身心发展为直接目的的教育实践中，具备了在精神上实现自我超越的空间。

以"生命·实践"为基因式概念，"生命·实践"教育学派建构了基于学派研究实践的对教育整体的认识，包括对教育的性质判断、对教育存在依据的认识、对教育内部整体形态和教育过程内在逻辑的把握，以及对教育发展机制的认识。

第一，教育是人类社会特有的实践活动，以影响人的身心发展为直接目的，直接的对象是人，通过有目的、有计划地组织和实施的教育活动影响人的发展。

第二，教育实践与人的生命呈现出直接、内在和整体的独特关系。教育活动影响人的生命的内在变化和成长；人的生命活动整体地参与和渗透在教育活动中，教育活动以整体的方式影响人的发展。叶澜把"生命·实践"教育学派对教育实践性质的总体判断表述为：教育是基于生命、直面生命、通过生命所进行的人类生命事业。生命是教育的"魂"，实践是教育的"行"，学校（以及其他教育组织、机构）是教育的"体"。教育是一项充盈着人的生命的人类实践活动。

第三，教育是人类社会更新性再生产的实践形态的工具，既具有对人类社会实践整体而言的更新功能,又具有对人类自身的再生产和再创造功能。教育存在的根本依据是人类自身和社会存在与发展的需要,是人类为了实现自身和社会的发展而创造的实践,与其他社会实践活动相比在功能上呈现出独特性。在社会发展的意义上,教育实践与社会实践整体存在共时性关系,同时又以对个体自然生命与社会生命、精神生命相统一的更新性再生产方式与社会实践整体保持历时性关系,社会是教育存在与变化的外部依据。在个体生命的意义上,个体身心各方面成长与发展的内在需求是教育实践存在的内部依据。

第四,教育是一个复杂、开放的生命系统,具有"有机性"特征。教育者和受教育者既是具有特定社会角色的个体,又是具有真实、鲜活生命的具体的人,教育实践活动是他们在特定时空和条件下的个体生命实践,教育是沟通类生命与个体生命、实现文化和社会需求向个体精神生命和精神能力转化的人类社会实践。在教育活动中,教育者、受教育者与教育内容之间的积极交互作用是实现转化与生成的决定性因素。

在确认以上四点的前提下,叶澜探讨了教育的发展机制并做出学派的回答:在价值导向机制上,"生命·实践"教育学派将教育对人的发展的目标设定为"育生命自觉";在教育与社会的互动机制上,"生命·实践"教育学认为社会要以长远与当前相结合的方式,形成对教育的合理要求,并给教育提供主动的支持与保障,以保证教育与社会之间交互作用、协同发展;在教育发展的质量保障机制上,不但要关注构成教育体系基本要素的改善,还要关注物质、技术、经费及教育活动的空间拓展与时间保障,并以教育实践中新质的创生、提升与完善来保证教育的高质量;在教育继承更新机制上,教育需要通过法律、政策和制度改革与创新,实现继承与更新在历史向度上的内在关联并使相关认识具体化、落实到行为上。

(3)溯"生命·实践"教育学派之命脉。"溯命脉"是"生命·实践"教育学派明晰自我的反思性研究的另一个方面,命脉与基因相互缠绕,马克思主义、教育实践变革、教育学科发展史、当代科学哲学、民族文化精神与传统意识滋养了学派的基因生成和理论建构，是"生命·实践"教育学派命脉的基本组成部分。

马克思主义哲学构成了叶澜学术研究的方法论基础，内蕴于"生命·实践"教育学派学术发展的整个过程和所有方面。"马克思主义哲学的基本观点给了我们如何去把握时代精神及寻找时代精神与教育改革本质相关点的启示，那就是首先认识物质生产和经济领域变化的实质"①，"基于对马克思主义强调理论的实践力量，以及理论需要由实践来检验与丰富这一基本立场之认同，我清楚地认识到，自己形成的上述观点还只是一种'理论假设'……需要实践性的支撑"②，等等，马克思主义哲学观点运用在叶澜的言说中俯拾皆是。"如果精读叶澜教授的《回归突破："生命·实践"教育学论纲》一书，你就会发现，马克思的以具体的个人为存在基础、以能动的实践个人为范例的人学思想贯穿于'生命·实践'教育学探索的始终。"③

教育实践变革作为"生命·实践"教育学的命脉这一点无须多言。叶澜说，对她而言，没有教育实践变革的滋养，她就不可能形成对教育理论的一系列重新认识，没有教育实践变革的成功经验，她也不可能有创建一个教育学派的勇气和底气。"生命·实践"中既有生命与实践本然的联系，也包含了学派思想与教育实践之间的贯通。

西方哲学尤其是科学哲学给叶澜的理论建构提供了丰富的、重要的资源。教育学脱胎于哲学对人的发展的思考，哲学又是教育学的理论基础之一，对于以"引进"为特征的中国教育学来说，西方哲学内含在教育学的内

---

① 叶澜."面向21世纪新基础教育"探索性研究结题总报告[M]//叶澜."新基础教育"探索性研究报告集.上海：上海三联书店，1999：20.
② 叶澜.我与"新基础教育"——思想笔记式的十年研究回望[M]//丁钢.中国教育：研究与评论：第7辑.北京：教育科学出版社，2004：8.
③ 王坤庆."生命·实践"教育学：扎根于中华文明沃土的教育理论奇葩[J].当代教育与文化，2015(3)：43.

容、框架和思维方式之中;当代科学哲学的发展成果,比如系统论、复杂思维、脑科学哲学等,都是叶澜阅读内容的重要组成部分,对叶澜的方法论转换具有重要价值。辩证思维、整体思维、关系思维既有马克思主义的色彩,又有复杂认识论的色彩。叶澜把复杂研究看作是马克思主义认识矛盾转化的辩证思维方式在当代科学和科学哲学意义上的发展,是她"认识'生命·实践'和教育学研究对象——'教育存在'之复杂性的重要方法论武器"[①]。

中国文化和教育传统在中国近代教育学发展史上的断裂,已是不争的事实;但传统文化在"正式"意义上的退出,并不意味着中国教育学发展中传统文化影响的彻底消失。作为生活于中国文化中的个体,中国传统文化的影响依然巨大。叶澜主动、有意识地了解中国传统文化,并把它作为自己教育学理论建构的重要思想资源。当代中国教育学的重建,"必须回归自己五千年的文化家园,扎根于中华民族的精神土壤之中,唯有如此,才能将中国近代教育学因'引进'而断裂的学术命脉,在当代中国教育学重建中重新连接,使中国传统文化的血液重新流淌在当代教育学的生命成长之中"[②],这既是叶澜的认识,也是她努力进行的实践。

---

① 叶澜."生命·实践"教育学引论(下)——关于以"生命·实践"作为教育学当代重建基因式内核及其命脉的论述[M]//叶澜.命脉.桂林:广西师范大学出版社,2009:38.
② 同①:17.

第五章　深耕精耕：学派建设群策群力（2009年至今）

> 这一学派经多年努力，已完成了创建阶段的使命，形成了自己独特的内涵、结构与外显存在形态，呈现出有学、有书、有行、有路、有人、有实体的全天候景象。

——叶澜

2009年5月16—17日，"新基础教育"成型性研究结题研讨会召开。叶澜把这次研讨会称为"新基础教育"研究团队的一次"华丽转身"，一次"由内而外"的转身。①这一"转身"呈现给学界和公众的，一是"新基础教育"研究十五年历程在成学校实践变革之事、成参与者变革之人两个方面之所为与所获，二是"生命·实践"教育学派五年建设之所思与所成；这一"转身"也明确地表达了学派建设在研究重心上的转换，那就是由理论与实践并重转向以理论建设、学派建设为重心。"生命·实践"教育学派以理论与实践共生为研究的基本原则，理论研究和实践变革以及两者在过程中互动，是学派建设永远的主旋律，重心转换只是在实

---

① 叶澜，李政涛，等."新基础教育"研究史［M］.北京：教育科学出版社，2010：202.

践基本成形前提下的策略调整。

2009年5月17日,华东师范大学"新基础教育"研究中心正式揭牌并开始运作,致力于深化"新基础教育"研究和推进"生命·实践"教育学派建设。

一、集体创作:"生命·实践"教育学论著系列

以集体的力量推进"生命·实践"教育学派理论发展,始于2009年完成的"'生命·实践'教育学论丛"。论丛对学派发展的历程进行了系统梳理,对内明晰了学派发展的立场、基因和命脉,对外呈现了相对整体的学派形象。之后进行的"生命·实践"教育学论著系列的筹划和撰写,主要以学派内部成员为主。

(一)三箭齐发:学派成果立体呈现

自2010年起,叶澜策划并在学派团队内部达成了共识,以三套丛书集中呈现学派初建阶段的研究成果。这既是一次集体的创作,也是通过创作培养研究团队的实践。

三套丛书的主题分别是:教育学基本理论研究,学校改革研究,合作校变革史研究。三套丛书反映了"生命·实践"教育学建设、"新基础教育"研究和当代教育研究变革之间的相关性和融通性。三套丛书的内容从概括到具体,立体呈现"生命·实践"教育学派的研究成果。

丛书撰写坚持自愿原则,团队成员在主题清晰、领域清晰的前提下自主申报,每个人自己选题、列出提纲,研究团队对题目和提纲进行讨论,从丛书整体完整、内容互补的意义上进行取舍、合并,在每本书自身逻辑与结构的意义上提出修改意见和建议。讨论给写作主体提供一个更为全面和差异化的视角,讨论之后修改,修改之后再讨论,所以丛书既是个人的成果,又是

群体合作的结果。①

2012—2014年进入写作阶段,其间组织了三次针对丛书的专题研讨,让每个参与者清醒地意识到自己在写作的过程中突破了什么、收获了什么,还有什么不清楚的,还想做什么。"自评""他评"是观点的交锋,是自我认知与他者观点的碰撞,是读懂他人与自我反思的共融,是培养研究者开放、包容心态的"生命实践",更是团队努力为实现自我超越而打造的磨刀石。

"'基本理论研究'丛书"由华东师范大学出版社出版,"当代中国基础教育学校变革研究丛书"和"合作校变革史丛书"由福建教育出版社出版。其中,叶澜的论著《回归突破:"生命·实践"教育学论纲》呈现了"生命·实践"教育学派的生成过程,集中回答了教育学作为独立学科的两大基础问题:教育学是什么和教育是什么。三套丛书总共30册,叶澜称之为"三箭齐发",呈现出的是"生命·实践"教育学在理论和实践两方面的研究成果,是"生命·实践"教育学派为生存而发出的第一声响亮啼哭。

三套丛书的架构,是"新基础教育"与"生命·实践"教育学派的共通互化在学术著作层面上的显性表达。它体现了该学派的独特生长过程与形态:多层次研究成果之间的一致性与差异性,因共通互化而实现的相互滋养与交互生成。预定2014年底完成的三套丛书,将使"生命·实践"教育学派以系统、挺拔而有个性的姿态,矗立在21世纪初期的中国教育学研究丛林中。②

---

① 叶澜.在"生命·实践"教育学论著系列丛书发布会暨研讨会开幕式上的发言[J].当代教育与文化,2015(3):2-5.

② 叶澜.回归突破:"生命·实践"教育学论纲[M].上海:华东师范大学出版社,2015:34-35.

2015年3月28—29日，华东师范大学"新基础教育"研究中心、华东师范大学出版社、福建教育出版社联合举行了三套丛书的发布会暨研讨会。叶澜和她的研究团队希望听到与会学者的坦诚言说和宝贵意见，希望从他们的思考和言说中汲取营养，更希望看到中国教育学研究的美好未来。

参与会议的学者表达了他们对以三套丛书为载体的"生命·实践"教育学派建设成果的思考和判断，对学派建设在中国教育学发展中的价值赞誉有加。

> "生命·实践"教育学不仅具有广阔的国际视野，更有中国文化的气质、底蕴和中国教育实践的泥土芳香；既有多学科的视角，更有教育学自身的学科立场，这就是叶澜老师反复强调和追求的教育学研究的"内立场"。……"生命·实践"教育学有力地促进了中国教育学研究从引进式加工转向原创性发展，从哲学演绎转向扎根生成，从依附性寄居转向独立性存在。①

> 叶澜老师用她的"生命·实践"教育学为当代中国教育学发展史书写了浓墨重彩的一笔；如果用"原创"这样一种标准来衡量，叶澜老师的"生命·实践"教育学将中国教育学的思想和理论提到了一个高度，为中国教育学赢得了一份尊严。……叶澜老师和她的团队努力使中国教育学成了一种有根之学，有家园之学。②

> "生命·实践"教育学走的就是一条理论与实践交互生成的研究道路，是在回归突破中不断超越自我的研究道路，我称之为"叶澜之

---

① 扈中平.""生命·实践"教育学的"内立场"[J].当代教育与文化，2015（3）：6-7.
② 吴康宁.""生命·实践"教育学：为教育学赢得学术尊严[J].当代教育与文化，2015（3）：11-12.

路"……这是一条学术原创的研究道路,这是一条通过实践变革提升理论质量的学术道路,这也是一条学术研究者成长的道路。①

我觉得叶澜老师也有三个"第一":第一个"第一"就是新中国成立以后对教育学进行基因改造的第一人。……第二个"第一"就是自觉主动建构教育学派的第一人。……第三个"第一"就是扎根教育实践、系统推进学校变革的第一人。……从学校变革这个角度来讲,我觉得叶澜老师在"生命·实践"教育学中至少有下面几个贡献:揭示了学校变革的基本特征;明确了学校变革的基本路径;解决了或者说一定程度上解决了学校转型变革的一些基本问题;确立了学校变革的研究传统。②

参与会议的学者对三套丛书和学派创建给予高度评价,认为"生命·实践"教育学直面教育学内外双重挤压的生存困境,提出和解决了中国教育学建设的基本理论问题,并在回答基本问题的过程中,解决了困扰教育学建设的前提性问题,表明了教育学的学科立场、学科认同与学术使命,给中国教育学建设带来了新的生机,势将引发更多的教育学创新。

会后,叶澜以书面的形式与团队成员交流了她的"参会感和会后思":从"他人读我"中读学派发展之经验与继续前进的方向,借学术同人之眼审视自我;在"我读他人"中把脉中国教育学发展的前程与希冀。

2015年3月28日和29日,也许是我学术生命史上应该记住的日子。"生命·实践"教育学论著系列三套丛书,以30册的体量面世,在业界同行面前,为生存而发出了第一声响亮啼哭。

这次会议尽管是自己认为必须召开的,但临近会议开始,心中还是

---

① 王鉴. 论教育研究的"叶澜之路"[J]. 当代教育与文化, 2015(3): 77.
② 郑金洲. 论"生命·实践"教育学的学校变革问题[J]. 当代教育与文化, 2015(3): 50-52.

有几分忐忑不安。我知道，会上不会招来尖锐的批判，但不知道会得到怎样的理解。……

邀请的人大多都来了，这在今日会多、论坛多、事多的常态中，已属不易……此会是对学派初成阶段的成果做研讨。我所以在乎这次会，不只是因我，更是因我们团队和学派的明天。……会场弥漫着真诚思考和交流的气息，没有大话，也没有调侃，我一刻也不敢放松地聆听着，生怕错漏了什么。是的，我被深深地感动了，为这些朋友们，为我们的团队，包括那些为会议前前后后忙碌的学生们。会后第二天我就收到了学生的整理稿，会上他们读我和我们，会后我读他们。

我读出了什么？读出了中国教育学发展的希望。大家不约而同地把对丛书出版的关注聚焦到中国教育学的建设上……为它鼓掌，是因为它标志着一种教育学转型的努力，因为它努力从内容到语言都内含着中国元素，因为它是中国教育学人思考、实践的产物。"一代人有一代人的责任"，说得好，我不敢说我成功了，但可以无愧地说的是：我尽了自己这代教育学人的责任了。

这是第一批回声，让我听到了中国教育学人内心的学术尊严与激情，他们的致敬，是向教育学的学术尊严和对中国教育学建设的努力致敬。尽管大家都对我有赞词，但我清楚地知道，如果没有我们一起为中国教育学的创生而努力，我算什么，有什么值得别人向我致敬。

我读出了大家对中国教育学创建要走理论与实践互动共生之路的认同。会上几乎人人都提到了这一点，还有人以专题的方式论述了这一点。我并不是说从此人人都会走这条路，但至少绝对否认和嘲讽者会少一些。我们如果只有"新基础教育"研究，没有"生命·实践"教育学的创建，还不足以说明这条路的力量。三套丛书的出版，从结果的意义上说明了我们这条路走对了。这是"三箭齐发"的原因，也是"三箭齐发"的重要效应。

我读出了大家对"教天地人事，育生命自觉"这种关于"教育"一词的中国式解读的认同，尤其关注到了大家对"生命自觉"的价值与意义的重视。当然，各人对"生命自觉"核心的理解在层次上有差异，和我本人想强调的也非同一。

与上述两点相关，大家对"基因"这一提法，对"生命·实践"作为基因的分析，并从教育学转型意义上理解基因分析的价值的肯定比我预期的要高。

……

读清楚是为了做抉择，知道别人对我们的信任和期望在哪里，有些是我们要去做或正在做的，有些是我们还没完全写清楚的，或者清楚了，别人并没有完全看明白，有些是我们自己尚未完全想明白而需要进一步深思的。

这个团队到了考验自己力量的第二代了。任何学派，如果真的有生命力，都不会只存一代，都不会凝固不变，都要历经几代，代代辈有人才出，方是学派生命力的证实。

历史、昨天，不是今天，将越来越清楚地告诉我，你是谁；告诉我们，你们是这样的一群人。①

从2004年《教育研究》发表文章开始，到2015年三套丛书问世，又一个十年过去，学派建设"经多年努力，已完成了创建阶段的使命，形成了自己独特的内涵、结构与外显存在形态，呈现出有学、有书、有行、有路、有人、有实体的全天候景象"②。三十年的努力，"生命·实践"教育学人用坚实的步伐走出了一条理论与实践相互滋养、交互生成的教育学发展之路。

---

① 经叶澜审阅、定稿，2015年4月3日，内部资料。
② 叶澜.回归突破："生命·实践"教育学论纲[M].上海：华东师范大学出版社，2015：1.

(二)二代聚力：扶上马再送一程

"'生命·实践'教育学研究丛书"是叶澜为夯实学派发展基础，把学派二代研究团体"扶上马再送一程"而策划的。

在第二次"以身立学汇"[①]专题研讨会后，叶澜提议编写学派概念词典，于是"以身立学汇"围绕学派思想核心概念及其形成过程进行研讨。2017年，在杭州召开的学派内部深化研究专题研讨会上，叶澜提出在前期讨论形成的概念基本框架和编撰程序的基础上，对学派的其他核心概念按领域进行梳理，从纵向变迁和横向对比的角度表达学派概念的独特内涵，呈现概念的发展脉络，给有兴趣了解和研究"生命·实践"教育学的读者提供一本有关学派发展的工具书[②]。研讨会后，团队内部对概念关系、层次、结构进行了详细讨论，形成了概念细目，但在梳理过程中发现工程过于浩大，遂决定把已经形成的基本框架以专著的形式呈现。

2018年1月，王枬在"以身立学汇"发起以叶澜的教师观为主题的讨论，大家各抒己见，叶澜也做了一个对自己教师观结构、关系及生成逻辑的解读。这一主题的讨论历时三周，相关问题成为2018年在桂林召开的学派内部研讨会的主题。

2018年底，在形成对叶澜教师观研究的整体结构之后，王枬提议，由叶澜策划一套以叶澜思想为研究对象的丛书，团队成员自由申报主题。初步讨论后，丛书确定为13册。有关丛书的整体结构、编写基本原则、工作进程安排等方面的沟通交流，主要通过微信群完成。2019年4月30日，丛书编委会成立，并确定丛书名为"'生命·实践'教育学研究丛书"。

13册书的提纲提交后，丛书编委会于2019年7月6日组织了第一次专题研讨会。研讨会上，每册书的作者介绍了自己的写作提纲、工作进展以及遇

[①] "以身立学汇"一是指叶澜以师徒形式组织的学派核心研究团队，二是指该团队微信群名称。"以身立学汇"的来由在下文中有详细说明。

[②] 讨论中把这本工具书命名为《"生命·实践"教育学概念词典》。

到的问题和困惑,团队成员分别对每册书提出改进建议和意见,也对整套书的结构完整性和合理性进行了讨论。最后,从每册书定位的合理性、结构的内在完整性以及整套书的架构诸方面考虑,确定丛书为10册。

研讨会后,作者对修改的提纲进行线上讨论,并着手撰写样章。2020年4月底,第二次专题研讨会之后,丛书确定为9册。

2020年5月10日,因疫情原因,原定的书稿研讨会在线上举行。叶澜特地发来了她对书稿撰写的建议:

> 写这套丛书在一定意义上是你们读懂我的教育思想的过程,也是做进一步诠释的过程。以读懂为前提,以每人选择的主题为核心,重新组织材料,再加分析评论,在阐发中深化,提出问题,呈现你们的新意与创见。要注意几点:一是要聚焦主题,不要写与主题无关的内容;二是诠释要有见解,注意不泛化,不诠释过度;三是评价恰当,不夸大抬高,也不自贬,尽量全面,不只述其一不顾其二,避免片面极端;四是相互尽量少重复,更不要自我重复。建议你们相互先认真阅读他人的提纲和样章,事先也可先交换意见……①

研究团队对9册书的提纲和样章进行了讨论,大家就丛书的撰写达成如下共识。第一,要突出历史感,即放在时代背景、教育学学科发展、学派传统的历史框架之中。第二,在忠实取向和超越已有成果之中寻找契合点。丛书立足于对叶澜教育思想的解读和阐释,既要忠实于叶澜的教育思想,又要与已有研究成果相互观照,并且有发展。第三,要有对话感。首先,要有与相关成果、作者对话的意识,在思想解读中关注问题的针对性;其次,要保留与读者对话的空间,为读者理解文本提供足够的辅助资料。第四,考虑丛

---

① 经叶澜审阅、定稿,2020年4月18日,内部资料。

书的整体性（差异与互补），保持立场一致、概念基本内涵一致，倡导多样性的解读，在分析视角、表达方式、语言风格等方面丰富、独特，同时又能够互相呼应。第五，避免重复。避免每册书内部的自我重复、不同册书之间在内容上的重复以及与叶澜教育思想的简单重复。①

叶澜在阅读了会议记录之后，给出了书面建议，直言大家的投入、认真、坦诚、建设性超出她的预期，嘱咐大家尽力而为，不必追求十全十美，并对丛书在"成丛书之事，成著书之人，成学派之基石"三个方面寄予厚望。②

二、教育信条：提炼理论核心，打造学派名片

教育信条是集体创作的结果，这一次的集体与一个特别的团队密切相关。

（一）"招徒"与"以身立学汇"

2016年7月15日，叶澜在学派内部微信群中发出招徒启事，愿意入师门者须在五天内回答她提出的四个问题："第一，你认为'生命·实践'教育学在哪些方面有自己独特的贡献？第二，你能或将为'生命·实践'教育学做些什么？第三，你为何愿意做我的徒弟？第四，一旦入师门，你会坚守哪几条？"

2016年7月21日，叶澜给自愿二度入师门为徒的团队成员回帖，袒露了她的招徒心迹。

> 我即将到75岁，本应休息自养，怎么忽起"招徒"之念？

---

① 根据伍红林所做的会议记录整理。特致谢忱。
② 经叶澜审阅、定稿，2020年5月11日，内部资料。

其一，我越来越清晰地意识到：自己的年龄和身体状况，已不可能挑重担了，而我们的学派，作为新生婴儿，去年才发出第一声响亮的啼哭，还需要努力、持续地成长啊！靠谁？靠任何一个人都不够。这个学派是多元主体合作创建的，在这多元中，核心的力量，发起者、组织者、推进者，则是我和你们。这一点，今后也不会变。特别是学派的理论建设，非我们莫属。因此，趁我还清醒之时，尽快地组建并强化学派建设的核心力量，兵要精、力要强、心要齐，而且人人都要有自觉意识并能主动承担起学派核心力量的责任。要达到此目的，用招收徒弟的方式可能最快，也最好。我用近三十年的生命培育出的学派，不想因无强有力的真心人与团队支撑而自然衰退、消亡。我会衰退，但我们的学派尚幼小，需要大家继续用学术生命去培育，这是起"招徒"之念的最根本原因。

其二，历史上和世界上任何一个学派的存在与发展，都是以人和著作的存在与被认同、被研究为标识的。其中最关键的还是人。这次招徒，目的之二是希望：我不仅有登堂的弟子，还要有真正入室的弟子。他们能成长得更自觉、更迅速、更成熟，无论是做事、做人，还是做学问，要能秉承、体现、发扬我们一起创造出来的传统。所以，收徒，不是我还有多少东西要传授给你们，而是要你们不只是培养学生，更重要的是自己的学术生命和学术贡献在壮大"生命·实践"教育学派的过程中有真实的成长。我的体会是教育学者，真正的学者，永远不会满足于已有的职称和成就，靠不断贩卖自己过去的成果过日子，被已有的收获捆住，被名利熏心迷眼。我希望我收的徒弟，都能成真学者，不做冒牌货。

由此可见，收徒只是一种方式，我这个师傅已没有什么可给予你们，而是希望你们认真地对待自己的学术生命，真诚地为我们共同的事业奋斗。

如此，我则心安、足矣！①

同日，"以身立学汇"微信群正式开通，作为师徒日常的交流、研讨平台。线上日常互动以专题阅读和研讨为主，线下每年召开学派建设专题研讨会。

2016年8月27日，"以身立学汇"成立后师徒首次在华东师范大学相聚，开启学派研究深化的新方式。叶澜把以师徒结合起来的新群体定位于三个层次的共同体：第一，自愿结盟的精神志趣聚合体。追求如"莲"的精神志趣：不畏强力，不为别人活，为事业发展而活；自尊、高洁，不染淤泥且有化淤泥为高洁的品性；不困于浮名，在平凡的生活世界、教育世界和学术世界中有责任担当，为教育学的学问而努力付出。第二，有志于中国教育学发展的学术命运共同体。"生命·实践"教育学是在中国教育学发展中诞生的，因此先要把中国的事情做好，明白中国的特质，才可能有资格和世界对话，有可能让国外的同行了解、研究。第三，自觉承担"生命·实践"教育学派建设的核心共生体。每个人都要有"自觉核心"的身份使命感，创造、共勉、共生、共鸣。

"成事成人"是"以身立学汇"群体发展的主要目标，叶澜把"成学术之事，成真学者"具体化为四个方面的目标：第一，把"事"理清楚。大家把"生命·实践"教育学的学术之事理清楚，明白已经做了什么，还必须做什么。第二，把"神"聚拢来。大家各尽所能，把精力聚到学派建设上。第三，把"学"做坚实。初生的"生命·实践"教育学派尚在学步期，行走未稳，需要把学问做强、做扎实，让学派发展之路走得更好。第四，把"己"亮起来。在进行学派建设的过程中，每个人也要不断追求自己的发展，要让自己更明亮，心性明亮起来，人格明亮起来，学问明亮起来，道德明亮起

---

① 经叶澜审阅、定稿，2016年7月21日，内部资料。

来，做一个明亮的人。①

从2016年7月到2019年7月，师徒三年期满，"以身立学汇"完成使命。"以身立学汇"存在三年，三年中分别在上海、杭州和桂林召开了三次专题研讨会，每次研讨会聚焦于一个线上、日常、群体研讨中形成的专题。"以身立学汇"师徒三年的努力，做成了学派建设的三件大事：第一，讨论、形成并推出了"生命·实践"教育学派的教育信条；第二，对"生命·实践"教育学的概念进行了分领域的系统梳理，提出编著《"生命·实践"教育学概念词典》的设想，虽因时间和精力的原因暂时无法完成，但为以后相关的工作打下了基础；第三，策划"'生命·实践'教育学研究丛书"，并确定各册主题。

"以身立学汇"的师徒关系基于对学派思想的认同、为学派发展努力的愿望，目的在于形成一个把大家的心、力聚焦于学派建设之事的共同体，因此，没有传统的拜师仪、拜师礼，甚至在称呼上也没有变化（大家称叶澜为"叶师"或"叶老师"）。为了保证"以身立学汇"开展学术活动，叶澜还自掏腰包建立了"汇基金"。三年师徒期满，"以身立学汇"解散，但三年的历练，让大家在精神上更为紧密，在学派建设的目标上更为明确，在群体合力上更为强大，学派发展的内生力、内聚力得以壮大。

（二）教育信条：学派理论再凝练

提炼教育信条是"以身立学汇"成立之后第一件群体共同参与的学派建设大事。2016年8月27日，在华东师范大学举行的第一次"以身立学汇"专题研讨会上，叶澜提出了形成"生命·实践"教育学派的教育信条的建议。她建议，每个人包括她自己先写出自己认为应该成为学派教育信条的内容，然后交流、讨论。9月3日，"以身立学汇"线上进行关于学派教育信条

---

① 根据叶澜在"生命·实践"教育学深化研究专题研讨会上的发言记录整理，经叶澜审阅、定稿，2016年8月27日。

的专题讨论,形成了关于提炼教育信条的原则与任务:

第一,在内容与逻辑上,要注意"生命·实践"教育学派的教育信条与杜威、陶行知等人的教育信条的区别,突出独特性。

第二,以"生命·实践"教育学为立场和眼光,来表述学派对教育和教育学的认识,教育信条中的每一条都要基于并表达"生命·实践"教育学派之观点。

第三,每个人在列出每一条目时,都要加一段说明,陈述其内涵,说明提出的视角以及简要的理由,以加深相互交流的深度。

第四,每个人所列出的教育信条的条目都要自成系统,团队要通过合作完成教育信条。

第五,教育信条的表达不仅要清晰准确,而且要精练文雅,要能够让人过目不忘。

第六,最为关键的是,要形成发自内心、能付诸行动、能够坚定不移践行的"真"信条!①

随后,大家对教育信条的内容、结构、数量等进行了多次讨论。在此基础上,叶澜提炼出"生命·实践"教育学派的教育信条。2016年12月21日,在华东师范大学思群堂,叶澜以《"生命·实践"教育学派的教育信条》为题做终身教授报告,第一次把教育信条公之于众。来自上海、江苏、山东、天津、湖南、云南、湖北、新疆、吉林等地近1 000人在现场与第二现场聆听了叶澜的报告,其中包括教育学领域的专家教授、一线教师以及在校学生。报告过程中,会场多次响起雷鸣般的掌声,有感动,有震撼,还有祝福。

2017年2月21日,《光明日报》正式刊发《"生命·实践"教育的信条》,这12个信条以简单、概括的语言,系统、结构化地表达了"生命·实

---

① 根据当时讨论的内容整理。

践"教育学派关于教育、学校教育和教育学研究的基本信念、基本认识与基本准则,呈现了学派理论体系中的核心观点和精神内核。其中第一至第三条以教育为主题,明确"生命·实践"教育学派对教育及其功能的认识基点:"教育是直面人的生命、通过人的生命、为了人的生命质量的提高而进行的社会实践活动","教育通过'教天地人事,育生命自觉'实现人的生命质量的提升","教育通过提升人的生命质量,为社会提供各种人才,实现其社会功能"。第四至第八条的主题是学校教育,强调:学校是师生开展教育活动的生命场;学科教学和综合活动是学校教育特殊性的体现;教师只有将创造融入自己的教育生命实践,才能体验这一职业的内在尊严与欢乐;学生是学习活动的主体和责任人,"育生命自觉"从培养学生的自尊、自信和主动性开始。最后四条聚焦教育学研究,强调:作为独立学科的教育学,以揭示教育事理为核心;教育学需要用复杂思维形成综合抽象、研究过程中的互动生成与转化机制;教育学研究者要在教育研究的实践中成事成人;"生命·实践"教育学派以"长善救失""以身立学"为研究精神和行为准则。①

"生命·实践"教育学派教育信条的提炼、发布、传播过程,在明晰学派发展的自我状态、形成学派面对公众的整体面貌、锻炼学派核心团队、扩大学派社会影响力方面,发挥了积极的作用。学派教育信条的发布,"意味着学派已经从第一声啼哭的婴儿,长成了会独立走路,能用完整清晰的话语表达自己意愿的儿童了"②。

---

① 叶澜."生命·实践"教育的信条[N].光明日报,2017-02-21(13).
② 王枬:《以"生命·实践"之执着,实现"上天入地"和"薪火相传"》,见《"生命·实践"教育学派学习读本》,内部资料.

三、实践研究：在理论创生与自主合作中推进

2009—2012年，"新基础教育"研究进入扎根性阶段；2012年5月，开展"新基础教育"研究长达十年左右并取得明显成效的九所中小学被命名为第一批"生命·实践"教育学合作校；2012—2015年，全国四地近百所学校建立"新基础教育"共生体，"新基础教育"生态式推进研究开启。

（一）学科育人价值深度开发

自2002年叶澜正式提出重建课堂教学价值观[①]，并以形成的对教学价值观、过程观和评价观的系列认识反哺教育实践，"新基础教育"研究所倡导的教育教学核心价值观"实现了整体且具体的转化"[②]。"新基础教育"研究倡导"全面育人"，具体包括：第一，培养积极主动、健康发展的人生态度；第二，个体人格的养成与公民素养的自觉健全；第三，基础学习力的养成和自主拓展性学习需求与能力的培养；第四，培养独立思考、批判性发现和创造性解决复杂问题的能力，在不确定、变动性增强的世态中养成实现自我发展的生存能力；第五，发展多方面的兴趣，培养融入和改变身边世界的能力，与人为善、热爱生活和生命的人生态度，以自觉创造并可能拥有幸福人生。[③]教育的价值就在于给学生提供精神滋养，不断完善和丰富学生的内在生命世界，让他们体验丰富的学习人生，满足生命成长需要和个体生命发展需要。

如果说育人价值关注的是学校教育"育什么样的人"，学科育人价值则

---

① 叶澜.重建课堂教学价值观[J].教育研究，2002(5)：3-8.
② 李政涛.深度开发与转化学科教学的"育人价值"[J].课程·教材·教法，2019(3)：56.
③ 叶澜.探教育之所"是"，创学校全面育人新生活——新时期"新基础教育"研究再出发[J].人民教育，2018(13/14)：10-16.

更关注"通过什么育人""如何实现育人价值"两个问题。在学校教育中,教书、育人是一个过程的两个方面,教师通过教书实现育人目的。"新基础教育"研究在理论和实践中探讨学科育人价值,在认识与实践相统一的意义上解决传统教学中存在的三个"缺失":以知识传授为主要或唯一目标而导致的课堂教学目标生命价值的缺失、学科教学生命价值内涵的缺失和学科教学价值转化的缺失。到成型性阶段结束,"新基础教育"研究已经形成了关于学科育人价值内涵的独特认识和对教学价值观的结构化理解,建构了深度开发育人价值的学科类结构,创生了育人价值观在教学过程中的转化机制,培养了一批具有育人价值视野和研究能力的新型教师。[①]

每门学科对学生的发展而言都具有独特价值,"新基础教育"研究并不反对综合,但更强调分科基础之上的综合。每门学科都需要在教学过程中拓展学科知识对学生独特的发展价值,通过学科知识教学达到以下目标:(1)实现该学科领域所涉及的知识对学生的发展价值;(2)丰富学生对所处的变化着的世界的认识;(3)为学生在现实世界中形成、实现自己的意愿,提供不同的路径和独特的视角;(4)帮助学生掌握该学科发现问题的方法和思维的策略、特有的运算符号和逻辑;(5)提供一种唯有在这个学科的学习中才可能获得的经历和体验;(6)提升学生发现、欣赏和表现学科美的能力。[②]这是"新基础教育"在学科育人方面立下的"标杆",独特且极具挑战,"新基础教育"在不断探索中实现了由认识到实践的转化,也深化了对学科育人价值转化的路径和策略的系统认识。

2009年后,"新基础教育"研究进入扎根性阶段,在学科育人价值方面

[①] 李政涛.深度开发与转化学科教学的"育人价值"[J].课程·教材·教法,2019(3):55-61.

[②] 叶澜.世纪初中国基础教育学校"转型性变革"的理论与实践——"新基础教育"理论及推广性、发展性研究结题报告[M]//叶澜."新基础教育"发展性研究报告集.北京:中国轻工业出版社,2004:21.

的深度开发集中于"全方位",叶澜把"全方位"概括为四个方面:第一,教师的全面素养和学科育人价值开发意识与能力的提升;第二,学科教学内容育人价值的系统研究和配套落实;第三,教学过程多元、多形态互动,推进育人价值的开发;第四,学科拓展性活动育人价值的灵活创生。①

第一个方面是从教师发展的角度看学科育人价值开发的意义,即把学科教学研究提升到育人新水平,以学科育人价值的全面、深度开发研究来涵养每位教师的发展,使之成为教师发展的重要平台。

第二个方面关注具体学科与人的独特性、具体年段学生成长需求的关系,追求学科育人从育知、育识、育方法向全面育人价值提升,探索如何使前期相对成熟的经验更具系统性、整体性,形成不同学科独具的课堂教学结构。

第三个方面从过程、互动的意义上谈"全方位",关注由经验、理论向学生发展转化过程中的独特性,在研究、关注知识与知识之间关联和转换的基础上,关注教与学在具体的学科中是如何不断实现转化的,关注学生在教学中的真实成长,开发课堂作为一种学校生活独特形态本身的育人价值。

第四个方面从学科拓展性活动谈"全方位"。学科拓展性活动需要更开放,减少教师的干涉和扶持,给学生释放灵性提供空间,让学生真正地"打开脑洞",提高兴趣,探索创新。

（二）四季活动与校园节律：综合活动研究的自我超越

综合活动在"新基础教育"研究中有独特的内涵,以班队活动为主要形式,四季活动是班队活动相对成熟后的再突破和自我超越。综合活动与学科教学一样,是学校实现育人价值的基础性构成,两者共同构成了学校变革中的"两条腿"。与学科教学不同,综合活动不受学科内容限制,与学校生

---

① 叶澜. 探教育之所"是",创学校全面育人新生活——新时期"新基础教育"研究再出发[J]. 人民教育,2018(13/14):10-16.

活、学生发展的节点和韵律联系更为紧密。

> （综合活动）以学生的成长需要为出发点，以主题和项目（不是学科）为活动构架，以学生的全程参与（包括策划、组织和总结交流等）、主动承担责任、产生积极发展效应为原则。……师生关系在综合活动中更强调合作、平等，相互欣赏，相互成全。①

2015年，叶澜在《人间"节"语》一文中建议加强学校综合活动与文化传统、自然的持续联系，倡导以综合的方式探索学校的四季生活。②自2015年开始，李家成组织、开展了持续至今的"暑假生活与学期生活变革研究"。自然节气、社会节庆与儿童成长节律、校园生活节奏的综合融通，成为新时期综合活动新探索的重要内容。

2016年初，研究团队内部召开有关四季活动的研讨会。2016年底，全国"新基础教育"共生体第八次会议对四季活动进行专题研讨，提出要打破原来综合活动的格局，打破点状、做加法的学校节日设计方式，重新组合原有的学校"节"的内容，形成一个有内在联系的系列，一个跟自然变化、生命成长相关联的系列，实现学校新生活的再创造。在这次会议上，叶澜提出了四季活动开展的四个基本原则：第一，坚持学校日常生活与节点活动的结合、个体与不同类型的群体的结合、课内与课外的结合、校内与校外的结合；第二，形成综合贯通、具有内在联系和螺旋上升的系列活动；第三，形成与四季相吻合、具有独特生命性的学校生活节律；第四，实现师生和研究团队成员的共同发展。她特别强调不要把四季活动变成课程，各实验学校在探索四季活动的过程中要保持开放、弹性，给师生留有发挥的空间，让他们

---

① 叶澜.探教育之所"是"，创学校全面育人新生活——新时期"新基础教育"研究再出发[J].人民教育，2018（13/14）：14.
② 叶澜.人间"节"语[J].人民教育，2015（1）：74.

在自然、自由、自主的探索中收获成长的喜悦。

2018年,全国"新基础教育"共生体第十次会议召开,开发综合活动育人价值,构建自然、社会与学生成长内在相通的学校综合活动节律成为研讨会的主题之一。叶澜的主题报告分析了实验学校在四季活动探索中呈现出的丰富性与差异性,认为"四季中的二十四节气与学校综合活动的契合点在于学生的生命成长节律和学校生活起承转合的节律之合拍"①,要形成主题的有机整合和四季活动的整体规划,形成体现学生成长规律与学校时空运行规律相契合的学校生活的节律。以此认识为基础,叶澜提出了整体重构学校生活节律的设想:

> 学校全年综合活动以四季分大时段进行设计。每时段分别以"立春""立夏""立秋""立冬"为起点,以一季中最后一个节气结束为终点。每一个时段的起始时日,学校都要有送往迎来的综合活动,以强化生命流转、季节转换的标志意识。每季都要有六节气的名称,自然、人文内容的图文或专题录像介绍(集中与分散相结合),配以咏唱、背诵等有关活动,让节气这项中华文化对自然变化节律的伟大认识与创造性表达在学生心目中留下深刻印记,存活在学校生活里。每一季的主题都要与生命成长以及学校生活的节奏相关。……春季的主题是"生"——及时播种……夏季的主题是"长"——自觉成长……秋季的主题是"实"——收获成果……冬季的主题是"藏"——蕴藏蓄力……②

从提出四季融入综合活动寻求突破,到形成相对完整的四季活动的策划,叶澜对自然、传统文化、学生成长节律与学校生活时空之间关系的理解

---

① 叶澜.探教育之所"是",创学校全面育人新生活——新时期"新基础教育"研究再出发[J].人民教育,2018(13/14):14-15.
② 同①:15.

和建构也越来越清晰。实验学校的探索和实践,为进一步明确四季活动的方向和路径提供了资源。四季活动与学校节律的探索目标已然清晰,但通向目标的路尚且漫长。重要的是,一切已经开始且卓有成效。

四、理论拓展与学界对话

在《回归突破:"生命·实践"教育学论纲》一书出版和《"生命·实践"教育的信条》一文发表之后,叶澜的思考进入新阶段,她开始关注教育与自然的关系,关注社会的教育责任。与此同时,"生命·实践"教育学派主动寻求与学界对话,以推进学派的发展。

(一)理论拓展:"自然之维"与社会的教育责任

1. "自然之维"的失落与重构

"自然与教育的关系是当今我国教育学和教育改革中尚未深入触及,但却是不可不研究的重要问题。我们意识到这一点,是'新基础教育'研究深入开展、'生命·实践'教育学研究推进所致,是两项研究交互作用的产物。"[①]教育与自然的关系问题是一个理论问题、历史问题,更是一个现实问题、实践问题;是走入中国基础教育深处才能发现的问题,也是中国教育在人的培养问题上实现"培根"目标需要解决的深层次问题。对于叶澜而言,这个起于学校实践中的问题,是她重新构建教育学理论中教育与自然关系的起点。

当代中国人、中国教育,离开或者说忘记自然太久以至于对这样的"远离"不以为怪的现象,使叶澜想要对造成这一现象的原因进行历史和理论的

---

① 叶澜. 溯源开来:寻回现代教育丢失的自然之维——《回归突破:"生命·实践"教育学论纲》续研究之二(上编·其一)[J]. 教育发展研究,2018(2):1.

探讨，以"找回且重新构建教育和教育学中丢失已久的自然之维"①。叶澜在广泛阅读的基础上进行历史的梳理与分析，于2018—2020年连续发表四篇文章，探讨了教育与自然的关系在当代中国教育和教育学研究中失落的缘由与寻回的可能路径。

第一，中国传统对自然的认识，即"自然之道"，包括三个维度：人类对自然本身的认识、对自然与人的关系性质的认识和对自然意义的认识。中华民族的"自然之道"经过史前原生期的原始崇拜，文明初创期的文字、神话、历法和古中医学，古代经典形成期的漫长演化，呈现出文化的独特性。中华古代文明基于农耕文化，与自然界保持着生存、生产、生活意义上的依存关系，人是自然的内在构成，人以自然为根，在认识人与自然关系问题上呈现出"整体互渗、过程互动、万物关联、生生不息的思维方式"②。古代中国人关于自然、自然与人关系的观念渗透在以"农历"为代表的时间文化、以《黄帝内经》为代表的人体医学文化以及先秦的哲学和文化经典之中，并形成了"由不同层次、不同方面组成的独特符号系列的中华文明表达体系"③，通过文字、学校、典章制度等多种基于官方正式的传播与活动系统和农耕文化所形成的民间系统代代相传。

经典自然观中"对自然的敬重、感恩的情怀，关于自然整体生生不息和万物内在相通、相生相克的相互生成关系的认识，以及人与自然的和谐合一，在自然灾害面前和生存环境困难条件下的顽强生存，以及战胜、克服灾难造成的损失，用人的智慧和力量改善生存条件的主体精神"④，是中国传统和民族文化复兴之"根"。中国社会要实现以中国传统文化中的经典自然观

---

① 叶澜.溯源开来：寻回现代教育丢失的自然之维——《回归突破："生命·实践"教育学论纲》续研究之二（上编·其一）[J].教育发展研究，2018(2):2.

②③ 叶澜.溯源开来：寻回现代教育丢失的自然之维——《回归突破："生命·实践"教育学论纲》续研究之二（上编·其二）[J].教育发展研究，2018(3):36.

④ 叶澜.溯源开来：寻回现代教育丢失的自然之维——《回归突破："生命·实践"教育学论纲》续研究之二（下编）[J].中国教育科学，2020(2):20.

为根的当代新生，需要形成对五千年形成的文化传统的理解、尊重，需要"对近代以西方文化引进、浸化所引起的，因革命求新而对传统持全盘否定的幼稚、粗暴认识与行为的反思"①，需要"打开视野，改变思维方法，重新阅读史书与元典性的著作，以突破原有的粗疏和偏颇的认识框架，认真抽析多派哲理的精华，加以综合，形成新的认识"②，以"真正读懂传统、热爱传统、深度发挥传统的教育价值"③，"真正使中华传统中精深的自然观，在今日得到复兴、发扬并实现创造性的转化"④。

第二，1840—1949年，随着西方势力在政治、经济、文化、教育和思想上全面侵入，中国社会经历两次重大转型，逐渐走出封建社会，开始向西方学习。中国社会在获得整体性发展的同时，文化传统的继承被阻断，作为中国传统文化根基的自然观发生了根本性转变，"传统的'天人合一'和谐的自然观，完全变成了认识与被认识、主体与客体、控制与被控制的关系，而且在思维、实验等方法的意义上，走上了自然技术主义之路"⑤，"将自然当作科学研究的对象，相信科学能战胜自然，为人类造福。教育，也不可避免地逐步走上了与'自然'和'传统经典自然观'越来越远，最终将自然丢失的道路"⑥。

第三，新中国走过七十多年，人民由贫穷走向富裕，发展过程中对待自然的错误方式被大自然以自己的方式"反馈"给人类，人们开始重新认识"作为对象"的大自然，重新思考人与自然的关系，新自然观在当代生成，表现出与传统经典自然观既关联又不同的特质。首先是传统自然观的当代新生，包括：在对自然精确认识的基础上逐步走向整合；在时空观上，人类

---

① 叶澜.溯源开来：寻回现代教育丢失的自然之维——《回归突破："生命·实践"教育学论纲》续研究之二（下编）[J].中国教育科学，2020（2）：20.
②③④ 叶澜.溯源开来：寻回现代教育丢失的自然之维——《回归突破："生命·实践"教育学论纲》续研究之二（上编·其二）[J].教育发展研究，2018（3）：36.
⑤ 同①：10.
⑥ 同①：18.

因移动的快速和自由而使"空间拉近,地球变小",在时间指向上由传统的"循环往复"变为"指向未来";认识自然的方法论超越经验与整体直观,整体、复杂、动态的思维方式以及多学科综合的认识方式提高了人们认识自然的可能性和与自然客观存在的契合度与确切性。其次,提出自然的生命、生态逻辑,在整体上把自然视为生命体,追求自然内部各系统之间、自然与人之间互利互补的和谐关系。最后,关注人自身作为独特生命体的全程、全整和谐发展。①

第四,我国教育改革需要以新自然观为基础,"为满足当代社会发展对人的要求和每个人的生命健康成长,从新'根'长起"②,从社会、教育系统和学校三个层面进行重建。

"生命·实践"教育学初步选择的重建方式,除了学校空间上自然与人的契合配置之外,学校综合活动是最为重要的"植"自然之根的载体。在"生命·实践"教育学人看来,"植"自然之根,也即"植"民族文化之根,因为中国文化传统从价值取向到内容、思维方式,都"与人的生命需求、人生实践、世间事务、社会百态有内在相关性"③,它存在于典籍中,更存在于传说故事、儿童启蒙读物、戏剧歌舞中,"存在于时令节日的习俗中,存在于日常生活的行为准则和方式中,存在于人的心目中"④。而现代人,包括儿童,对自然的疏远,对四季变换、万物枯荣的熟视无睹,加剧了对传统文化、自然之道的陌生感。因此,积淀于自然之中的民族历史和民族生存、生活经验,"具有纪念传统、强化价值和发展路标的价值,它联系着历史、现在和未来"⑤,应该成为学校教育的重要资源。儿童融入周围自然的实践、体

---

① 叶澜.溯源开来:寻回现代教育丢失的自然之维——《回归突破:"生命·实践"教育学论纲》续研究之二(下编)[J].中国教育科学,2020(2):3-29.
② 同①:24.
③④ 叶澜.中国哲学传统中的教育精神与智慧[J].教育研究,2018(6):7.
⑤ 叶澜.探教育之所"是",创学校全面育人新生活——新时期"新基础教育"研究再出发[J].人民教育,2018(13/14):14.

验过程，就是他们自然而然地浸润于民族文化的过程，"文化植根"在"自然植根"的过程中实现。

叶澜对教育与自然关系的研究，内在的追求是寻回中国教育和中国教育学发展的民族文化之根，这一努力在提出学派创建的初期已日渐形成自觉，并持续深入，成为她学术研究的新特质。2006年11月，她在为华东师范大学本科生做的题为《教天地人事，育生命自觉——关于"教育"是什么的多维审视》的专题报告中，首次将中国哲学、文化传统融入对"教育"这一教育学基本概念的内涵构建，提出"教育"的中国式表达："教天地人事，育生命自觉。"之后，用中国的方式表达教育学的基本概念、原理、命题，构建教育学的中国表达方式，成为她的自觉追求。叶澜用八"自"描述生命自觉的形成过程：对自我认识求"自明、自得"，志向的确立与强化求"自立、自强"，践行求"自持、自勉"，努力达"自由、自在"的个体生命自觉状态。[①]她将中华文化性格概括为"韧""仁""容"，认为这些都是中国人应该从自己的文化中吸纳和传承下去的民族文化精神，也是中国教育学研究者理解教育、研究教育的精神血脉。所有这些使她的理论建构无论是在内容上还是在文字表达上，都表现出中华文化的独特韵味。

2. 社会的教育责任

叶澜立足教育学，实现由"教育的社会责任"到"社会的教育责任"的视角转换，丰富和补充了"生命·实践"教育学派对教育与社会关系的认识，形成了对两者关系认识的大视野。

叶澜对教育与社会关系的思考，可以概括为前后相续、认识逐渐加深、视界逐步拓展三个阶段：第一个阶段，从社会系统中把教育的独立价值找回来。在《教育概论》中，叶澜确立了教育学的"内立场"，把教育看作社会

---

① 叶澜.回归突破："生命·实践"教育学论纲[M].上海：华东师范大学出版社，2015：287.

系统中一个独立子系统，它与社会之间存在着物质、能量和信息的交换，但同时又具有相对独立性，有自身独特的传统与发展规律。在教育、社会、人三者关系上，认为"教育促进社会发展的功能对教育促进个体发展的功能，既有定向的作用，又必须寓于其中"①，强调人的发展对教育社会价值实现的基础性、前提性。同时，她还认为教育功能的发挥状态与社会发展水平以及社会对教育的重视和支持、对教育活动内在规律独特性的尊重程度密切相关，希望社会不要对教育提出脱离本国实际的过高期望。② "如果在上述社会条件不能得到保证的情况下，出现教育功能失调的现象，那么主要责任在社会一方，首先要调整的是社会对教育的认识、态度，排除实际存在的、不利于教育最终也不利于社会发展的干扰。"③ 从结论的角度讲，叶澜对社会的教育责任已有关注，但从致思路径上看，这一结论是思辨的结果，尚未包含实践的逻辑与实践的力量。第二个阶段，进入实践进行深度介入式变革研究，使叶澜对教育与社会之间关系的认识深化，并提出了教育对社会具有更新性再生产作用的新观点，提出了"社会的教育责任"命题和将社会看作教育变革之生态的新视角。第三个阶段，理论研究拓展和深化聚焦于当代社会承担教育责任的现实状态、理想状态，以及达成理想状态的可能路径。叶澜建构了"社会教育力"的概念，形成了对当代社会教育力"半梦半醒"状态的理性认识，并在终身教育视域下对社会教育力的聚通和提升提出设想。

2016年发表的《终身教育视界：当代中国社会教育力的聚通与提升》④全面表达了她对当代中国社会教育力的认识成果，是她在教育基本理论领域对教育与社会的关系所形成的新认识。

---

① 叶澜.教育概论［M］.北京：人民教育出版社，1991：333.
② 同①：334.
③ 叶澜.教育两大功能关系之探究［M］//叶澜.方圆内论道：叶澜教育论文选.北京：中国人民大学出版社，2019：143-154.（原文发表于《教育研究》1990年第1期）
④ 叶澜.终身教育视界：当代中国社会教育力的聚通与提升［J］.中国教育科学，2016（3）：41-67.

首先，对朗格朗的"终身教育"概念做出具有针对性、拓展性的当代新解，也可以说是对这个概念认识的正本清源式的纠偏矫正。终身教育的"深意"在于使教育成为个体一生和社会发展不可分割的、内在必需的构成，只有通过化入人生、化入社会活动的各个领域才可能实现。因此，叶澜在朗格朗终身教育理论的"时时、处处、人人"之外，又加上了"事事"的维度，因为每个人的生命活动都在各种社会实践中完成。叶澜形成了她考量社会的教育责任的"终身教育视界"：

> 我们确认的"终身教育视界"是：以能促进人的多方面终身发展和人格完善，使其有志于并有能力为创造一个更美好的世界做贡献为价值取向；以贯穿于人一生、渗透于个体生命实践各种空间的生命和活动全时空为原则；通过将各种教育力量连通、整合、汇聚，形成全整性的教育系统，使全社会各项活动，都自觉内含并在实践中体现终身教育的原则为实现路径。①

其次，初步建构了"社会教育力"的概念，提出了教育基本理论的新命题。社会教育力指社会所具有的教育力量，由教育系统内正规和非正规开展的教育活动所生成的"教育作用力"，以及教育系统外其他各类社会系统进行的活动所内含的"教育影响力"两大部分构成。以分析单位和聚焦主体为依据，社会教育力可分为"个体社会教育力"和"系统社会教育力"。

最后，社会教育力需要由"半梦半醒"逐步在聚通与提升中实现发展自觉。当代中国的社会教育力处于"正在觉醒""尚未成序"的状态，还存在着极大的改进空间和完善余地。聚通，是指改变当代中国社会教育力缺乏聚焦与沟通的局面；提升，是指从质量和品质上提升尚处于初级状态的社会

---

① 叶澜. 终身教育视界：当代中国社会教育力的聚通与提升 [J]. 中国教育科学，2016（3）：47.

教育力，以有益于人的身心发展为价值取向开展社会活动。

社会教育力的提出和深入探讨，是叶澜对当代中国发展与教育变革之间关系认识在深度转型背景下的再审视，是她对当代中国教育学中教育与社会关系研究的自我突破，开启了以教育学的眼光、从教育发展需要的角度对社会应该承担什么教育责任的反向叩问，有意识、自觉、明确地探讨社会对教育发展的"有为"之责，"从教育如何配合、适应和支持社会发展的研究思路，转换到社会需要对教育提供哪些方面的支持，以及如何支持"[①]；也是她用教育学的学科视野重新审视当代中国社会的终身教育问题，以及构建教育学与其他学科交叉形成新学科的路径和格局的开始。

（二）学界对话

学术发展离不开交流，被同行了解、理解、批判，是学术发展的内在动力。"生命·实践"教育学派在发展过程中，不但关注把学派的研究成果以论文、著作、现场研讨会的形式向学界和社会公布，还通过"请进来"的方式，请国内外同行对已有研究成果进行专题性质的研讨和批评，借助同行学人的眼光审视学派的观点与认识，在不同视角的交会和碰撞中形成对已有研究成果的新认识。下面简要介绍一些典型事例，以呈现学派在以学界对话为载体谋求发展方面所做出的努力。

第一类学界对话是针对"生命·实践"教育学重要研究成果的专题研讨，通过教育学界同人和相关学科专家对研究成果的解读、评论和建议，为学派发展提供自我诊断、自我定位的多元视角，通过思想的互动促进研究深化。2015年"生命·实践"教育学论著系列丛书发布会后举行的专题研讨即属此类，前文已有详细说明，此处不再赘述。

《社会教育力：概念、现状与未来指向》发表后，华东师范大学"生

[①] 李政涛.中国社会发展的"教育尺度"与教育基础[J].教育研究，2012（3）：10.

命·实践"教育学研究院于2017年3月25日举办"社会教育力"专题研讨会。教育学、社会学、哲学、心理学等领域的专家教授以及有关教育行政领导、一线校长等围绕社会教育力的概念及研究价值展开了深入讨论,充分肯定了社会教育力研究的理论价值、政策价值和实践意义,并对社会教育力未来的深化研究提出了诸多有价值的建议,包括核心概念提出后的辨析与再系统化问题、历史研究和比较研究问题以及社会教育力的政策与实践转化问题等。①针对学派理论发展重大问题的多学科研讨,已经成为学派发展中一个具有传统意义的外部推动机制。

第二类学界对话是聚焦当代中国教育基本理论中的重大问题,以举办专题沙龙的方式汇聚跨学科的国内外专家学者,共同探讨、共享思想、共谋发展。

2018年12月15日,华东师范大学"生命·实践"教育学研究院主办"元人性"专题研讨沙龙。与会专家聚焦"元人性"这一话题,从哲学、文学、教育学、社会学、经济学、心理学、政治学等不同学科的视角进行深度阐释与交流。从学派发展的角度讲,探讨这一问题基于三个方面的思考。第一,人性即人之初始最大共同性,与物、其他生命体在整体意义上相区别,不同学科视角会展现有差异又共通的见解,为澄清教育学的独特视角提供参照。第二,相对于各种人性论而言,期望能研究历史与当代各种人性论观点的立场与根基,探究其背景,做系统、深入的辨析,即对人性研究进行"元研究"。第三,在学科视野的比较中,进一步明晰教育学研究的人性基础,形成对"生命·实践"教育学人性论独特性的自我认识。

2020年12月19日,华东师范大学"生命·实践"教育学研究院主办"教育研究的特殊性"主题沙龙。来自海峡两岸暨澳门的教育学不同研究领域的专家就"教育研究是否具有特殊性""教育研究特殊性的表现""教育研

---

① 孙元涛."社会教育力"的概念审议与价值论证——"社会教育力"专题研讨会综述[J].教育研究,2017(5):156-159.

究方法的偏见与方法论问题"等问题进行了深度交流，在跨学科对话中促进了学科间的建设性互动。

第三类学界对话是为了学派发展而进行的对话，把专家学者与在读研究生、本科生聚集起来，既为观点的交流与沟通，也为学派的未来发展汇聚新生力量。由华东师范大学"生命·实践"教育学研究院与相关研究机构合作举办的"生命·实践"教育学"讲·学堂"（研讨会）即属此类。"生命·实践"教育学"讲·学堂"围绕当代教育基本理论研究的前沿问题，以"生命·实践"教育学核心概念和研究路径为基础，与教育学研究传统和最新前沿深度对接，邀请教育理论研究者、实践者、决策者和教育期刊同人，以及有志于从事"生命·实践"教育学研究的广大师生，以互动的方式进行跨学科、跨领域、跨学校、跨国的深耕细作式专题交流研讨，加强"生命·实践"教育学的开放交流，培育"生命·实践"教育学研究后备人才。"生命·实践"教育学"讲·学堂"的主题涉及"教育学的边界"（第一期，2017年11月25日）、"教育研究的逻辑"（第二期，2018年3月25日）、"生命观与'中国教育学'研究"（第三期，2018年5月14日）、"当代中国教育研究方法论的转型与突破"（第四期，2018年6月3日）和"比较教育视野下的人类学研究——基于表演、模仿与仪式的视角"（第五期，2018年11月20—21日）。"讲"与"学"互动，推动学派理论的持续创生与发展。

这类学界对话还有专题工作坊，如2017年6月7—12日，华东师范大学"生命·实践"教育学研究院、基础教育改革与发展研究所和教育学系，联合邀请了6位海外学者开展"教育研究方法系列工作坊"，聚焦于教育研究方法的哲学基础、理论建构、具体应用等方面，旨在厘清教育研究方法的方法论特性。为期一周的工作坊共有200多名师生参与。

除此之外，"生命·实践"教育学派也在国际教育学学术舞台上不断发出自己的声音，仅以2018年之后为例①：

2018年1月7—12日，"生命·实践"教育学派研究团队应邀赴新加坡参加国际学校效能与改进学会（ICSEI）学术年会，学派成员向来自全球44个国家和地区的近800位学者、教师展示了"新基础教育"研究的方式与成果，专题论坛"'新基础教育'在中国：经验、路径与影响"引起了不同国家和地区学者的强烈兴趣。

2018年5月18—21日，叶澜率队参加在东北师范大学举行的第五届东西方教育互惠学习国际会议，向国内外学界呈现了"生命·实践"教育学实践研究的经验与思考。

2018年10月，受法国里昂高等师范学校邀请，李政涛赴该校进行为期一个月的访问交流，交流期间重点沟通与分享了"新基础教育"研究的理念、目标、内容，以及"深度介入式"研究机制。

2019年，李政涛和卜玉华分别在SSCI期刊《教育研究》（*Educational Studies*）和《教师和教学》（*Teachers and Teaching*）上发表研究论文，介绍"生命·实践"教育学派的实践变革成果及理论内涵。

叶澜的专著《回归突破："生命·实践"教育学论纲》出版当年即被"国家社科基金中华学术外译项目"正式立项，英文版由荷兰博睿学术出版社（Brill）和中国高等教育出版社合作推出，2020年6月正式由博睿学术出版社出版发行。该书英文版的出版发行，意味着向世界发出教育学的"中国声音"，引发进一步译介、研究的兴趣。

2021年2月，以"生命·实践"教育学合作校上海闵行区华坪小学与加拿大多伦多的怀雅逊公立学校合作研究历程为原始资源、由卜玉华教授主持编写的《中国—加拿大姊妹校互惠学习的叙事探究：中国视角》（*Narrative Inquiry into Reciprocal Learning Between Canada-China Sister Schools：A*

---

① 以下资料均引自华东师范大学"生命·实践"教育学研究院微信公众号。

Chinese Perspective)一书在国际知名出版社帕尔格雷夫·麦克米兰出版社出版。美国得克萨斯农工大学教授、国际教师教育协会秘书长克雷格(Cheryl Craig)博士在为本书所作的序中说:"这本书的突破之处在于,它有助于打破西方人对中国说三道四的偏见,让人们认识到只有通过行动,以探究的态度投入其中,才能真正理解中国。"

积极谋求多层次、多领域、多元主体的对话,是"生命·实践"教育学派建设的举措,是保障学派持续、深入发展的必要渠道;对于学派发展来说,与他者对话的前提、有效性和建设性取决于学派理论与实践发展中的独特和原创。从效果的意义上说,"生命·实践"教育学派自信已经具备了这个条件。

第六章 静水流深：谋学派发展的持续动力

> 在他们身上，我看到了为理想而坚守的强大力量，为事业而携手的真诚合作。
>
> ——叶澜

　　学派在本质上是以学术领袖为核心的学术共同体，一批学派理论的认同者、研究者、传承者是一个学派可以称作学派的标志和前提，培养这样的一支队伍是一个以"创建"为特征的学派在建设过程中的独特任务。对叶澜来说，这一独特任务并非在她提出学派创建的任务之后才开始，"谋成人"是她始终坚持的原则，也是教育学者的学科立场在她身上表现出来的明显特征。

　　理论与实践互动生成是"生命·实践"教育学派发展的基本特征，学派建设中两支队伍的建设齐头并进，主要目标定位于形成团队成员的发展自觉和内生力。本章将以"生命·实践"教育学团队"人的发展"为视角，聚焦"生命·实践"教育学派建设过程中的理论研究者和实践变革参与者"成人"的措施、策略。事实上，学派队伍的培养融会在前述五章的学派建设之"成事"过程中，是"生命·实践"教育学"成事成人"目标在学派队伍建设上的反映，本章与前五章的区别之处主要在于视角，故而在材料取舍上尽量求简，为读者提供学派队伍建设的简要线索。

一、凝神聚力谋"成人"

"新基础教育"的目标是培养积极、主动、健康发展的学生之"生命自觉"；在学派建设中，要成以学术之事为志业的教育学人，成学校教育中具有为学生主动、健康发展而创造教育新生活的自觉意识和能力的教育者群体。两个层次"成人"目标的实现互为因果、互相促进，是叶澜学派建设中的核心问题。

（一）由师生到同"学"：成学术之事，成真学者

叶澜在评价杜威时说，杜威对传统教育的突破建立在两个前提之上：他的哲学观和作为教育学研究者的自身变化。哲学观是杜威教育理论发生范式转型的主要思想力量，而作为教育研究者的自身变化，包括对哲学、科学以及相关知识的获取，在认识世界的方法论上的自我更新，以及对时代发展转型特征与趋势的敏锐感受和实质把握等，则是杜威突破传统教育观念、形成当代教育理论体系"不可或缺"的前提性条件。"没有这种作为教育学研究者的专业人员在个体和群体意义上的'人的变化'，教育学理论的时代转型是不可能实现的"[①]，这一认识直接评价的是杜威理论突破的关键因素，间接表达了叶澜对创建学派目的的思考：以人的变化实现教育学理论创新和研究范式转型，创生转型时期的中国教育学。

---

① 叶澜."生命·实践"教育学引论（上）——关于以"生命·实践"作为教育学当代重建基因式内核及其命脉的论述［M］//叶澜.基因.桂林：广西师范大学出版社，2009：28.

1. 师生：言传身教

"生命·实践"教育学理论研究团队中的大多数成员，都曾是叶澜门下的博士生，入门之时，即是"成人"培养之始。

师生的第一次见面，叶澜发给学生的是一份"学习要求"，要点包括：第一，遵守校纪校规，不因违反校纪校规而影响名誉和学习。第二，维护学术道德，学风要正，不抄袭，不一稿两投，不犯学术欺骗的错误。第三，研读文献与研究实践、探索思考与写作相结合。在学习过程中，逐渐形成专攻方向，初步形成学术风格。第四，抓紧学习时间，合理安排时间。按时提交学习计划、月末学习进展报告和学期学习小结。第五，积极参加学术例会，认真准备主题发言，坦率、有思考地发表自己的意见，既要独立思考，又要善于从他人发言中得到启发和吸取意见。叶澜用"学习要求"表达了她对学生的底线要求，当把这些看似普通的规定以白纸黑字的方式颇有仪式感地传递给学生的时候，已经在给学生"立规矩"，在给研究生的学术生涯"系第一粒扣子"。做人先于做学问是叶澜对学生的反复告诫。

更为具体的教导发生在她的课堂上、跟随她往返实验学校的路途中，在她讲自己的人生感悟和为学、为人的话语间，渗透着她对学生应该成为什么样的人、应该追求怎样的学术生活方式的训诫：

多读书，少写文章。多写读书报告，少发表论文。写读书报告比发表文章更重要。

如果不能重建，就不要把墙推倒。

要有教育学的学科立场，既要从文学、历史和哲学以及自然科学中汲取学术研究的资源，又要有教育学的独特视角。要努力摆脱中国教育学对西方教育学的依赖。

不要指望两极思维就能解决问题，真正能够解决问题的思维是关系思维和转化思维。

不要把失败归因于不可改变的因素，在问题中蕴含着解决问题的资源。在一定程度上，人的命运由自己掌控，要有主动性，要有生命自觉。

要做有修养的批判者。如果不具备商榷的环境，最好不要写商榷的文章。要是真有本事，就把自己的观点说清楚。

要知道感恩，要感谢那些帮助过你的人。不要以牙还牙，不要整人。要明确地知道自己想要什么，努力把你想要做的事情做好、把自己做强最重要。

要有独立人格，不跟他人做无谓的比较。卓尔不群，胜而越己。[①]

她希望自己的学生是能够静下心来读书的人。叶澜要求学生多读书，尽可能地多接触不同学科领域的知识，避免因视野的局限而阻碍专业发展，但要避免成为学术上的追星族或做学术上的浮萍和墙头草，忘了自己的专业身份。在学术上她要求学生尽可能做到扎根教育学家园的广泛而深度的阅读，形成思维的透视力、思维的综合力、思维的迁移力[②]，并取鲁迅"拿来主义"的态度，以广泛的阅读滋养教育学的思考和创造。

她希望她的学生是在做学问上有定力的人。"多看积极的、生长的东西，给时间让它累积；回馈的评价要针对事实，让一个方面的正能量成为发展的动力；学会聆听，发现积极因素，放大正能量效应；做学问的从容度要提高，不怕问题，只怕看不到问题；要有独立自我，有独立思考的习惯，不做被操纵的工具；看清问题，从容应对，焦虑不解决任何问题，关键是自己要

---

① 刘良华记录的叶澜在与学生日常交往、专题研讨、上课、现场研讨等场合，对学生为人、为学的要求和指导。经刘良华审阅、定稿。内部资料。
② 叶澜. 博士生质量标准中的"博"与"专"关系之我见[J]. 学位与研究生教育，1997（1）：7-8.

想清楚；心态调整好。"①"做事做人重要的是要做好、做强自己，而不是为取悦他人、博得掌声。"②"从容地面对现实、执着地追求理想、踏实地进入实践、智慧地解决问题；不断地提升自觉，努力地回馈社会"③，叶澜说这是十五年"新基础教育"研究历程对她的最大帮助和提升，她也希望这样的人生和学术态度能够成为她的学生们的共同财富和努力方向。

她希望自己的学生是坚守学术身份与学术尊严的人。她说，追求教育学学科独立性和发展是教育学人不能回避的责任，否则就不能称为教育学人；永远抱着对世界开放的心态，不断学习，是华东师范大学教育学系留给她的"记号"，是她自己努力做到的，也是她希望自己的研究生能做到的④；她希望她的学生成为有"大智慧、大爱心、大境界"的矢志不移研究中国教育学的学者，努力去做中国教育学发展的"上天入地"之事⑤；她希望她的学生形成"生命·实践"教育学的眼光、视界和尺度，不断发出自己的声音，越来越被其他学界认识、理解和尊重。她说，要想让学派不但存在、生成、成熟，而且活得"有尊严"，最为关键的因素在于研究团队的学术素质和学术品格的成熟和完善。

她希望自己的学生能够"卓然独立，越而胜己"，这也是叶澜自己的人生追求。相比于竞争意义上的"超群"，叶澜认为"独立"更重要，它强调自我本位，做到志向不狭窄（不拘泥于眼前利益，否则会被别人牵着鼻子走）、人格不依附（不仰视所谓的大人物，也不俯视所谓的小人物）、思维

---

① 叶澜在华东师范大学"新基础教育"研究中心学期总结会上的发言，2013年6月22日，内部资料。
② 叶澜，李政涛，等."新基础教育"研究史［M］.北京：教育科学出版社，2010：203.
③ 同②：202.
④ 叶澜.老树与新枝："生命·实践"教育学派之学脉追寻［M］//叶澜.变革中生成：叶澜教育报告集.北京：中国人民大学出版社，2019：442.
⑤ 本刊记者.为"生命·实践教育学派"的创建而努力——叶澜教授访谈录［J］.教育研究，2004（2）：33-37.

不趋同、言行不虚浮。独立前提下的"越而胜己"则表现为敢于突破自己，直面自己的问题，实现自我超越。她说世界上最难超越的，无论对群体还是个体，都是"自己"。要超越自己先要了解自己，但人往往最难认清、最不了解的又是自己。她告诫学生，只有做到"自我日清晰""反思成习惯""人生会选择""发展能自觉"，方能实现"越而胜己"。①

她在"事"上磨炼学生们的能力。在叶澜看来，耳提面命固然有价值，"过程育人"更有力量，凡欲立人，须先做事，在成事的过程中学会做事的方法。"育人"的目标综合实现于"成事"的过程中，下面举例说明。

在"新基础教育"研究开展的过程中，在读的博士生作为学习者参与其中，通过观察课堂教学和课题组指导人员的评课提高对一线实践的透视能力，提高对"新基础教育"研究理念的理解水平。叶澜不是先教博士生如何观察、如何跟一线教师进行交流，而是悬置"指导"，让他们做"沉默"的观察者，在观察之后跟导师交流看法和认识，包括对一线教师教育教学实践和反思状态的认识，也包括对课题组指导教师过程的感受和认识；观察一段时间之后，叶澜根据博士生前期的表现，给有条件的博士生提供"导师在场"前提下尝试进行现场评课的机会，一方面检验他们的学习成果，考察他们的现场学习能力和领悟能力，另一方面避免他们的评价因不到位而影响教师的变革状态。这一过程中充溢着理论研究者对一线合作教师劳动的尊重和自尊感的呵护，厚重的"他者"立场使参与的博士生感受并形成了以平视的眼光与合作者对话的意识，他们立足教育现场与一线教师沟通的能力得到提升，更为重要的是形成对实践和实践者的尊重，使自己成为具有良好合作意识和合作能力的研究者。"重心下降，结构开放，过程互动"这一"新基础教育"课堂教学的过程逻辑，被叶澜天衣无缝地应用在指导学生的过程中，收效颇佳。

---

① 叶澜."卓越教育"新解——略论华东师范大学第二附属中学的办学精神与文化底蕴[J].上海教育，2018(10A): 54-55.

在对学生的指导过程中，叶澜把"重心下降"做到极致。无论是刚入门的时候要读的具体书目，还是论文选题的领域，她都要求学生"自己先做"，但绝非放任。学派创建之后几套丛书的撰写，从主题的选择、确定，到题目的表达方式、内容的选取和结构的编排，都离不开团队内部的自由讨论。在这个过程中，团队成员提高了合作能力，改善了看待问题和处理问题的方式，提升了学术研究和学术写作的能力。

她善用群体交流的方式创造师生、生生互动的机会，让大家在群体中体验差异、提升自觉。笔者犹记得读博期间师生的第一次见面，原以为是例行的见面、认识、介绍、布置任务，没想到叶老师所做的第一件事是让大家分享暑假里读了什么书，有什么认识和见解。面对着侃侃而谈的陌生的面孔，笔者焦虑且汗颜，因为暑假里太放松，几乎没有正式的、严肃的阅读，所以只能极度忐忑地实言相告，本以为会被"训诫"，但叶老师没有批评，她说长期读书，好好陪家人是应该的。但这一次经历，让笔者时时自警。

她用自己的行动为学生们做好"样子"。她坚信一个难以自觉成长的教师很难用自己的言行去影响学生成为追求生命自觉的人。她希望学生做到的，必是她亲身实践的。

她用自己的行动告诉学生如何实现自我超越。每次研讨、总结，她必事先梳理自己一段时间以来所做之事、所为之学，明白"进步在哪里"以激励自我，确定"问题在哪里"以不断发现发展空间；她主张要静下心来、蹲下身去做研究；她给学生布置的每一份与阅读或理论研究相关的作业，她也必交上"下水作业"。

2017年，年逾七旬的叶澜在学派内部研讨会上交流了她之后在学术研究上的打算。第一，把已有的研究成果，按主题梳理辑成三本选集[①]。第二，打算写四本书：《教育研究方法论再探》以新书代替出版社希望的"修订"；

---

① 三本选集于2019年完成并由中国人民大学出版社出版，分别是《方圆内论道：叶澜教育论文选》《变革中生成：叶澜教育报告集》《俯仰间会悟：叶澜随笔读思录》。

《学校教育学》以已经形成的学派"教育信条"为基础，聚焦学校教育，阐释学派在学校教育问题上的思考成果，以应人民教育出版社对《教育概论》（修订版）的"修订"之约；《人生（或终身）教育学》以人生为轴写终身教育；《社会教育学》以"社会教育力"为核心，以教育学为立场。要完成这些著作，既需要积累，也需要花大力气。老骥伏枥，志在千里。

年近耄耋，声名隆盛，她并没有放下学问，写写小文，说说往事，而是在补课，补中华传统文化之课，补西方哲学之课。尽管她在中华文化与西方哲学两个方面的修养在教育学研究者中属非常丰厚者，但她仍然用一个"补"字表达努力向上的追求，继续"啃"元典，补基本功，提升修养、学养和底蕴。

叶澜对学生最大的影响并非她的言传而是她的身教，她用自己的学术人生给学生提供了一个范本和努力的目标，不仅示范学术研究的方法和学术研究的主题，而且示范如何以一身正气推进学术研究，成学术之事，成真学者。

2. 同"学"：共研同读

一日为师，终身当以师事之，心理上如此，行为上如此，精神追求上亦如此。但在"师生"之外，叶澜和她的学生们还以同"学"的方式，培养团队内部的共同发展之力。

2009年6月，叶澜指导的最后一届教育学博士生毕业，持续十五年的"新基础教育"研究结束，叶澜"完成了"与"新基础教育"研究和研究生培养的两个告别。① 她在临别赠言中把十八个字送给与她共事过的全体成员、她的学生，还有她自己："呈大气，显从容；顾大局，尽全力；求发展，

---

① 这两个告别最终并没有真正实现。叶澜在2009年之后一直坚持参与"新基础教育"研究的新发展；2009年她带的最后一届教育学博士毕业之后，又于2012—2016年培养了一位教育学专业学位博士生。

贵自觉。"叶澜自解这三句话为对"新基础教育"人做事、处世、立身的要求和勉励,在做事上要勇于承担责任,在处世上要诚实守信,在立身上要不断追求自我完善。①

把这一要求放在"生命·实践"教育学派研究团队中,就是要每位成员明确自己在中国教育学理论研究、"生命·实践"教育学派发展中的责任和使命,形成坚定的信念,脚踏实地,把信念融入日常的研究和实践中,积小事成大业;团队成员要自觉承担起个体发展的责任,也要在积极的互动中互相帮衬、互相提携,承担起个体在团队发展中的责任,共同努力,形成团队的整体合力,推进"新基础教育"研究和学派建设。这是叶澜对所有同行者的希望,其核心是个体明晰责任与使命及坚定信念基础上的尽力尽责、合作发展,做最好的自己,建有活力的团队。体制意义上师生关系的结束,开启了师生同"学"的历程。

研讨是师生同"学"的一种方式。与"师生"阶段的研讨稍有不同的是,同"学"过程中,研讨的主题在范围上更广,在主体上更多元,在沟通载体上线上、线下共存,在互动方式上"学生"比做学生时候更主动。"'生命·实践'教育学论丛"从主题的设计到内容范围的确定,都是共同研讨的结果。

自2006年《"新基础教育"论——关于当代中国学校变革的探究与认识》出版始,"生命·实践"教育学派用十年时间完成了初生形态,初见成效。2016年是第二个十年的起始年,"新十年理论与实践的策划、提升和深化,需要核心力量的再次凝聚,"叶澜说,"'新基础教育'未来新十年,在整体的意义上,'大脑'和'两条腿'如何再提升,学派已经形成相对清晰的认识;但'生命·实践'教育学未来新十年的再深化、再提升,尚未清

---

① 叶澜.临别赠言[M]//叶澜.俯仰间会悟:叶澜随笔读思录.北京:中国人民大学出版社,2019:35.

晰，尚须讨论。"①因此，她于2016年做出"招徒"之举，师徒同"学"以塑造更为紧密的学脉传承与发展关系。

在师徒同"学"的微信群"以身立学汇"里，大家可以进行深入、自由、开放的交流，每个人都贡献自己的思想。"以身立学汇"成为汇聚团队思想、观点的重要平台，成为学派建设再次凝聚核心力量的载体。

三年师徒期满后的"潜澄"沙龙读书会，揭开了师生同"学"的共读新篇章。取"潜澄"为名，意蕴指定下心来、稳下神来读经典之书，以求学术、思想、为人更加澄明、宁静、纯粹。沙龙以"同读一本书"为主要形式，围绕所读之书进行个性化、深度的阅读交流。

2019年10月，在大家阅读唐德刚先生的《胡适口述自传》之后，第一次沙龙活动如期举行。《胡适口述自传》是叶澜在阅读过程中发现的值得一读的著作，她建议大家读此书的目的远不止于认识胡适，而在于读一个时代。她是读完了深有感触才向大家推荐的，"因为我意识到自己对这一重要时期的认识和思考都太少太肤浅了，必须补上这一课。那个时代关注的一些重要问题，我们今天并没有解决。而现在知识文化界存在的一些问题，根子却在那个时代。这些太需要深思了"②。一天的交流，大家各抒己见，有整体式的把握，有直觉式的体悟，有比较式的评价，有相关阅读书籍的建议，不为达成共识，只为畅所欲言。

原定2020年5月举行的第二次沙龙活动被2020年初突如其来的疫情打断，但大家也在线上进行了书面的交流。从博士学习期间的"读书会"和"月末例会"，到"潜澄"沙龙读书会，读书永远是师生同"学"的主题。待疫情过后，读书、交流的沙龙活动，依然值得期待！

从师生到同"学"，十年、二十年，尽管大家地域相隔，但思想的交流

---

① 根据叶澜在"生命·实践"教育学深化研究专题研讨会上的发言记录整理，经叶澜审阅、定稿。2016年8月27日，内部资料。
② 叶澜在微信群中跟大家的交流，内部资料。

从未间断，这应该是形成一个团队的重要条件。

叶澜在团队培养方面的特点可以从以下几个方面进行概括。第一，有载体的指导。不空谈每个人该如何发展、如何学习，通过做具体的事来达成目的。第二，有准备的研讨。为了提高效率，也为了互相学习，所有研讨在进行之前都事先有个人的思考、个人的解决方案，在此基础上互相阅读、理解并反观自身，在发现别人优势和缺点的同时进行自我修正。第三，"问题诊断式"集体研讨，通过对话进一步深入了解，通过建议呈现不同的问题思考维度和问题视角，通过对同一问题的差异化思考拓宽视野，在这个过程中团队的智慧成为个体发展的资源，主动思考、互相学习成为促进个体发展的动力。第四，任务定向的主题式学习。选择一个主题就是选择一个学习领域，主题性、专题性的阅读和研究，指向具体任务的达成。第五，在自我批判中不断前行。"发现问题就是发现发展空间"已成学派团队内部的基本价值观，研讨即发现问题，尽管团队内部由于具有共同的理论视野而使批判的幅度和广度受限，但不同的学科特长也使批评对于团队内部个体的发展具有极大的价值。第六，以团队为单位培养个人。无论学派还是"新基础教育"研究，在团队意义上叶澜都自觉选择越来越远离，把担子交给下一代；她选择了另外一种方式与团队并肩作战：在思想领域里，她再一次进入个人奋斗时期。

由师生到同"学"，叶澜带起了一支有战斗力的团队，实践研究中各区域有声有色，理论研究也可圈可点。在新近公布的第八届高等学校科学研究优秀成果奖（人文社会科学）评选中，华东师范大学"生命·实践"教育学研究院共有5项成果入选优秀成果奖，其中一等奖1项，二等奖3项，三等奖1项，这也可以算作给学派团队发展的积极评价。

（二）融共生与内生：成实践变革自觉之人

只有事而没有人，事不会长久；唯有"成人"才是保证所成之事能够持续下去、走得更好、走得更远的条件。在这个问题上,"生命·实践"教育学派以行动给出了自己的答案。

1. 从外力扶助到发展内生

以外力扶助可以实现一所学校的变革与发展,但只有发展的内力形成,才最终决定学校的事业能够走多远、攀多高。对于一所学校的发展来说,增加经费、更新技术、改革制度,无疑可以在一定程度上改变学校的面貌、促进学生的发展,但最终决定一所学校发展方向、质量和水平的,是教师队伍素质的提升,这一点无可替代。这是叶澜在教师发展与学校发展方面的认识。培养内生力是"新基础教育"在学校发展和教师发展方面的追求,两者统一于成变革之事的过程中:为"成实践之人","新基础教育"用深度介入的研究性变革实践,通过外力扶助学校"成变革之事",实现以学校为单位的内生力发展和成人目标,使学校整体发展上完成"三级跳"[①];之后,在区域生态式发展中,"新基础教育"以共生式研究促进教师个体与群体发展,打造教师持续发展的外部支持环境。

如果一所学校成功完成"三级跳",成为"生命·实践"教育学合作校,就标志着这所学校持续发展的内生力基本形成。"生命·实践"教育学合作校的校长和管理团队能够承担起自己的职责,能够整体策划、引领学校的发展,能够创造性地解决学校面临的问题,能够对学校的整体发展状态和方向有清晰而理性的认识;学校工作的各个领域中都有一定数量的骨干,他们能够发挥引领和辐射作用,带领团队进行实践研究,传递成熟经验,创造新经验,持续推进学校的"新基础教育"研究。

---

① 指学校依次成为"新基础教育"研究中的实验校、"新基础教育"研究基地校和"生命·实践"教育学合作校。由于"新基础教育"研究中的实践变革是一个在探索中逐渐成熟的过程,所以第一批"生命·实践"教育学合作校一般都经历了比较长的研究过程。随着"新基础教育"研究的经验和理论的成熟,学校完成"三级跳"的时间大大缩短。

2012年，上海市闵行区率先组建了以"生命·实践"教育学合作校为核心的5个"新基础教育"研究生态区，创造性地开展区域化整体推进"新基础教育"研究；同时，一批新学校加入"新基础教育"研究，研究队伍人数增加，分布地域扩大，全国"新基础教育"共生体应需而生。

共生以内生为基础，没有"三级跳"的内生式发展，共生既不可能成为目标，也不具备成为现实的基础和条件；共生又促使不同水平和层次的学校在互助与共同创造中发展内生力。"新基础教育"研究倡导的让学生通过主动参与实现主动、健康、自觉发展的理念，在学校整体的意义上得以实现，在人的发展与组织（学校、区域）的发展上实现融通。以参与十多年"新基础教育"研究的常州市第二实验小学、局前街小学为例，两所学校不但办学质量持续提升，办学规模逐渐扩大，还各自形成拥有三所学校的教育集团，成为当地基础教育改革的领头雁和标杆学校。教师在研究中实现了自身多方面的发展，多名教师成为教育家培养对象、特级教师、省市级学科带头人和骨干教师等。常州"新基础教育"研究"第一人"邵兰芳校长在谈起几代教师在"新基础教育"研究过程中的发展时如数家珍：

> 在一个个他和她的身上，有着共同的特质：因信念坚定而具有内定力，因理念丰实而具有内动力，因扎根日常而具有创造力，因现实复杂而具有应对各种挑战的能力，因平台丰富而具有超越自我并惠及他人的能力。他们始终行走在生动、具体、真实、鲜活的教育实践中，日复一日将教育之道内化于心，外化于行，并转化为过硬的新基本功……有情怀的教育研究让他们具有了信念与担当，团队式行走让他们拥有不竭的成长动力，过程式历练让他们具备了迎接挑战的意志力和能力……有了一份淡定和从容，向内能找到归属感，向外能找到共生感，向上能找到使命感，向下能找到成就感，这样的一种心境、生态，必然改变他们的工作方式和生活方式，让他们具有面对挑战迎难而上、执着追求的毅力

和能力。①

2. 内生力生成的影响因素

首先，理论与实践融通的研究追求。一方面，"新基础教育"的"研究性变革实践"内含变革理论，变革理论与日常的教学实践密切结合，实现个体对经验意义及其存在的理解，实现理论与实践在个体日常行为意义上的转换，指向理论与实践融通意义上的创造。另一方面，理论是在与实践的密切互动中生成的。实验学校的骨干教师和其他参与者总是第一批分享叶澜思想成果的听众，她总是先以专题报告的形式与实践一线的人员进行交流，而后再把报告写成文章发表，我们看到的大部分与学校教育教学相关的文章都是这样出炉的。

其次，个性化的指导方式。这是理论实现实践转化并生成变革内生力的条件。"新基础教育"研究坚持"去模式化"，在具体学校、具体参与者的原生态日常实践中寻找理论与实践转化的载体，把研究和转化的"根"扎在学校日常的生活中。研究者进入学校内部，深入课堂，深入师生的班级生活，从具体的行为方式中分析行为背后的理论与思维方式，关注实践者行为当中值得肯定和继续发扬的优点，针对具体的问题提出改变的策略，把改变的前提建立在原有的基础之上，而不是简单地以新"代"旧。叶澜和她的团队就像老中医，对每一所学校、每一个课堂、每一个班级望闻问切，辨证施治。实践研究追求的不仅是"做好"，而且是在"想明白"基础上的自主创造，是教育者对自己的教育行为及其背后的教育思想的自觉，在改变自己的日常实践中改变教育观念。贴地、贴人的具体指导，使变革对具体的学校、具体的个人来说，有了根脉，有了温度，也有了自我成长、自主创造的内生力。

---

① 邵兰芳：《不忘初心再出发》，在"新基础教育"研究扎根常州二十周年纪念会上的发言。

再次,"先扶后放"的合作研究模式。"先扶"是为了实现"在成事中成人","后放"则是为了"以成人促成事",并让"成人"过程中形成的内生力在独立的自助、助人中进一步得到提升和加强,对学生如此,对教师和学校管理团队如此,对学校整体发展亦如此。"先扶后放"是保证学校发展和实践研究者个体内生力形成的内在机制。

最后,理论研究者的真诚投入。理论研究者不是在高高的讲堂上言说,而是在普通的中小学观察、研究,不是一天、一个月,而是年复一年,这份扎扎实实的真做、真关注、真研究,让实践者在感动中付出真情、真心和真实的努力。"新基础教育"研究让教师发现,原来自己还可以有另外一种生活方式,这种生活方式是通过自己的努力可以达成的,是一种通过创造性劳动让学生和自己都获得发展、变得更美好的有尊严的精神生活。

(三)一个共同的、开放的、有自我和具有对话能力的学术空间

2009年5月,华东师范大学"新基础教育"研究中心挂牌成立,在"新基础教育"研究成型性阶段之后负责扎根性阶段的工作,职责包括:第一,在实践层面推进"新基础教育"研究,实现新的创造和发展;第二,在互动共生的意义上探寻实践发展与理论推进的关系,有效推进"生命·实践"教育学派建设。

2016年2月,华东师范大学"新基础教育"研究中心更名为华东师范大学"生命·实践"教育学研究院,于当年3月21日正式挂牌成立。该研究院担负"生命·实践"教育学理论发展与实践变革的整体策划和推进任务,同时在研究团队发展、研究资源集聚和研究成果传播上发挥更大的建设性职能。研究院在组织架构上包括理论研究中心和实践研修中心,下设专题研究室。

华东师范大学"生命·实践"教育学研究院主动、建设性地为学派发展开拓了三个相互关联的学术发展空间:基于学派理论共识的共同的研究空

间、以学派为立场的学术对话空间、理论与实践互动的学术发展空间。

1. 基于学派理论共识的共同的研究空间

此研究空间为加强学派内部力量的成长壮大而生，围绕学派建设中的关键、核心问题进行深度研究，参与者主要是学派团队成员及其学生，以及对"生命·实践"教育学理论与实践感兴趣的研究生、本科生。围绕学派建设的内部常规研讨、以学派建设核心问题为中心的课题研究、以本科生和研究生为对象的课题和研修等，构成了这一研究空间的主要活动内容。

围绕学派建设的内部常规研讨以"生命·实践"教育学深化专题研讨会的方式进行。比如，"生命·实践"教育学关于理论与实践关系的认识突破、教育学建设中中西文化的对话与交流、"生命·实践"教育学话语体系建构与学派思想传播问题等，都曾成为研讨的主题。研讨会主要以学期为单位举行，间或以主题为单位不定期举行。

华东师范大学"生命·实践"教育学研究院以课题研究推动学派专题研究。课题以招标的方式立项，包括对内课题和对外课题两类。对内课题主要面向"生命·实践"教育学理论研究团队，包括理论研究或原理研究、实践研究或经验研究两大类；对外课题则包括"生命·实践"教育学元研究、"生命·实践"教育学基础理论研究、"新基础教育"学科教学改革与教师发展研究、"新基础教育"学生工作与班级建设研究，以及以教育学为母体的新型教育学多学科研究。

为了培养和储备"生命·实践"教育学后备人才，促进学派事业可持续发展，进一步提升学派的影响力、吸引力和生长力，华东师范大学"生命·实践"教育学研究院制定了学派后备人才支持计划，培养有志于学习、研究"生命·实践"教育学的研究生。

2. 以学派为立场的学术对话空间

以学派为立场的学术空间指以滋养学派理论发展为指向的多学科学术对话,以拓展学派发展视野、丰富学派发展视角、提供以学派理论为主题的学术批判,前面"学界对话"当中已有详细描述。

以学派为立场的学术对话空间,还包括以成果形式进行的学派内外的交流。学派始终以开放的态度接纳一切愿意对话的研究者和研究成果。

3. 理论与实践互动的学术发展空间

"新基础教育"共生体会议和专题研修活动是提供理论与实践互动空间的主要载体。

"新基础教育"共生体会议以探讨和呈现生态区发展过程中的共通问题和阶段性经验与成果为主要目的,由华东师范大学"生命·实践"教育学研究院和"新基础教育"共生体中的某一个区域共同组织,一般由课堂研讨和主题报告、专题讨论、经验分享等构成,每年举行一次。

开展专题研修活动的目的是促进理论与实践转换,提升实践研究水平,由常州"新基础教育"研修学院和上海市闵行区"新基础教育"研修学院负责。

常州"新基础教育"研修学院成立于2017年,上海市闵行区"新基础教育"研修学院成立于2018年。研修学院为"新基础教育"共生体提供研修资源支持,以传播上海和常州两地的研究经验和新创造为主要内容,发挥辐射和引领作用。研修内容从最初的由研修学院提供课程的"分配式"研修,逐渐发展到研修学院提供研修菜单供选择的"菜单式"研修,目前已经发展到由全国各生态区的教师带着研究成果参与研修的阶段。[①]

三个空间营造了积极的学派发展氛围。除此之外,华东师范大学"生

---

① 李伟平:《常州"新基础教育"二十年研究路上的那些人、那些事》,在"新基础教育"研究扎根常州二十周年纪念会上的发言。

命·实践"教育学研究院还以微信公众号为平台,对内、对外及时发布"生命·实践"教育学派研究的新进展;每年一辑的《"生命·实践"教育学研究》为学派发展提供了另一个学术互动的平台。

"生命·实践"教育学派所营造的开放、有立场、有对话能力的学术发展空间,为所有关注学派建设的人、所有愿意对话的研究者提供了一个"在一起、同奋斗、共成长"的机会,也为学派发展营造出良好的资源空间、心理空间和创造空间。

二、"生命·实践"教育学人的精神长相

"生命·实践"教育学人的精神长相是学派在发展过程中形成并得以传承的稳定的信念和行为准则,体现在学派团队成员的思想和行为方式中,是学派发展的灵魂。

(一)坚守教育学立场

教育学立场是作为教育学研究者从事研究的最根本的出发点,包括如何看待教育、如何看待教育学和如何看待教育学研究三个方面。"生命·实践"教育学人的教育学立场以教育信条的方式表达:

> 教育是直面人的生命、通过人的生命、为了人的生命质量的提高而进行的社会实践活动,是以人为本的社会中最体现生命关怀的一种事业。
> 教育通过"教天地人事,育生命自觉",实现人的生命质量的提升,体现教育中人文关怀的特质。
> 教育通过提升人的生命质量,为社会提供各种人才,实现其社会功能。教育是人类和社会"更新性再生产"活动。社会发展要求实现终身

教育，要求"社会教育力"的集聚与提升。

作为独立学科的教育学，以揭示教育事理为核心。教育实践的层级性、社会性和生命性等诸多复杂性，决定了教育学属复杂学科，是一门以教育为聚焦点的通学。

教育学研究需要做出方法论的改造与探索，用复杂思维形成综合抽象、研究过程中的互动生成与转化机制。改变两极对立的简单思维方式，改变客观主义的所谓科学方法，要在理论与实践的双向构建中推进学科建设。①

（二）以身立学

"言我所信，行我所言"，这是"生命·实践"教育学派的基本学术操守和信仰，是'生命·实践'教育学人的人格特征。

（1）以身立"成人"之品格。"生命·实践"教育学追求的独立、合作、有创造的勇气和智慧之人，也是"生命·实践"教育学人追求的成人目标：独立而不独尊，以各自的独立发展共创群体发展的新局面；面对挑战"知难而上，执着追求；滴水穿石，持之以恒"；以身作则，自立立人；团队合作，共同创造。作为团队成员，对外，不高调，不封闭，不张扬，不争斗；对内，开放心态，相互学习，资源共享，善于吸收、成长，增强团队凝聚力，做真实的人、努力的人、有思想的人、不断发展的人、勇于自我超越的人，以每个人的自身成长为学派发展筑牢根基，用团队成员的学术行为与人格，彰显"生命·实践"教育学的品性。

（2）以身立"成事"之学术。在学派研究事业上，有共同的学术信念、追求和担当，能真心付出自己的学术创造和智慧，为学派建设真诚投入并合作；形成担当学派建设共同责任的学术自觉，恪守学术规范与操守，力争对

---

① 叶澜."生命·实践"教育的信条[N].光明日报，2017-02-21（13）.

学术发展有新的推进与贡献；立足中国，扎根实践，纳世界于胸怀，融文化于血脉，在理论与实践的双向互动中努力成就中国教育学"上天""入地"之业。"以身立学，是以当代中国基础教育改革中的学校整体改革为核心，通过理论与实践多主体、多层次、多方式的多向互动，探索当代中国基础教育学校改革解蔽之方；走出创造学校新生活之路，在改革者自觉、积极参与中实现'成事成人'；走出创建当代中国教育学的学术之路。"① 尽力做好自己能做的事，扎扎实实做好学派建设，是每一位团队成员的本分。

（三）"成事成人"的研究传统

教育是"成人"之事，"成事"是育人之则，"成事成人"是"生命·实践"教育学人的研究传统。

在学校整体变革中，校长、教师的"成人"在一节节课的重建中，在一场场阅读分享的沙龙中，在一次次回顾、反思、梳理、提炼的总结中；学生的"成人"依托课堂上的参与、合作、评价、感悟、体验等，依托班级活动的全程参与。在事上磨炼、体验，在困难和挑战中激发生命发展的潜力，在创造性解决问题的过程中提升智慧，在学生的成人中如此，在教育者成人中亦如此。变革之"事"成，变革之"人"立，研究的目的方为达成。

在学派理论建设中，实践之"事"也内含于理论研究者"成人"的过程中。介入实践，聆听来自实践的声音，读懂实践发生的逻辑，可以提升理论研究者对实践的理解力和感悟力；理论研究者在与实践者的沟通中提高实践的能力，在改变日常实践之事的过程中提升对实践透视的能力，在对参与实践过程的回顾与反思中提升对实践的理性思考能力。

对于学派成员来说，"成事成人"是一种价值观，是一种追求，是不断努力的方向。心态开放、自我超越，不断提升自己的实践智慧和理论创造智

---

① 叶澜. 探教育之所"是"，创学校全面育人新生活——新时期"新基础教育"研究再出发[J]. 人民教育，2018（13/14）：16.

慧，是前行的目标。

（四）理想的现实主义态度

理想的现实主义态度意味着在不完美的现实中不妥协，通过自己的努力，追求现实生活应该有的美好。在不完美的现实中树立理想，立足现实，仰望理想，在现实资源的基础上搭建通往理想的阶梯，既是人生态度，也是学术态度。

理想的现实主义态度表现为对现实保持清醒前提下的责任担当。作为理论研究者，应该对中国教育学发展的历史和现实存在的问题了然于胸，但不应停留于批判和叹息，"即使认为理论的'土壤'不够丰沃，也不能视而不见或弃之而去。提升作为一门学科的教育学之基础理论水平，是我们的分内之事"[1]。

理想的现实主义态度表现为立足现实的理性的乐观，在有挑战的环境中寻求突破。面对现实，客观认识实然条件，主观对待自己的努力，在积极与消极之间选择"转化"，放弃不可能或不必要改变的，寻找可以改变之处并尽力而为，即使微小的变化也是有意义的。在改变现实的过程中发展自己，努力让今天比昨天、前天有进步。聚合群体之力，共同开拓通往理想彼岸之路，空间随着人和事的变化而得到拓展；星星之火，可以燎原，理想终会照进现实。

理想的现实主义态度表现为以练好内功、自我超越为指向的发展追求。任何事情，需要外力的推动，但仅仅依赖外力是不够的，要做强自己，才能赢得尊重，也可能获得更多的外力支持。"学者的一生是用来超越的，"叶澜勉励自己的团队成员，"超越趋炎附势，超越已知偏见；超越闲言碎语，超越困疾伤害；超越奉承赞美，超越今日之我。独立人格，自主思考，日进一

---

[1] 叶澜. 当代中国教育学研究"学科立场"的寻问与探究[M]// 叶澜. 立场. 桂林：广西师范大学出版社，2008：31.

寸，不负在世一生。"①

理想的现实主义态度表现为处理问题的智慧与策略。有正确看待周边环境的良好心态，并善于在有缺憾的环境中发现有利于发展的方面；选择可以拓展的、有利于发展的环境，或者自我营造出一个适宜于个人发展的"次中心"；不会对一个还没有接触过的环境心存幻想，但"要用强大自己的力量来守住自己的人格，守住自己的精神家园，守住我们所钟爱的事业和人生"，"从自己能做的事情做起，我们就能够做好自己想做的事。在这个基础上使自己变得美好、更有力量、更加充实"。②

也许还能说出很多。用叶澜的话说，"生命·实践"教育学追求的教育最高境界是"自然而然"：厚朴如树、温润如玉、灵动如水、绚丽如凤。③取理想现实主义态度的人，在精神取向上最具"凤"的气质：敢于浴火，敢于涅槃，方得重生。

2020年教师节之际，"生命·实践"教育学派全体成员通过线上讨论和总结，由叶澜执笔、全体成员表决通过，形成了"'生命·实践'学术团队发展信条"。该信条既是对已经形成的团队精神长相和发展传统的"自我"明晰与概括，也是不断激励、鞭策团队成员加强学派自我认同感、凝聚力的学术规约。

> 我们是这样一群人构建的生命体：把教育学、中国教育学的建设作为志业与己任。不为名利争，只为事业成。我们是一群由师生组成的共生体，人人自强，相互支持，学习不止，创建不息，手拉着手，持续地

---

① 叶澜在内部线上交流时的发言。
② 叶澜.生而为女，何以成人成业［M］//叶澜.变革中生成：叶澜教育报告集.北京：中国人民大学出版社，2019：481-482.
③ 叶澜.探教育之所"是"，创学校全面育人新生活——新时期"新基础教育"研究再出发［J］.人民教育，2018(13/14)：10-16.

行走在中国的大地上。我们不自卑，不狂妄，不跟风，不取巧，一步一个脚印地往前走。我们有爱，有思想，永远不忘生命之最为珍贵，实践是改变自己和世界最真实的力量。我们过有尊严的学者生活，唯有我们自尊，才能使融入了我们生命的教育学有学术尊严。

一个人的一生能有这样的"我们"，还会不幸福吗？

············

我们共同守望这片精神的净土！

我们要在这片净土上，种出参天的教育学大树！

我们永远是大树的孩子，永葆天真，永葆青春！ ①

---

① "生命·实践"学术团队发展信条，2020年9月15日，内部资料。

结语：云起东方　滴水成源

20世纪初中华民族值乌云压顶、大厦将倾之际，教育是有识之士为国运觅到的一缕亮光，教育学应时势之需强势进入中国，中国教育学发展由此留下"胎记"。[①]

"引进"是中国现代教育制度和教育学发展的起点，但不应该是中国教育学发展的宿命。陶行知说，中国教育要想成为有生命力的"新教育"[②]，教育者必须要有"试验之精神"，以所处之境况、时势、问题为立足点寻求解决问题的有效方法，因为"境况不同，则征象有异"，"时势不同，问题亦异。问题既异，方法当殊"，不泥古、不因袭、不亦步亦趋地"仪型他国"，真实地面对中国的社会与教育问题，"实心试验，则特别发明，足以自用"。[③]陶行知用南京晓庄学校、山海工学团和重庆育才学校等实践和生活教育理论，绘出了他心目中中国教育发展的理想模样。黄炎培立足中国现实，探索推广实用主义教育思想并最终走向职业教育、形成"大职业教育"观念，使"实用主义""职业教育"这些源自异域的理念与实践成为解决中国社会与教育问题的资源。晏阳初、梁漱溟、蔡元培等脚踏实地为近代中国教育实践和教育思想的发展踩出了一条本土发展的小径。虽然他们的探索被

[①] 叶澜.世纪初中国教育理论发展的断想[J].华东师范大学学报（教育科学版），2001（1）：1-6.

[②] 陶行知所说的"新教育"是他理想中的中国教育，它应该与当时的社会现实需要相契合，"新教育"需要在形式与精神上有"自新""日日新"的能力，是以养成"自主、自立、自动"的共和国民为目的的教育。

[③] 陶行知.试验主义与新教育[M]//陶行知.陶行知文集（上）.南京：江苏教育出版社，2008：33-36.

风雨如晦的岁月摧折,但依然是中国教育与教育学发展的历史星空中璀璨的星光,成为指引后来者的路标。

1919年,陶行知说:"中国的教育,倘若忽而学日本,忽而学德国,忽而学法国、美国,那是终究是无所适从。"①一个世纪之后的2019年,中国教育学的大部分研究依然"没有突破异域理论框架和方法论的规约","只需将数据和资料套入不同公式即可完成的教育学研究"使中国的教育学研究"只能沦为异域理论的'习作'","基于中国文化特质,运用自己的概念、理论揭示根植于中国本土情境中的教育问题,形成教育学研究的中国概念、中国理论、中国思想和中国经验以贡献于世界教育学术的发展,进而赢得世界教育学术界的尊重"依然是沉重的呼唤。②中国教育学发展"缺家园、缺内生长力、缺学术尊严"的问题依然严峻。③

谁来破局?如何破局?唯有行动。从坐而论道到起而行道,对教育学研究者是挑战,对中国教育学发展是机遇。教育学者进入教育实践,在自己的领地耕耘、体验、发现、感悟、汲取本土教育实践资源,形成唯有教育学者才能形成的认识,用教育实践启发、检验、丰富、创新教育理论。"生命·实践"教育学派用扎实而稳重的脚步,用实实在在的研究,在与中国教育实践的互动中走出了一条"破局"之路。

第一,扎根"学校"家园是中国教育学发展的必由之路。学校是教育系统中最为微观的单位,也是教育研究对象中最为基本的、具有整体意义的单位,学校生活以其具体、丰富、纷乱而与理论保持着距离,但学校生活实践又与理论问题内在关联:实践的背后必有理论的影子,理论必以或直接或曲折的方式影响实践中的价值判断和行为方式。学校是微观的社会,社会的流变以最直观的方式呈现在学校生活中。进入学校,介入学校日常实践,是教

---

① 陶行知.新教育[M]//陶行知.陶行知文集(上).南京:江苏教育出版社,2008:44.
② 安富海.中国教育学本土化研究的困境及超越[J].教育研究,2019(4):50-57.
③ 叶澜.中国教育学发展世纪问题的审视[J].教育研究,2004(7):3-17.

育研究者把脉时代、培育研究土壤、创生理论的一条可行之路。

丰富的学校实践中有事、有人、有问题，也因之而有文化、有传统、有时代，学校生活这"一滴水"蕴含着丰富的实践样态，蕴含着理论生成的现实资源。作为研究者，进入学校实践是形成理论研究的基础之一；进入学校实践进行教育学研究，也并非轻而易举之事。研究者需要具有教育学的基本立场、面对复杂系统的思维方式和沟通能力、读懂实践的基本素养等，如此才能促进理论与实践双赢。"作为教育学研究者，需要到实践中去，得到实践的滋养，在改革实践中研究教育自身的逻辑，并检验新的理论判断之实践力量。教育学这棵大树要长起来，必须扎根学校这块土地。"[①]

第二，理论与实践交互生成是教育学发展的可行之路。理论可以在实践变革中呈现力量，实践会在理论转化中呈现新质，实践与理论可以在不同意义和层次上互成，以造就鲜活的、属于中国的、独立于世界教育学理论之林的教育理论。这是一条可行之路。

"生命·实践"教育学派以深度介入为研究方式，进入一线，在实践变革中形成教育学原理性认识，构建新的富有时代气息的教育观念系统与范畴体系，对教育观念中的"活动""生命"等概念做了基于教育学立场的内涵分析，创生了"生命·实践"教育学，使教育学研究在专业意义上回归"家园"，突破了理论与实践之间两分、对立的研究逻辑，用研究实践证实了理论与实践交互共生之路的现实可行性。

走向实践、尊重实践、了解实践、改变实践，理论深度介入实践，实践深度滋养理论，使理论具有实践底蕴，使实践富有理论品位，理论与实践共同变化、相互生成，"是创建中国新时代教育理论和学校实践模式的希望之路，也是铸造我国新一代教育家的必由之路"[②]。这条路，期待同行者。

---

① 叶澜，罗雯瑶，庞庆举.中国文化传统与教育学中国话语体系的建设——叶澜教授专访[J].苏州大学学报（教育科学版），2019(3)：86.
② 引自1999年"新基础教育"探索性研究结题时评审专家组的鉴定意见。

第三，中国教育学可以走出独立发展之路。转型时期的中国独特文化、独特问题为中国教育学重建家园提供了机遇和挑战；形成基于中国文化、中国问题的中国教育学的"自我"，在教育学发展上贡献中国的理论，真正实现中西对话以丰富"普通教育学"，在这样的时代里具有了可能与必要，这一历史的重任只能由中国的教育学者来承担。中国的教育学者要以中国的教育实践为重要的研究资源，基于中国文化和社会现实进行综合创造，形成中国教育学的话语体系。中国教育学必然会对中国教育实践的发展做出贡献，为国际教育学发展贡献东方的智慧。

"生命·实践"教育学派以直接介入当代教育改革实践的方式，回到当代中国教育学理论建构的源头，在丰富、富有创生性的变革研究中探索中国教育学发展的新路，重建中国教育学家园，在中国教育的大地上书写中国的教育理论。"'生命·实践'教育学有力地促进了中国教育学研究从引进式加工转向原创性发展，从哲学演绎转向扎根生成，从依附性寄居转向独立性存在"[①]，虽然前路尚远，但中国教育学的独立发展之路已经在探索者的脚下日渐明朗。

第四，立足本土实践，教育学研究者可以走出"有为"之路。即便在国际化的大背景下，教育的历史性、文化性、地域性特征依然存在，甚至更为突出；以教育研究为业的学者，只有立足本土方能有所作为，跟随无法赢得尊重，移植不能形成独特，沮丧不会带来好运，唏嘘只会自我消耗，嗟叹不能产生建设性力量。把脚踏在本土教育的土地上，俯首耕耘自己的家园，方能在万物复苏的春天、枝叶繁茂的盛夏之后，收获秋的喜悦和冬的丰厚，以自己的努力和带有本土印记的研究成果，为世界教育学奉献中国的独特智慧，为中国教育学和教育学者赢得自信和自尊。

中国的教育学研究者，需要仰望灿烂的星空，更需要关注脚下的土地，

---

① 扈中平."生命·实践"教育学的"内立场"[J].当代教育与文化，2015(3)：7.

需要汲取教育学的营养，需要珍视自己的民族文化和传统，"以中国人的身份做研究"[①]。"生命·实践"教育学派在研究和实践中回归民族文化传统，对教育做出"教天地人事，育生命自觉"的中国式表达；回归教育学经典，寻找教育学的内核基因"生命·实践"及其带来的独特学科品性；回归人类对学科本身的认识，在当代新兴的复杂学科中找到教育学的独立地位，把学术生命之根扎进中国文化和中国实践的泥土之中，投身时代变革风云，在"回归"中寻求"突破"，走出一条中国教育学发展的有为之路。

第五，以学派建设营造教育学持续发展之路。培养一支在研究方法上一致、在研究问题上聚焦、研究边界清晰、梯队式发展的研究人员队伍，发挥中国教育学研究中的群体力量，可以形成中国教育学研究成果的迭代效应；在不规范的学术环境中为理论研究营造一个相对稳定的、纯粹的空间，中国的教育学发展将会因学派建设而形成学术积累，形成一条稳定而持续发展的教育学生成之路。中国的教育研究需要走自己的道路，这样才能在世界教育学术话语体系中获得与人对话的资格，给学术世界贡献中国的智慧，世界教育学也会因有了来自东方的对话者而丰富。

这是一个需要逐渐积累的过程。起于微末时，连叶澜本人都不可能有多么宏大的抱负，但直面问题、扎实探索、积淀提升的过程是渐进的、向前的、向上的，它积云成雨、聚沙成塔，终使滴水与滴水相遇成了浪花，浪花与浪花激荡汇成江河。

云已起，风正好。"生命·实践"教育学派的发展渴盼同行者在变革时代的风云际会中同奏中国教育学发展的雄浑交响！

[①] 叶澜，罗雯瑶，庞庆举.中国文化传统与教育学中国话语体系的建设——叶澜教授专访[J].苏州大学学报（教育科学版），2019(3)：84.

参考文献

一、著作

[1] 丁钢.中国教育：研究与评论：第7辑[M].北京：教育科学出版社，2004.

[2] 郝克明.面向21世纪我的教育观·综合卷[M].广州：广东教育出版社，1999.

[3] 翦伯赞.史料与史学[M].北京：北京出版社，2005.

[4] 卡西尔.人论[M].甘阳，译.上海：上海译文出版社，1985.

[5] 李政涛.为"生命·实践"而思——"生命·实践"教育学研究专题报告会论文集[C].桂林：广西师范大学出版社，2011.

[6] 梁启超.中国历史研究法[M].上海：上海古籍出版社，2011.

[7] 陶行知.陶行知文集（上）[M].南京：江苏教育出版社，2008.

[8] 王珺.相信教育，相信未来——14位中外名家访谈录[M].上海：华东师范大学出版社，2017.

[9] 许美德.思想肖像：中国知名教育家的故事[M].周勇，等译.北京：教育科学出版社，2008.

[10] 叶澜.教育概论[M].北京：人民教育出版社，1991.

[11] 叶澜：教育研究方法论初探[M].上海：上海教育出版社，1999.

[12] 叶澜."新基础教育"探索性研究报告集[M].上海：上海三联书店，1999.

[13] 叶澜."新基础教育"发展性研究报告集[M].北京：中国轻工业出版社，2004.

[14] 叶澜."新基础教育"论——关于当代中国学校变革的探究与认识[M].北京：教育科学出版社，2006.

[15] 叶澜.回望[M].桂林：广西师范大学出版社，2007.

[16] 叶澜.立场[M].桂林：广西师范大学出版社，2008.

[17] 叶澜.基因[M].桂林：广西师范大学出版社，2009.

［18］叶澜.命脉［M］.桂林：广西师范大学出版社，2009.

［19］叶澜."新基础教育"成型性研究报告集［M］.桂林：广西师范大学出版社，2009.

［20］叶澜.回归突破："生命·实践"教育学论纲［M］.上海：华东师范大学出版社，2015.

［21］叶澜.方圆内论道：叶澜教育论文选［M］.北京：中国人民大学出版社，2019.

［22］叶澜.变革中生成：叶澜教育报告集［M］.北京：中国人民大学出版社，2019.

［23］叶澜.俯仰间会悟：叶澜随笔读思录［M］.北京：中国人民大学出版社，2019.

［24］叶澜，丁证霖.新编教育学教程［M］.上海：华东师范大学出版社，1991.

［25］叶澜，李政涛，等."新基础教育"研究史［M］.北京：教育科学出版社，2010.

［26］"中朱学区教育"联合调查组.走出低谷——上海市普陀区中朱学区大面积提高教育质量系列研究报告集［M］.北京：教育科学出版社，1992.

［27］朱乃楣，等.寻阳之路：从选择探索到扎根内生——上海市普陀区洵阳路小学转型变革史［M］.福州：福建教育出版社，2014.

二、论文

［1］安富海.中国教育学本土化研究的困境及超越［J］.教育研究，2019（4）：50-57.

［2］本刊记者.为"生命·实践教育学派"的创建而努力——叶澜教授访谈录［J］.教育研究，2004（2）：33-37.

［3］冰火.南斯拉夫教育科研中的方法论问题［J］.外国教育资料，1986（1）：9-13.

［4］邓正来，杜悦："弘扬学术批判，提升中国学术"——《中国书评》主编邓正来先生访谈［J］.学术界，2005（4）：124-129.

［5］侯怀银.论"生命·实践"教育学派发展的"基因"问题［J］.当代教育与文化，2015（3）：56-60.

［6］扈中平."生命·实践"教育学的"内立场"［J］.当代教育与文化，2015（3）：6-7.

［7］李政涛.论中国教育学学派创生的意义及其基本路径［J］.教育研究，2004（1）：

6-10.

[8] 李政涛.中国社会发展的"教育尺度"与教育基础[J].教育研究,2012(3):4-11.

[9] 李政涛.深度开发与转化学科教学的"育人价值"[J].课程·教材·教法,2019(3):55-61.

[10] 柳海民."生命·实践"教育学里程碑式的跃升[J].当代教育与文化,2015(3):16-18.

[11] 钱冠连.以学派意识看外语研究——学派问题上的心理障碍[J].中国外语,2007(1):28-30.

[12] 舒新城.论道尔顿制精神答余家菊[J].中华教育界,1923(8):19-29.

[13] 孙元涛."社会教育力"的概念审议与价值论证——"社会教育力"专题研讨会综述[J].教育研究,2017(5):156-159.

[14] 王独慎,丁钢.中国教育研究的国际发表概貌与特征[J].教育发展研究,2019(3):1-9.

[15] 王建军,叶澜."新基础教育"的内涵与追求——叶澜教授访谈录[J].教育发展研究,2003(3):7-11.

[16] 王鉴.论教育研究的"叶澜之路"[J].当代教育与文化,2015(3):76-81.

[17] 王坤庆."生命·实践"教育学:扎根于中华文明沃土的教育理论奇葩[J].当代教育与文化,2015(3):41-44.

[18] 韦森.奥地利学派的方法论及其在当代经济科学中的意义及问题[J].学术月刊,2005(4):5-8.

[19] 吴康宁."生命·实践"教育学:为教育学赢得学术尊严[J].当代教育与文化,2015(3):11-15.

[20] 徐晶晶.走向世界的中国教育学——叶澜《回归突破》英文版发布及国际研讨会举行[J].上海教育,2018(6A):48-49.

[21] 杨昌勇.学术论著注释和索引的规范与功能[J].中国社会科学,2002(2):194-204.

[22] 杨小微.行走于天地之间——访华东师范大学叶澜教授[J].基础教育,2004

（1）：10-14.

[23] 叶嘉国，风笑天.我国社会学"学派"的现状与展望——以此谈谈我国社会学存在的几个问题[J].学术界，2000（1）：253-263.

[24] 叶澜.漫步在异国的同一领域中——南斯拉夫教育见闻之一[J].外国教育资料，1981（4）：62-64.

[25] 叶澜.漫步在异国的同一领域中——南斯拉夫教育见闻之二[J].外国教育资料，1981（5）：61-63.

[26] 叶澜.漫步在异国的同一领域中——南斯拉夫教育见闻之三[J].外国教育资料，1981（6）：60-62.

[27] 叶澜.漫步在异国的同一领域中——南斯拉夫教育见闻之四[J].外国教育资料，1982（1）：63-66.

[28] 叶澜.要探索思想政治教育的新路子[J].华东师范大学学报（教育科学版），1984（2）：57-62.

[29] 叶澜.论影响人发展的诸因素及其与发展主体的动态关系[J].中国社会科学，1986（3）：83-98.

[30] 叶澜.关于加强教育科学"自我意识"的思考[J].华东师范大学学报（教育科学版），1987（3）：23-30.

[31] 叶澜.发展社会主义商品经济与深化高等学校教育改革的关系[J].高等师范教育研究，1989（2）：13-21.

[32] 叶澜.试论当代中国教育价值取向之偏差[J].教育研究，1989（8）：28-32.

[33] 叶澜：关于中朱学区开展后进生转化工作的调查报告[J].教育科学，1991（1）：19-26.

[34] 叶澜.时代精神与新教育理想的构建——关于我国基础教育改革的跨世纪思考[J].教育研究，1994（10）：3-8.

[35] 叶澜.让课堂焕发出生命活力——论中小学教学改革的深化[J].教育研究，1997（9）：3-8.

[36] 叶澜.博士生质量标准中的"博"与"专"关系之我见[J].学位与研究生教育，1997（1）：7-8.

[37] 叶澜.新世纪教师专业素养初探［J］.教育研究与实验,1998(1):41-47.

[38] 叶澜.在学校改革实践中造就新型教师——《面向21世纪新基础教育探索性研究》提供的启示与经验［J］.中国教育学刊,2000(4):58-62.

[39] 叶澜.论教师职业的内在尊严与欢乐［J］.思想·理论·教育,2000(5):6-11.

[40] 叶澜.反思 学习 重建——十五年学术探索的回顾［J］.天津市教科院学报,2000(4):4-13.

[41] 叶澜.试析中国当代道德教育内容的基础性构成［J］.教育研究,2001(9):3-7.

[42] 叶澜.思维在断裂处穿行——教育理论与教育实践关系的再寻找［J］.中国教育学刊,2001(4):1-6.

[43] 叶澜.世纪初中国教育理论发展的断想［J］.华东师范大学学报(教育科学版),2001(1):1-6.

[44] 叶澜.实现转型:新世纪初中国学校变革的走向［J］.探索与争鸣,2002(7):10-14.

[45] 叶澜.重建课堂教学价值观［J］.教育研究,2002(5):3-8.

[46] 叶澜.重建课堂教学过程观——"新基础教育"课堂教学改革的理论与实践探究之二［J］.教育研究,2002(10):24-30.

[47] 叶澜.教育创新呼唤"具体个人"意识［J］.中国社会科学,2003(1):6-7.

[48] 叶澜.中国教育学发展世纪问题的审视［J］.教育研究,2004(7):3-17.

[49] 叶澜.千舟险过万重山——改革开放30年中国基础教育发展研究概述［J］.基础教育,2009(1):3-6.

[50] 叶澜.执着坚持之强 创造发展之功——"新基础教育"三年扎根研究总结交流会发言稿［J］.基础教育,2012(4):5-9.

[51] 叶澜.贵在知难而上［J］.上海教育,2012(4A):5.

[52] 叶澜.在"生命·实践"教育学论著系列丛书发布会暨研讨会开幕式上的发言［J］.当代教育与文化,2015(3):2-5.

[53] 叶澜.融通"教""育",深度开发学科的育人价值［J］.今日教育,2016(3):1.

[54] 叶澜.终身教育视界:当代中国社会教育力的聚通与提升［J］.中国教育科学,2016(3):41-67.

[55] 叶澜."卓越教育"新解——略论华东师范大学第二附属中学的办学精神与文化底蕴[J].上海教育,2018(10A):54-55.

[56] 叶澜.溯源开来:寻回现代教育丢失的自然之维——《回归突破:"生命·实践"教育学论纲》续研究之二(上编·其一)[J].教育发展研究,2018(2):1-13.

[57] 叶澜.溯源开来:寻回现代教育丢失的自然之维——《回归突破:"生命·实践"教育学论纲》续研究之一(上编·其二)[J].教育发展研究,2018(3):26-37.

[58] 叶澜.探教育之所"是",创学校全面育人新生活——新时期"新基础教育"研究再出发[J].人民教育,2018(13/14):10-16.

[59] 叶澜.中国哲学传统中的教育精神与智慧[J].教育研究,2018(6):4-7.

[60] 叶澜.溯源开来:寻回现代教育丢失的自然之维——《回归突破:"生命·实践"教育学论纲》续研究之二(中编)[J].中国教育科学,2020(1):3-17.

[61] 叶澜.溯源开来:寻回现代教育丢失的自然之维——《回归突破:"生命·实践"教育学论纲》续研究之二(下编)[J].中国教育科学,2020(2):3-29.

[62] 叶澜,罗雯瑶,庞庆举.中国文化传统与教育学中国话语体系的建设——叶澜教授专访[J].苏州大学学报(教育科学版),2019(3):83-91.

[63] 叶澜,吴亚萍.改革课堂教学与课堂教学评价改革——"新基础教育"课堂教学改革的理论与实践探索之三[J].教育研究,2003(8):42-49.

[64] 叶澜,杨小微.新绿与春光[J].基础教育,2006(3):1.

[65] 易连云,杨昌勇.论中国教育学学派的创生[J].教育研究,2003(4):37-42.

[66] 袁德润.读书·颜元·学术批判[J].河北师范大学学报(教育科学版),2008(3):30-33.

[67] 张诗亚."生命·实践"教育学的突围[J].当代教育与文化,2015(3):8-10.

[68] 赵旭东.费孝通思想研究:作为一种纪念的理由[J].原生态民族文化学刊,2019(1):71-78.

[69] 郑金洲.论"生命·实践"教育学的学校变革问题[J].当代教育与文化,2015(3):50-52.

附录 "生命·实践"教育学派创建大事记

2001年12月20日,关于创建学派的第一次研讨会举行,会议确定了创建学派的意向。

2003年11月24日,确定以"生命·实践"作为学派名称,明确了学派创建基础、目标、方式等,并征求大家的意见。

2003年12月25日,叶澜正式确认了"生命·实践"教育学派的名称,正式向团队内部宣布创建"生命·实践"教育学派。

2004年,《教育研究》第2期发表《为"生命·实践教育学派"的创建而努力——叶澜教授访谈录》,正式对外宣布创建学派。

2004年5月18日,"生命·实践"教育学派第一次专题研讨会在华东师范大学举行。

2004年9月,"新基础教育"研究进入成型性阶段。

2004年12月20日,"教育学的立场"专题研讨会在华东师范大学举行。

2006年,叶澜在《教天地人事,育生命自觉——关于"教育"是什么的多维审视》的专题报告中,首次将中国哲学、文化传统融入对"教育"概念的理解,尝试构建具有中国文化气质的教育学话语表达方式。此后"教天地人事,育生命自觉"成为"生命·实践"教育学派对教育理解的经典表达。

2006年,叶澜的专著《"新基础教育"论——关于当代中国学校变革的探究与认识》出版(教育科学出版社),"生命·实践"教育学派的学校变革理论成形。

2008年10月4—18日,"新基础教育"研究代表团到加拿大、美国开展研究交流活动。

2008年11月29日，数学精品课研讨活动在上海市闵行区七宝明强小学举行，开启"新基础教育"研究精品课研讨传统。

2009年5月16—17日，"新基础教育"成型性研究成果发布暨现场研讨会在华东师范大学举行。

2009年5月17日，华东师范大学"新基础教育"研究中心揭牌（批准日期为2008年11月）。

2009年5月18日，"生命·实践"教育学派举行理论研讨会。

2009年9月，"新基础教育"研究进入扎根性阶段。

2009年9月，《中国教育学刊》刊发"新基础教育"研究专（组）稿。

2007—2009年，"'生命·实践'教育学论丛"出版（广西师范大学出版社），包括《回望》（2007）、《立场》（2008）、《基因》（2009）、《命脉》（2009）。这是"生命·实践"教育学派团队第一次亮相，是"生命·实践"教育学派建设之路上的第一座路标。"生命·实践"教育学派的标志（以冬虫夏草为原型）诞生。

2009年，叶澜主编的《"新基础教育"成型性研究报告集》出版（广西师范大学出版社），呈现"新基础教育"成型性研究的理论和实践成果。

2009年，叶澜主编的"'新基础教育'成型性研究丛书"出版（广西师范大学出版社），其中6册的主题分别涉及学科（语文、数学、外语）教学改革、学生工作、教师发展、学校领导与管理改革指导纲要，与《"新基础教育"成型性研究报告集》共同呈现了"新基础教育"成型性研究的经验和成果。

2010年，叶澜、李政涛等著的《"新基础教育"研究史》出版（教育科学出版社），以"内史"的形式呈现"新基础教育"研究历程。

2010年11月16日，"生命·实践"教育学论著系列丛书编委会与德国柏林洪堡大学教育学教授本纳在华东师范大学举行座谈会，就教育学问题展开国际对话。

2011年,"生命·实践"教育学研讨会召开。李政涛主编的《为"生命·实践"而思——"生命·实践"教育学研究专题报告会论文集》出版(广西师范大学出版社),汇集学派内外对"生命·实践"教育学的概念的理解和思考。

2011年10月15—16日,作为华东师范大学六十周年校庆学术活动之一的"生命·实践"教育学研究专题报告会在华东师范大学举行。来自国内多所师范大学的教育学研究者70余人围绕"生命·实践"教育学派、"生命·实践"教育学的发展等核心主题进行了深入讨论。

2012年,"新基础教育"研究扎根性阶段结束,进入生态式推进阶段。

2012年5月5日,"生命·实践"教育学专题报告二(学校改革实践)——"新基础教育"扎根性研究总结交流会在华东师范大学举行,叶澜对持续三年的"新基础教育"扎根性研究进行总结发言。会上,对第一批"生命·实践"教育学合作校授牌。

2014年12月13日,"新基础教育"研究二十周年纪念暨共生体第六次专题研讨会在上海举行。

2015年2月,《回归突破:"生命·实践"教育学论纲》由华东师范大学出版社出版。

2015年3月28—29日,"生命·实践"教育学论著系列丛书(三套丛书,共30册)在上海举行新书发布及研讨会。2014—2015年,三套丛书全部出版,标志着"生命·实践"教育学派初建阶段完成。

2016年2月22日,经华东师范大学校长办公会批准,"新基础教育"研究中心更名为"生命·实践"教育学研究院,叶澜任名誉院长,李政涛任院长。3月21日,华东师范大学"生命·实践"教育学研究院正式挂牌成立。

2016年7月21日,"以身立学汇"建立。

2016年8月24—26日,华东师范大学"生命·实践"教育学研究院举行首期暑期研讨班。

2016年8月27日，"生命·实践"教育学深化专题研讨暨首次"以身立学汇"研讨会在上海举行。同月，"以身立学汇"研究基金设立。

2016年，叶澜在《课程·教材·教法》发表《社会教育力：概念、现状与未来指向》一文，"生命·实践"教育学研究关注社会与教育发展的深层关系。

2016年11月3日，"新基础教育"共生体第八次会议在上海闵行举行，探讨综合学科育人价值问题。

2016年12月21日，叶澜以《"生命·实践"教育学的教育信条》为题在华东师范大学中山北路校区思群堂做终身教授报告，正式向社会发布"生命·实践"教育学的教育信条。

2017年3月，《"生命·实践"教育学研究》第一辑出版（李政涛主编，上海教育出版社）。2017年3月25日，由华东师范大学"生命·实践"教育学研究院和上海教育出版社联合打造的学术集刊《"生命·实践"教育学研究》首发式暨"社会教育力"专题研讨会在华东师范大学举行。

2017年4月5日，华东师范大学"生命·实践"教育学研究院官方平台上线，是"生命·实践"教育学研究进展及最新成果的发布平台。

2017年4月16日，"以身立学汇"第二次全体会议在浙江杭州举行，探讨学派建设和深化研究问题。

2017年6月，《中国教育学刊》刊发"新基础教育"研究专（组）稿。

2017年6月10—11日，由华东师范大学"生命·实践"教育学研究院、基础教育改革与发展研究所、教育学系联合主办的"教育研究：目标、对象、方法及其特殊性"国际学术研讨会在华东师范大学中山北路校区举行。

2017年6月29日，"新基础教育"示范区基地建设专题研讨会暨"新基础教育"研修学院挂牌仪式在江苏常州举行。

2017年10月，华东师范大学"生命·实践"教育学研究院启动大学生课题研究支持计划，首批获得支持的重点课题9项，一般课题14项，课题主持人既有博士生，也有硕士生和本科生。

2017年11月25日，"生命·实践"教育学"讲·学堂"首期研讨会在华东师范大学中山北路校区举行。

2018年，叶澜的《让课堂焕发出生命活力——论中小学教学改革的深化》一文英文版在《课程研究杂志》(*Journal of Curriculum Studies*)发表。

2018年2—3月，叶澜在《教育发展研究》第2—3期发表主标题为《溯源开来：寻回现代教育丢失的自然之维》的文章的上编。此文为《终身教育视界：当代中国社会教育力的聚通与提升》的姊妹篇，开"生命·实践"教育学"自然与教育研究"之端。中编、下编分别发表在《中国教育科学》2020年第1期和第3期。

2018年3月30—31日，"以身立学汇"第三次全体会议在广西桂林举行，对"生命·实践"教育学的概念体系做专题研讨。

2018年5月，首届基础教育国家级教学成果奖"新基础教育"研究成果推广会在江苏常州举行（《人民教育》杂志社、华东师范大学"生命·实践"教育学研究院联合主办）。叶澜的主题报告《"新基础教育"内生力的深度解读》发表于《人民教育》2016年第1期专刊。

2018年11月4日，"新基础教育"研修学院（闵行）在上海正式成立。

2018年11月16日，"生命·实践"教育学专题研究研讨会在上海举行，研讨会就拓展研究教育与自然、社会等问题的计划与打算、要求等进行了交流。

2019年12月17—18日，闵行、常州两地举行"新基础教育"研究二十周年纪念会。

2020年，叶澜的《回归突破："生命·实践"教育学论纲》英文版由荷兰博睿学术出版社和中国高等教育出版社合作推出，由博睿学术出版社于2020年6月正式出版发行。

后　记

终于搁笔，被疫情按下暂停键的世界依然无法自如运转，疫情中的阅读、思考和写作让我再一次体验了"生命·实践"教育学派生成过程的艰辛、丰富与卓尔不群。重新阅读曾经读过的文献，让我在相对整体的视野中加深了对"新基础教育"研究、"生命·实践"教育学发展历程及其意义与价值的理解，也让我对叶澜和"新基础教育"研究、"生命·实践"教育学研究的开拓者们敬佩不已。

梳理学派创建史的过程中不时地反身"自顾"常常使我产生"不可思议"的感觉：当叶澜提出"二层次三因素论"的时候，我笃信影响人的发展的只有"三因素"，至于"三因素"之间的关系则从未思考过；当"新基础教育"研究开始的时候，叶澜所批判的课堂教学中存在的问题于我而言习以为常而不知其谬，犹记得考博面试的时候，卜玉华老师问我"读了三年硕士，如果现在让你再回到中学课堂上，你还会用同样的方法教书吗？"时，我回答的"当然"理直气壮，而今天，再回到中小学课堂，却是绝对不可能再"回到从前"了；当第一次在台下聆听叶澜讲她和她的团队对中国教育学百年历史的研究时，我为看到自己理想的研究应该有的样子而欣喜和赞叹，但当时尚未意识到这一研究的现实意义，也尚未产生"跟随"的愿望，虽然"跟随"的种子已经悄然埋下；当"他们"在策划创建学派事宜的时候，我还在中学的讲台上挥洒青春，而今天"我们"却共同走在为学派建设而努力的创业之路上。人生实在妙不可言！

在书稿撰写过程中的最大问题是资料收集。学派创建之前的资料，除了公开发表的文字和部分照片之外，保留下来的并不多，在写作过程中我坚持的基本原则是因陋就简，宁付阙如而不妄加臆断，故而线索梳理难免粗疏；学派创建之后，保留下来的资料比较丰富，团队成员以及华东师范大学"生命·实践"教育学研究院都保存了较多的原始资料，再加上我在跟随叶澜教授攻读博士期间收集、保存的资料，在一定程度上保证了对学派发展历程描述的具体性。非常感谢王枬教授、刘良华教授、李云星博士、庞庆举博士、李政涛教授、伍红林教授、孙元涛教授等为本书写作提供的丰富资料，没有他们的帮助，本书的写作会更加举步维艰。

感谢叶澜教授在写作全程中给予的全方位支持：从题目选择、调整到主题确认，从结构形态初具到逐步完善，从提供原始资料到接受访谈和审校录音文字稿，从事实的确认到文字的斟酌，等等。感谢丛书主编王枬教授和李政涛教授，以及参与丛书研讨的所有同人，每一次的丛书研讨都让我获益匪浅；感谢王枬教授、刘良华教授等在百忙中接受我的访谈并审校文字记录；感谢团结协作的"生命·实践"教育学派研究团队，是大家的诚心相助和鼓励提携，让作为学术后进的我也可以取得些许进步。

愿"生命·实践"教育学派这棵萌芽、破土、成长于中国大地上的学术之树参天！

袁德润